Marc H. Ellis
Zwischen Hoffnung und Verrat

Marc H. Ellis

Zwischen Hoffnung und Verrat

Schritte auf dem Weg einer jüdischen Theologie der Befreiung

EDITION EXODUS
Luzern 1992

Titel der amerikanischen Originalausgabe:
Toward a Jewish Theology of Liberation
The Uprising and the Future
Orbis Books, Maryknoll, NY 10545

Aus dem Amerikanischen übersetzt von Margrit Steinhauser
Redaktion: Hanspeter Ernst / Ursula Lang

Für die deutsche Ausgabe:
© Genossenschaft Edition Exodus, Luzern 1992
Fotokopieren nicht gestattet

Umschlag:
Bernard Schlup (Gestaltung)/
Laboratorium für Gestaltung, Bern (Satz)

Satz: atelier hupa, CH-4312 Magden
Druck: Fuldaer Verlagsanstalt, Fulda

ISBN 3-905575-63-9

Vorwort zur deutschsprachigen Ausgabe

Marc Ellis gehört zu den produktivsten und provokativsten jüdischen Theologen Nordamerikas; auf jeden Fall ist er einer der meistdiskutierten in den USA, in Israel, in der Ökumenischen Vereinigung der Dritte-Welt-Theologen (EATWOT) und anderswo. Im deutschen Sprachraum war er hingegen bisher wenig bekannt, was sich hoffentlich mit diesem Buch ändern wird.

An Ellis scheiden sich die Geister. Wenn er seine Thesen zur jüdischen Befreiungstheologie, zum Holocaust und zur Intifada vorträgt, kommt es immer wieder zu erregten Debatten unter Juden wie Christen. Ihm werden Feindschaft gegen Israel, politische Naivität und Verrat an den jüdischen Opfern vorgeworfen.

Ellis gehört der Nach-Holocaust-Generation an, und er arbeitet sich, wie dies wohl nur ein amerikanischer Jude vermag, an der Holocausttheologie der Väter ab. Er beleuchtet neben deren Bemühen, eine Antwort auf die Frage zu finden, wie jüdische Existenz nach Auschwitz möglich ist, zugleich ihre Schattenseiten und sucht aus ihren politischen Allianzen herauszukommen. Dies gelingt ihm, indem er, inspiriert durch die Befreiungstheologie, an die prophetisch-universalistischen Traditionen des Judentums anknüpft. Sie führen ihn zu einer Theologie und Praxis der Solidarität mit den heutigen Opfern, konkret mit den Palästinensern.

Marc Ellis ist Professor für Religion, Kultur und Gesellschaft an der *Maryknoll School of Theology* und gleichzeitig Direktor des dortigen *Justice-and-Peace*-Programms. Drei seiner fünf Bücher und etliche seiner Aufsätze beschäftigen sich mit der Holocausttheologie, mit ihren Verdiensten und fatalen Folgen. Ellis hat zudem die Festschrift zum 60. Geburtstag von Gustavo Gutiérrez über *Die Zukunft der Theologie der Befreiung* mitherausgegeben. Er ist gerade dabei, gemeinsam mit dem israelisch-palästinensischen Pfarrer Naim Stifan Ateek und der christlichen Theologin Rosemary Ruether Radford einen Band über Glauben und die Intifada zusammenzustellen. Ellis' Schritte auf dem Weg einer jüdischen Theologie der Befreiung sind seine prägnanteste Formulierung des Programms, der Traditionen und Wegmarken einer jüdischen Befreiungstheologie. Er entwickelt diese Theologie mit Berufung auf dissidente Stimmen im Judentum und im Gegenüber zu der in den letzten beiden Jahrzehnten dominierenden Holocausttheologie. Diese sieht ihre Aufgabe darin, die Erinnerung an die Opfer der *Shoah* festzuhalten und zu bezeugen, auf die Herausforderung äußerster Ohnmacht und Vernichtung zu antworten und die geschichtliche wie theologische Bedeutung von Auschwitz und des jüdischen Glaubens nach Auschwitz aufzuzeigen. Sie zahlt nach Ellis freilich den zu hohen Preis der Ermächtigung und wird zur unkritischen Affirmation des Staates Israel, seiner Sicherheit und Machtpolitik. Gegen das aus der Holocausttheologie stammende Ermächtigungsdenken, das den Staat Israel verabsolutiert und theologisiert, ruft Ellis zwei jüdische Dissidenten als Zeugen auf: Earl Shorris und seine Klage über Juden ohne Gnade sowie Roberta Strauss Feuerlichts Erinnerung daran, daß das jüdische Volk zwischen Israels Macht und der jüdischen Ethik zerrissen wird.

Ellis geht zurück auf ethisch-religiöse, sozial-politische und feministische Erneuerungsbewegungen und macht auf die Bedeutung der schwarzen, der lateinamerikanischen und der asiatischen Theologien der Befreiung für die jüdische Gemeinschaft aufmerksam. Die Befreiungstheologie führt ihm zufolge dem auf die Einzigartigkeit des Holocausts bestehenden Judentum seine eigene Beteiligung an einer rassistischen Gesellschaft in Amerika und Israel vor Augen, konfrontiert es mit der alarmierenden Tatsache, daß nordamerikanische Juden eine Politik der USA und Israels unterstützen, die für weitere Holocausts zum Beispiel in Mittelamerika verantwortlich ist.

Ellis geht es mit Berufung auf Walter Benjamin, Etty Hillesum und Martin Buber um eine von Solidarität und Zeugnis geleitete Rekonstruktion jüdischen Lebens, die der Ermächtigung, dem Konformismus und Nationalismus widersteht und stattdessen Schritte einer jüdischen Theologie der Befreiung geht. Eine neue jüdische Theologie muß ihm zufolge die Spannung zwischen Partikularität und Universalität produktiv austragen, indem sie die Inklusivität des Judentums betont, seine Gemeinschaftlichkeit herausstreicht, das jüdische Zeugnis gegen jede Idolatrie stellt und zur *teschûva* aufruft, zur Verpflichtung und Solidarität in all ihren

Mühen und Möglichkeiten. Eine prophetisch-befreiende jüdische Theologie ist in erster Linie ethisch orientiert, mehr auf die jüdische Gemeinschaft als auf den Staat Israel bezogen, den sie nicht ablehnt, aber relativiert und als eine wichtige jüdische Gemeinschaft versteht, die daran zu bemessen ist, wie sie mit anderen Gemeinschaften umgeht. Der Palästinenseraufstand ist für Ellis die Nagelprobe auf die Zukunft des jüdischen Volkes: im Zentrum des Kampfes um Glaubwürdigkeit als Jude heute liegen das Leiden und die Befreiung des palästinensischen Volkes.

Nach Ellis befindet sich Israel gegenwärtig in der schwierigsten Lage seit der Zerstörung des Tempels im Jahre 70, wobei zur Debatte steht, ob es einen Weg in die Zukunft findet, der diesmal nicht aus eigener Schwäche, sondern aufgrund der eigenen Macht gefährdet ist, die Israel zur Unterdrückung der Palästinenser ge- und mißbraucht. Während Rechtsradikale in Israel die «Endlösung» des Palästinenserproblems fordern, ist es Ellis zufolge an der Zeit, eine Lösung zu finden, die beide, Juden wie Palästinenser, weder zu Opfern noch zu Unterdrückern macht. Dafür sind seines Erachtens von seiten der Juden fünf Dinge gefordert: erstens die Erkenntnis und Anerkenntnis, daß, was sie den Palästinensern angetan haben und noch antun, ungerecht war und ist, zweitens die Einsicht, daß sie selbst eben das getan haben, was mit ihnen so lange Zeit geschehen ist, also von Opfern zu Tätern geworden sind; drittens hält er eine Relativierung des gerade von seiten der Holocausttheologie theologisch höchst aufgeladenen Staates Israel für erforderlich, viertens eine bisher noch als Verrat angesehene Konfrontation mit der Staatsmacht in Israel und schließlich fünftens eine Solidarität mit dem palästinensischen Volk, die zum einen zwar als Akt zivilen und theologischen Ungehorsams betrachtet werde, andererseits aber der Lackmustest für den Dissens, den Ausbruch aus der Selbstghettoisierung und den Anschluß an die prophetisch-universalistische Tradition der jüdischen Gemeinschaft sei.

Die Positionen des Juden Marc Ellis, des Palästinensers Naim Ateek und von Rosemary Radford Ruether treffen sich in der gemeinsamen Überzeugung: Frieden im Nahen Osten wird es nur geben, wenn Juden wie Palästinenser sich und einander befreien, wenn es zu einer Anerkennung des Anderen und zu wechselseitiger Anerkennung von Juden und Palästinensern kommt, wenn das Land miteinander geteilt wird, die Palästinenser ihr Selbstbestimmungsrecht ausüben können und damit zugleich der Staat Israel entideologisiert und enttheologisiert wird, daß heißt, sich selbst relativiert im Blick auf seine arabischen Bewohner und Nachbarn und im Angesicht des einen universalen Gottes, der das Land Israel-Palästina all denen zur pfleglichen Erhaltung und gerechten Verwaltung gegeben hat, die darin wohnen.

Ellis, atemberaubend selbstkritische, solidarische Befreiungstheologie ist auch für europäische Leser eine Herausforderung. Sie ist im präzisen Sinn eine Theologie nach Auschwitz. Sie wendet sich ebenso vehement gegen das Vergessen, Verdrängen und Aufrechnen des Holocausts wie sie, damit Auschwitz nie wieder sei, Solidarität mit den heutigen Opfern einklagt. Sie tut dies mit Berufung auf den biblischen Gott der Gerechtigkeit, der Befreiung und des Lebens, der *tiqqûn ᶜôlam* will, gerechte, solidarische Lebensverhältnisse für alle.

Edmund Arens

Meinem Vater und meiner Mutter,
Herbert Moore Ellis
und
June Goldwin Ellis,
die mir als erste die Bedeutung
der jüdischen Ethik und der Befreiung klarmachten,
und
meinem Sohn
Aaron Moore Ellis.
Möge er dem Hause Israel zum Segen gereichen.

Gesegnet ist das Streichholz, das sich verzehrt
in der glühenden Flamme.
Gesegnet ist die Flamme, die brennt
in der Verborgenheit des Herzens.
Gesegnet ist das Herz, das brechen kann
um der Ehre willen.
Gesegnet ist das Streichholz, das sich verzehrt
in der glühenden Flamme.

Hannah Senesch

Hört auf zu schlagen! Hört auf, Knochen zu brechen; hört auf
damit, Leute nachts in ihren Wohnungen zu überfallen; hört auf,
Nahrung als Waffe zu gebrauchen; hört auf zu behaupten, ihr
könntet den Kampf eines ganzen Volkes mit Gewehren, Prahlen
und Macht beantworten. Geht öffentlich zu, daß die Palästinenser
dasselbe Selbstbestimmungsrecht wie wir Juden haben, und handelt eine Lösung mit ihren Vertretern aus!

Michael Lerner

Inhalt

Vorwort zur zweiten Auflage

Die Niederschrift dieses Vorwortes geschieht mit gemischten Gefühlen. Einerseits freue ich mich wie jeder Autor darüber, daß mein Buch eine Leserschaft gefunden hat und daß meine Ideen Antworten herausgefordert und oft ein Gespür für Solidarität wachgerufen haben. Andererseits bedrückt mich das Weiterbestehen und in gewisser Hinsicht sogar die Verschlimmerung der Wirklichkeiten, welche ich in diesem Buche untersuche. Die Intifada hat die Welt und in einem ganz speziellen Sinn das jüdische Volk auf die Leiden und Hoffnungen des palästinensischen Volkes aufmerksam gemacht. Sie hat uns alle, mich eingeschlossen, gezwungen, unsere Reflexion zu vertiefen und die Bemühungen um Frieden und Gerechtigkeit im Nahen Osten zu intensivieren. Das dieser Ausgabe neu zugefügte Nachwort fordert eine Umkehr des jüdischen Volkes hin zu denjenigen, die wir oft als Feinde betrachten. Wieviele Menschen müssen geschlagen, gefoltert und ermordet, wieviele eingesperrt und deportiert werden, bis wir endlich begreifen, daß einzig die Solidarität der Weg für die Zukunft unserer Kinder ist. Ich hoffe, daß uns diese Ausgabe einen Schritt näher zu jenem ethischen Zeugnis bringt, das wir als Herz des Judentums verstehen.

Vorwort zur ersten Auflage

Wie jede Studie ist auch dieses Buch bestimmt durch die persönliche Erfahrung und den Hintergrund des Autors. Ich bin praktizierender Jude. Als Wissenschaftler beschäftige ich mich mit zeitgenössisch religiösem Gedankengut und gehöre nicht zu den nach traditionell jüdischem Muster ausgebildeten Theologen. Deshalb versucht dieses Buch nicht, eine akademische jüdische Theologie zu entwickeln. Es möchte dialektische Gegebenheiten, Fragen und Möglichkeiten zu Tage fördern, die einer jüdischen Befreiungstheologie als Geburtshilfe dienen könnten. Meine Arbeiten zusammen mit fortschrittlichen römisch-katholischen Gruppen und Institutionen (so die katholische Arbeiterbewegung und die *Maryknoll Fathers and Brothers*) mögen, je nach Standort, Furcht oder Neugierde wecken. Mir aber haben diese Beziehungen, statt ein Hindernis für meinen Glauben zu werden, Perspektiven eröffnet, die meine jüdische Weltanschauung mit ihren Verpflichtungen erneuert haben. Wie viele andere jüdische und christliche Gläubige bejahe ich die Kontinuität der jüdisch-christlichen Tradition. Ich betrachte das Christentum oder vielleicht präziser, die zeitgenössischen Anhänger Jesu, als aus dem Judentum herausgewachsen. Sie folgten einem Strom von Ideen, Ansichten und Werten, die denen des heutigen jüdischen Volkes obzwar verschieden doch ähnlich sind. Die Trennung der Glaubensgemeinschaften ist in meinen Augen tragisch, weil aus ihr viel Schmerz und Verwirrung stammt. Die allmorgendlichen jüdischen Gebete, mit denen wir Gott dafür danken, als Jude geboren und zur Freiheit berufen worden zu sein, sind für mich Ausdruck einer Hoffnung, mein Glaube könne zu einer echten Solidarität mit all den um Menschenwürde und Gerechtigkeit Kämpfenden führen.

Dank

Meine Wertschätzung gilt Stephen Scharper, Eve Drogin, Robert Gormley und den Angestellten von *Orbis Books* für ihren Ansporn und ihre Hilfe bei der Herausgabe und Produktion dieses Buches. Speziell zu Dank verpflichtet bin ich dem verstorbenen Philip Scharper, der als erster Interesse an einem Buch über eine jüdische Theologie der Befreiung bekundet hat. Danken möchte ich zudem den Herausgebern von *Theology in the Americas*, die meinen ersten Aufsatz über dieses Thema veröffentlichten. Rosalida Ramirez und Martha Robson waren in dieser Beziehung sehr hilfreich. Meine Dankbarkeit gilt dem *Temple Sinai* in Toronto, Kanada, dem *Ecumenical Institute* in Tantur, Jerusalem, dem *Development Studies Program* in Dublin, Irland und DEI in Costa Rica. Sie alle haben mich angespornt, diese theologischen Fragen in verschiedenen Zusammenhängen zu erforschen. Der Temple Israel von Northern Westchester in Croton-on-Hudson, New York, und besonders Rabbi Michael Robinson, stellten mir Räume für innere und äußere Begegnungen zur Verfügung, was mein Leben sehr bereichert hat. Meine StudentInnen im *Institute for Justice and Peace* an der *Maryknoll School of Theology* hörten meine Ideen als erste und erlebten auch die schwierigen Zeiten der Auseinandersetzung mit ihnen. Daß die *Maryknoll Society* einem Juden eine Stelle gab, damit er lehren, forschen, schreiben und reisen konnte, ist für mich ein zukunftsweisendes Zeichen. Das Ringen der *Society* um Glaubwürdigkeit in Lateinamerika, Afrika und Asien beeinflußte mein eigenes Glaubensverständnis tief, und ich werde ihr ewig dankbar sein. Besonderen Dank spreche ich Ann McDonald aus, die als erste und entscheidende Redaktorin mit diesem Buch und seinen Gedanken über viele Wochen- und Sabbattage lebte. Georgene Viaggiano, Clara Araujo und Geri DiLauro waren fröhliche Sekretärinnen und Freundinnen. Schließlich möchte ich meinen Lehrern danken: Paul Picard, Lawrence Cunningham, David Taylor, Rosemary Ruether, Pablo Richard, William Miller, Matthew Lamb, Paul Hansen, James Cone, Otto Maduro und Richard Rubenstein. Ihre engagierte Gelehrsamkeit ist ein fundamentales Versprechen für ein gerechtes und friedliches Leben.

Einleitung

Die Geschichte des jüdischen Volkes ist voller Schmerz und Kampf. Mehr denn nicht waren Exil, erzwungene Wanderschaft und Trauer die prägenden Motive jüdischen Lebens. Und dennoch, durch diese Mühen gab das Judentum der Welt viel: einen entwickelten Monotheismus, eine prophetische Sozialkritik, ein Bewußtsein der Präsenz Gottes in der Geschichte sowie die Gründung von zwei anderen Weltreligionen, des Christentums und des Islam.

So wichtig diese Beiträge für die jüdische Gemeinschaft sind, zu der auch ich gehöre, so haben doch viele andere kämpfende Völker durch alle Zeiten hindurch das Paradigma der Befreiung, das als Zentrum der jüdischen Erfahrung gilt und die Dynamik der Knechtschaft mit dem Ruf nach Freiheit konfrontiert, als ihnen zugehörig betrachtet. Die Lieder, mit denen afrikanische Sklaven im Amerika des 19. Jahrhunderts Gott um Freiheit anflehten, sind ein Nachhall jüdischer Klagen in Ägypten. Und im Kampf lateinamerikanischer Völker um Gerechtigkeit taucht die Tradition des Exodus wieder auf, wie sie ihren beredten Ausdruck in den Schriften lateinamerikanischer Befreiungstheologen gefunden hat.

Diese Beiträge des jüdischen Volkes zu erwähnen, heißt, auf einen grundlegenden Widerspruch der Weltgeschichte aufmerksam machen, der zwar oft gesehen, aber doch nur unbefriedigend beantwortet worden ist. Weshalb hat ein Volk, das soviel zur Entwicklung der Welt beigetragen hat, solch eine verächtliche Behandlung erfahren? Weshalb werden die Juden noch heute nur als Opfer und Überlebende, nicht aber als Hauptträger des westlichen religiösen und kulturellen Erbes gesehen? Weshalb wird – in diesen angeblich so aufgeklärten Zeiten – ein im Leid geborenes Volk angezweifelt und fallengelassen, wie wenn sich die Welt für seine lange und schwierige Geschichte nicht interessierte? Und warum schließlich wird die Suche nach einer gerechten und sicheren Existenz, von der säkularen und religiösen Linken üblicherweise so hochgepriesen, einem kleinen und leidenden Volk abgesprochen, das gerade aus den Konzentrationslagern Hitler-Deutschlands entkommen ist? Wurde das jüdische Volk nicht geächtet und sogar verdammt wegen seines schwierigen Weges zur Ermächtigung im Staat Israel? Diese Widersprüche sind wirklich quälend für einen aufgeklärten Juden, der versucht, die Wiedergeburt eines prophetischen Christentums zu verstehen, und der die humanistische, nicht aus religiösen Personen bestehende Gemeinschaft unserer Tage bejaht, welche sich die Werte von Würde und Gerechtigkeit zu eigen macht.

Der Gegensatz von Leistung und Leiden ist nur ein Teil der jüdischen Geschichte. Das erdrückende Motiv von Wanderung und Exil resultiert aus der Treue zu Bundeswahrheiten und Werten; eine Unschuld, die oft mit Brutalität belohnt wurde. Andererseits überschattet Verrat das Ringen des Judentums um die Erhaltung dieser Werte. Denn unseren eigenen Interessen entgegen waren wir Sklavenhändler und Sklavenhalter. Wir unterstützten korrupte Könige und Regierungen und unterdrückten einander zuweilen auch selbst.

Politische Vorgehensweisen und Bündnisse der Juden in Israel und jener in Nordamerika ähneln heute zunehmend denen, die zur Unterdrückung unseres eigenen Volkes gebraucht worden sind. Auf israelischer Seite ist nur an die kürzlich beschlossene Besetzung Libanons sowie die andauernde Unterdrückung der West-Bank- und Gaza-Palästinenser zu erinnern. Genauso erschreckend sind die Beziehungen Israels mit Südafrika und seine militärische Unterstützung der blutrünstigen Regierungen El Salvadors und Guatemalas. In Nordamerika gehen die Bemühungen weiter, Israel durch militärische Aufrüstung als Außenposten der USA zu etablieren. Die Beziehungen der amerikanischen Juden zu den Armen und Unterdrückten Nordamerikas bleiben gespannt, und das ambivalente Werben fundamentalistischer Christen um Israel dauert an. Daß solche Entwicklungen die Existenz des jüdischen Volkes bedrohen, ist keine Übertreibung. Wir stehen an einem Wendepunkt, der uns zur Treue gegenüber unseren Werten aufruft und der doch die Versuchung zum Verrat an eben diesen Werten in sich birgt.

Die Wahl zwischen Treue und Verrat ist in der Geschichte unseres Volkes begründet, die sich mit dem Bild der «versklavten Vorfahren» von Walter Benjamin treffend umschreiben läßt. Um unseren Vorfahren gerecht zu werden, vor allem denjenigen, die im Holocaust gekämpft und gelitten haben und die gestorben sind, müssen ihre Schreie uns aufhorchen lassen und uns den Weg weisen. Doch die Treue unseren Werten und unserer Geschichte gegenüber verbindet uns auch eng mit dem Befreiungskampf anderer; unsere gebrochene Vergangenheit wird verraten und unsere politische Macht verdächtig, wenn andere unsere Opfer werden.

In der Schwebe zwischen Holocaust und Ermächtigung wird es für die jüdische Gemeinschaft zunehmend schwerer, ein mit ihrer Vergangenheit in Einklang stehendes Zeugnis abzulegen. Die Donnerschläge expansionistischer Israelis und neokonservativer nordamerikanischer Juden belegen die gespenstische Möglichkeit eines verlorenen Judentums. Andere Juden, mit weniger Ausdrucksmöglichkeiten und weiter entfernt von den Machtzentren, verfangen sich in dieser Dialektik. Sie fürchten sich zu sprechen, obwohl ihnen die Richtung, in die sich unsere Gemeinschaft entwickelt, nicht behagt. Wieder andere, Intellektuelle und Aktivisten in Israel und Nordamerika, widersetzen sich aktiv dem offiziellen Kurs der jüdischen Gemeinschaft. Doch wie formulieren wir diese Gefühle und diese Opposition in unserer Nach-Holocaust-Welt? Und wer soll Verrat und Treue benennen?

Obwohl es hier nicht einfach die Wahrheit gibt und die Risiken für die jüdische Gemeinschaft groß sind, sollte die Diskussion darüber nicht mehr länger beschnitten werden. In jeder Gemeinschaft gibt es die Muster von Treue und Verrat, Momente der Lähmung und des Durchbruchs. Das Judentum kann sich davon nicht ausnehmen. Solche Muster führen über zufällige und isolierte Beispiele hinaus entweder hin zu oder weg von den zentralen Idealen der Gemeinschaft; jenen Idealen, die im historischen Kampf geläutert und geheiligt wurden. In der Geschichte gibt es keine endgültigen Lösungen, und so wird die Richtung wichtig, die eine Gemeinschaft einschlägt.

Allerdings steht die Gemeinschaft zu gewissen Zeiten an einem Wendepunkt, den sie weder klar erkennen noch anerkennen kann. Dies ist eine Phase der Orientierungslosigkeit, in die rationales Denken und sogar die Weisheit der Tradition keine Klarheit zu bringen vermögen. Die Gemeinschaft treibt ziellos dahin, die Rhetorik leiert ihr eintöniges Lied, das Urteilsvermögen schwindet. Eine solche Lähmung ist kein Übel, sondern ein Zeichen dafür, daß die betroffene Gemeinschaft ihre innere Dynamik und die Beziehungen zu anderen Gemeinschaften überdenken muß. Dazu stellen sich die folgenden Fragen: Wenn wir die gegenwärtige Situation weiter verfolgen, führt sie uns dann zu Gerechtigkeit und Erneuerung oder zu Leere und Unterdrückung? Orientieren sich unsere Diskussionen an den Werten und Zeugnissen, für die wir leben, oder überdecken sie eine Hoffnung, die wir nicht sehen wollen, weil Probleme voraussehbar sind? Historische Situationen können eine Betonung spezieller Werte und die Abwertung anderer verlangen. Es wird zweifellos auch Zeiten geben, in denen die Gemeinschaft einfach aller Werte beraubt bzw. erschöpft ist, wie sie es z.B. durch die Mühen der Geschichte war. Wollen wir diesen Zustand akzeptieren, damit der Erneuerungsprozeß beginnen kann?

Wenn es uns gelingt, die Stellen der Lähmung zu erkennen, vergrößert sich die Möglichkeit eines Durchbruchs. Das Problem ist natürlich, daß die Muster von Treue und Verrat im Gefüge der Geschichte existieren, und daß die Lektionen oft so ambivalent wie erschreckend sind. Befürworter und Gegner, Propheten und Scharlatane erscheinen überall. Ihre Sichtweisen und Erfahrungen sind durch Neigung und Standpunkt geprägt. Was für die eine Gruppierung ein Durchbruch ist, ist für die andere eine Apokalypse. Dies ist das Dilemma, in dem sich die nordamerikanischen Juden und der Staat Israel – die beiden profiliertesten und politisch mächtigsten jüdischen Gemeinschaften – momentan befinden.

Es wäre bare Untertreibung, die in dieser Situation auftauchenden Fragen als nur kontrovers zu bezeichnen. Die tiefe Verwundung des jüdischen Volkes, seine historischen und zeitgenössischen Erfahrungen der Isolation, sein Bewußtsein, einer feindlichen Welt ausgeliefert zu sein, all dies sind ganz subjektive Erinnerungen und Gefühle, die in unserer Geschichte ihren Ursprung haben. Bereits durch kritische Bemerkungen am Holocaust und an Israel in der Öffentlichkeit erregt man Verdacht und beschwört das Gespenst des Verrates herauf. Dies kann z.B. zum Ausschluß aus dem Judentum führen, oder, schlimmer noch, es kann den Vorwurf einbringen, man sei Wegbereiter für einen neuen Holocaust. Aber das Problem bleibt, und die Entwicklung unseres Lebens und der Gemeinschaft in Richtung Treue oder Verrat liegt noch vor uns.

Dieses Buch ist ein Versuch, uns der uns bedrängenden Krise zu stellen. Das erste Kapitel beginnt mit dem Holocaust, dem Schmerz und der Vision, die aus ihm folgen. Einer aus dem Holocaust hervorgehenden Theologie kommt entscheidende Bedeutung zu, da sie sich auf einen breiten Konsens innerhalb des Judentums stützen kann. Die Holocaust-Theologie ist, obwohl kontrovers in ihrem Ursprung, akzeptiert als der Weg in die Zukunft.

Zentrales Thema des zweiten Kapitels ist die politische Ermächtigung und ihre theologische Begründung. Gleichzeitig versuchen gewisse Personen, die Kosten dieser Macht aufzurechnen; ein Unterfangen, dem die Holocaust-Theologen zunächst kaum Beachtung schenkten. Wir glauben, daß eine Diskussion über die Beziehungen zwischen Macht und Ethik für die Zukunft des Judentums entscheidend ist.

Die konkrete Ausdrucksweise und die Grenzen der Ethik sind Gegenstand des dritten Kapitels. Der Befund ist ambivalent: Die Tiefe der ethischen Verpflichtung ist erstaunlich, während im Gegensatz dazu die Bereitschaft zu Neuerungen vom Großteil der Gemeinschaft nicht gerade ermutigend ist. Obwohl die Theologie der Ermächtigung wenig Raum für prophetische Herausforderung läßt, wird einer Prophetenstimme im Exil Gehör geschenkt.

Das vierte Kapitel befaßt sich mit den christlichen Befreiungsbewegungen. Trotz der langen christlichen Tradition von Mißbrauch und Unterdrückung des jüdischen Volkes berufen sich die Christen auf die von uns überlieferten Traditionen des Exodus, der Prophetie und der Ablehnung des Götzendienstes. Hier stellt sich die Frage, ob wir uns mit denjenigen solidarisieren, die für Gerechtigkeit kämpfen, und ob wir dadurch unsere eigene Geschichte und unser Zeugnis neu entdecken. Der Holocaust wird im Zusammenhang mit anderen leidenden Völkern erneut zur Sprache kommen, und es wird nach dem jüdischen Beitrag zum Leiden in Nordamerika und Israel gefragt. Können wir uns mit den Leidenden von heute verbünden, wenn wir die von uns geschaffene Geschichte nicht ehrlich betrachten? Um uns mit den Leidenden zu solidarisieren, müssen wir uns einmal mehr mit unserer eigenen Geschichte befassen, dies vor allem im Zusammenhang mit dem Holocaust und dem Staat Israel.

Im fünften Kapitel wird daher der Versuch unternommen, die Erfahrungen und Visionen von oppositionellen Juden aufzuarbeiten. Von vielen möglichen werden die Thesen von Etty Hillesum und Martin Buber diskutiert, da sie sich mit den schwierigen Fragen der Präsenz Gottes im Zeitalter des Holocaust und der wichtigen

Beziehung zwischen der jüdischen Rückkehr nach Palästina und dem palästinensischen Volk befassen. Dieser neue Weg zwingt uns, unsere «Wahrheiten» nochmals zu untersuchen, damit unbestätigte Annahmen und feste Positionen überwunden werden können. Könnte es sein, daß der Hauptteil des jüdischen Verständnisses von Gott und dem Staat Israel, verstärkt durch Gefühl und Disput, eine andere Perspektive des Jüdisch-Seins überdeckt?

Die aus der vorangegangenen Diskussion stammenden Fragen zum gegenwärtigen jüdischen Leben werden im sechsten Kapitel in ein neues Bezugssystem gestellt. Die Dialektik von Holocaust und politischer Macht ist der Weg zur Befreiung, wenn sie mit Erneuerung und Solidarität als Möglichkeit zur Aufarbeitung unserer Geschichte und unseres Zeugnisses kombiniert wird. Befreiung kann schwierige Fragen nicht umgehen, und dieses Kapitel versucht, über die Holocaust-Theologie hinaus eine jüdische Befreiungstheologie zu entwickeln. Eine solche Theologie setzt die Bereitschaft voraus, sich in die Gefahrenzonen des jüdischen Lebens zu begeben und die unseren neu erworbenen Reichtum und die Macht schützende liberale Rhetorik und die Aktivität zu prüfen. Das Ziel besteht darin, eine Atmosphäre zu schaffen, in welcher die tiefsten Teile unserer Tradition die Sprache der Treue sprechen können.

1. Ein erschütterndes Zeugnis

Ohne Kenntnis ihrer Vergangenheit läßt sich die heutige jüdische Gemeinschaft nicht verstehen, da sie aus Kampf und Hoffnung geboren ist. Wie in der Hebräischen Bibel festgehalten, liegen ihre Anfänge im alten Ägypten. Die Erfahrung von Sklaverei und Freiheit, in der jüdischen Geschichte stets von Neuem wiederholt, qualifizieren die letzten zwei Jahrtausende eher als Zeit des Exils denn als Zeit der Befreiung. Beide, die Geschichte der Gemeinschaft wie auch die ihr verheißene Freiheit sind ernst zu nehmen, um dem ungeheuren gemeinschaftlichen Leiden stets von Neuem widerstehen zu können. Damit wird die Interpretation von Ereignissen sehr entscheidend, wenn nicht gar verzehrend: Im Herzen jüdischen Lebens ist die Dialektik von Sklaverei und Befreiung, ein Paradox, dessen sich jede Generation bewußt sein sollte.[1]

Der Holocaust, der Tod von sechs Millionen Juden und die versuchte Ausrottung des ganzen Volkes, ist für zeitgenössische Juden die überwältigende Erfahrung des Leidens. Seine Deutung ist allgegenwärtig, obwohl die Analysen verschieden und oft kontrovers sind. Man könnte sagen, daß der Holocaust das wohl das heutige Judentum prägendste Ereignis ist, durch welches das Ringen um die Treue seinen Werten gegenüber konkrete Gestalt annimmt.

Sich mit der Welt des Holocaust zu beschäftigen bedeutet, umgeben zu sein vom Todeskampf eines Volkes auf der Schwelle seiner Vernichtung. Berichte von Überlebenden, Geschichten, sogar der Film *Shoah* mit Aussagen von Opfern und Tätern, sie alle zeigen die gleiche unglaubliche Realität: Ein durch die Nazis erbautes Königreich des Todes, um ein altes Volk auszurotten; um – ganz einfach – alle Juden von der Erdoberfläche verschwinden zu lassen. Im Königreich des Holocaust kämpften Juden aus der ganzen Welt, um das von den Nazis gesetzte Ziel der Ausrottung zu verstehen, zu überleben und ihm aktiv zu widerstehen. Durch ihre Existenz auf der anderen Seite der Geschichte, in Ghettos, Konzentrations- und Todeslagern, liefern diese Stimmen die Erinnerungen und den Hintergrund für das heutige jüdische Leben.

Die Zeugen sind verschieden und eindringlich. Ihre Stimmen zu hören, ist schwierig, denn sie tönen eher wie ein Mißklang als eine Melodie. Der Kampf ums Leben wird durch den Wunsch nach dem Tod herausgefordert; dem Widerstand steht die Hilflosigkeit gegenüber. Das Bewußtsein von Isolation und Verlassenheit ist allgegenwärtig. Es ist das Zeugnis einer anderen Welt.

Für uns vielleicht am schwersten zu akzeptieren ist der Wunsch zu sterben. Die Situation erfordert aber unser Verständnis. Eine jüdische Mutter aus Osteuropa erzählt ihre Überlebensgeschichte, wie wenn es ein Gebet um ihren Tod wäre. Sie und andere waren auf ein Feld getrieben, mit Maschinengewehrsalven übersät und in einer Grube mit Toten und Sterbenden begraben worden.

«Und doch kam ich mit letzter Kraft an die Oberfläche des Grabes, und da erkannte ich den Ort nicht mehr, soviele Körper lagen überall, tote Menschen; ich wollte das Ende dieser Fläche von toten Körpern sehen, doch es gelang mir nicht. Es war unmöglich. Sie lagen überall, alle im Sterben; leidend, nicht alle von ihnen waren tot, doch in ihren letzten Zügen; nackt; angeschossen, doch nicht tot. ... Unter den Toten suchte ich mein kleines Mädchen, und ich rief nach ihr – Merkele war ihr Name – ‹Merkele!› Kinder schrien ‹Mutter›, ‹Vater› – aber alle waren blutverschmiert, und man konnte die Kinder nicht erkennen. Ich rief nach meiner Tochter. Ich betete um meinen Tod. Ich betete, das Grab möge sich öffnen und mich lebendig verschlucken. Blut spritzte aus dem Grab überall hin wie aus einer Wasserquelle, und noch immer, wenn ich heute an einer Quelle vorbeigehe, erinnere ich mich an das Blut, das aus dem Boden drang, aus diesem Grab. Ich grub mit meinen Fingernägeln, aber das Grab öffnete sich nicht; ich hatte nicht genug Kraft. Ich rief nach meiner Mutter, nach meinem Vater. ‹Warum haben sie mich nicht getötet? Was war mein Vergehen? Ich habe niemanden mehr, zu dem ich gehen könnte.› Ich mußte zusehen, wie sie alle getötet wurden. Warum überlebte ich? Warum wurde ich nicht getötet?»[2]

Angesichts des Bösen war Hilflosigkeit oft an der Tagesordnung. Frauen, die in den Lagern schwanger wurden, sandte man zur Strafe in den Tod, da sie durch ihre Schwangerschaft das Leben bestätigten. Und Frauen, denen es auf irgend eine Weise gelang, ihre Schwangerschaft zu verbergen und die gebären konnten, mußten zusehen, wie ihre Babies von den Nazischergen erstickt wurden. Häufig forderten die Behörden die Mütter auf, über Leben und Tod ihrer Kinder zu entscheiden. So wurden die Spenderinnen des

Lebens dazu gezwungen, am Tod ihrer eigenen Kinder mitschuldig zu werden.

Solche Schreckensgeschichten bilden keine Ausnahme. Der Tod der Juden war konsequent und legal geplant. Der Massenmord hatte System; vom Mord an Einzelnen wurde abgeraten. Die Ausrottung der Juden kam zustande durch eine komplexe Reihe von Gesetzen, angefangen mit der Definition, wer ein Jude sei. Da die Nazis die Juden als Rasse definierten und nicht als Glaubensgemeinschaft, fiel ihre Einordnung nicht leicht. Die Verbindungen des Einzelnen wurden verfolgt, die Vermischung durch Heirat mit anderen «Rassen» festgestellt und beurteilt. Schließlich kam es zum Entscheid. Wurde eine Person einmal als jüdisch erklärt, so bedeutete dies den Einzug des Eigentums und die Aberkennung des Bürgerrechtes. Dadurch wurden die Juden arm und staatenlos. Zunächst wurden Gesetze und Dekrete nötig, sowie die Übertragung von Eigentum und der Wechsel von Arbeitsplätzen gepaart mit Umsiedlungsplänen für all jene, welche sich aufgrund der Definition und Eignung außerhalb der Deutschen Gesellschaft vorfanden. Von diesem Zeitpunkt an war das Ende vorauszusagen und, nach den Vorstellungen der Nazis, sogar logisch: Ausrottung. Dieser Plan machte ein ausgeklügeltes Transportsystem und Aufnahmemöglichkeiten für die große Zahl von Ausgesiedelten notwendig. Die Ausrottung der Juden hatte sich in ein Unternehmen entwickelt, zu dem jeder Bereich der deutschen Gesellschaft das Seine beitrug. Richard Rubenstein schreibt: «Die Bürokraten setzten die Definitionen fest und schufen die Dekrete; die Kirche lieferte Beweise für die arische Abstammung; die Post überbrachte die Nachrichten von Definitionen, Enteignungen, vom Entzug der Bürgerrechte und von Deportationen; Firmen entließen ihre jüdischen Angestellten und übernahmen ‹arisiertes› Eigentum. Die Bahn transportierte die Opfer an die Todesorte.»[3]

Durch all diese Leiden ziehen sich die Gefühle von Isolation und Verlassenheit. Die westliche Welt versagte in der Aufnahme jüdischer Flüchtlinge und entwickelte keine Politik zur Rettung des jüdischen Volkes. Sie weigerte sich, die Todeslager zu zerstören und hinderte die Nazis auch nicht an der Fortsetzung ihrer Schlachterei. All dies ist nun genauestens dokumentiert. Selbst die Frage, ob die Westmächte und die Bevölkerung von diesen Greueltaten im umfassenden Sinne wußten, ist untersucht und positiv beantwortet worden. Kanada, das seit über 100 Jahren um

Siedler wirbt, illustriert die Weltpolitik. Ein Reporter ging dort zu einem Regierungsbeamten und fragte, ob die Tore des Landes für jüdische Flüchtlinge geöffnet würden. Der Beamte antwortete, Kanada wünsche nicht allzuviele Juden. Der Reporter erkundigte sich darauf: «Wieviele sind allzuviele?» Die Antwort: «Jeder ist zuviel.» [4]

Die Opfer allerdings hatten ihre Verlassenheit schon lange vor solchen Studien begriffen. Alexander Donat, ein Überlebender von Treblinka, hält fest:

> «Vergeblich suchten wir am wolkenlosen Septemberhimmel nach einem Zeichen für Gottes Zorn. Der Himmel blieb still. Vergeblich warteten wir auf massive Worte der Großen der Welt, der Helden des Lichts und der Gerechtigkeit, der Roosevelts, Churchills, Stalins; die Drohung massiver Vergeltung, welche das Beil des Henkers aufgehalten hätte, blieb unausgesprochen. Vergeblich erbaten wir Hilfe bei unseren polnischen Brüdern, mit denen wir während sieben Jahrhunderten gute und schlechte Zeiten geteilt hatten. Doch sie waren völlig taub in unserer Stunde der Not. Sie zeigten nicht einmal normales christliches Mitleid angesichts unserer schweren Prüfung, keine christliche Nächstenliebe. Sie ließen sich nicht einmal von politischer Vernunft leiten; schließlich waren wir doch wirklich Verbündete im Kampf gegen einen gemeinsamen Feind. Während wir bluteten und starben, war ihre Haltung bestenfalls Gleichgültigkeit und allzuoft freundliche Neutralität gegenüber den Deutschen. Laßt die Deutschen diese schmutzige Arbeit für uns erledigen.» [5]

Dies ist das Vermächtnis nach dem Ende des 2. Weltkrieges. Das Ereignis war so erdrückend, daß es fast zwei Jahrzehnte brauchte, um als Holocaust benannt zu werden. Seine Bedeutung ist noch problematischer, und die jüdischen Theologen sind mit einer schwierigen Aufgabe beladen. Über die Jahre haben sich dazu im wesentlichen vier Hauptpositionen herauskristallisiert, die durch vier wichtige jüdische Denker vertreten werden: Elie Wiesel, Schriftsteller und Überlebender des Holocaust; Richard Rubenstein, Professor für Religionswissenschaft an der *Florida State University*; Emil Fackenheim, ehemaliger Philosophieprofessor an der *University of Toronto* und Irving Greenberg, Rabbiner und Direktor des *National Jewish Center for Learning and Leadership* in New York City. In einem Punkt wenigstens sind sie sich einig: Treue zum jüdischen Volk heute erweist sich im Ringen mit dieser Erfahrung von Zerstörung und Tod.

Elie Wiesel

Elie Wiesels grundlegender Kampf, dem Judentum treu zu bleiben, besteht im Wiedererzählen der Geschichte selbst. Mit Erzählungen, Essays und Vorträgen versuchte er zeit seines ganzen Lebens, das Unbeschreibliche in Worte zu fassen und das Unvorstellbare auszusprechen. Auf diese Weise wollte er die Erfahrungen der Opfer ernst nehmen.

«All die entwurzelten, vernichteten, im Rauch aufgegangenen Gemeinschaften; all die Züge, die ihre Furchen in die Nächte der polnischen Ebene gruben, all die Männer, all die Frauen, die ihrer Sprache, ihrer Namen, ihrer Gesichter beraubt und gezwungen wurden, nach den Gesetzen des Feindes in der Anonymität und der Nacht zu leben und zu sterben. All die Reiche des Stacheldrahts, in denen die Untertanen einander glichen und die Worte einander gleich waren. Die Tage folgten aufeinander, die Stunden ebenfalls und die stumpf gewordenen, schwarzen Gedanken schleppten sich zwischen den Leichen durch den Schlamm und das Blut.

Der Jugendliche in mir, der nach Glauben dürstete, konnte nicht verstehen: wo ist Gott in all dem? Ist es wieder eine Prüfung, noch eine? Ist es eine Strafe? Wenn ja, für welche Sünden? Für welche Verbrechen diese Züchtigung? Gibt es eine Missetat, die so viele Massengräber verdient? Wird man angesichts der Ermordung von einer Million jüdischer Kinder noch von Gerechtigkeit, Wahrheit, göttlicher Gnade sprechen können?

Ich verstand nicht, ich fürchtete zu verstehen. Ich fragte mich, ob dies das Ende des jüdischen Volkes oder vielleicht das Ende der menschlichen Zukunft war. Es war bestimmt das Ende einer Epoche, das Ende einer Welt. Das wußte ich. Nur das wußte ich.»[6]

Von allem Anfang an war ihm klar, daß er als Überlebender zum Zeugen berufen war. Allerdings wußte er nicht, wie er dieser Berufung gerecht werden sollte.

«Mir war bewußt, daß die Funktion des Überlebenden darin besteht, Zeugnis abzulegen. Ich wußte nur nicht, wie ich es anstellen sollte. Mir fehlten Erfahrung, Anhaltspunkte. Ich mißtraute dem Rüstzeug, der Vorgangsweise. Mußte man alles oder nichts sagen? Schreien oder flüstern? Die Abwesenden oder ihre Erben hervorheben? Wie beschreibt man das Unsagbare? Wie stellt man es an, mit Anstand den Sturz der Menschen und den Untergang der Götter wieder aufleben zu lassen? Und dann, wie kann man sicher sein, daß die Worte, sobald sie

15

zu Papier gebracht sind, nicht die Botschaft, deren Träger sie sind, verraten, entstellen?

Meine Angst wog so schwer, daß ich ein Gelübde ablegte; mindestens zehn Jahre lang nichts zu sagen, nicht an das Wesentliche zu rühren. Bis ich klar sehe. Bis ich gelernt habe, den Stimmen zu lauschen, die aus der meinen schreien. Bis ich von meinen Erinnerungen wieder Besitz ergriffen habe, um die Sprache der Menschen mit dem Schweigen der Toten zu vereinen.»[7]

Wiesels Aufgabe besteht also darin, eine Stimme für jene ohne Stimme zu finden und eine Erinnerung am Leben zu erhalten, welcher immer die Gefahr des Erlöschens droht. Dabei ist die Aufgabe des Erinnerns in einem gewissen Sinn wichtiger als eine Antwort nach dem Warum des Leidens, da es auf viele Fragen keine Antwort gibt.

In den Todeslagern erfährt Wiesels Frage nach dem Glauben eine traumatische Wende. Aus einer religiösen Familie stammend, erlebte er als Knabe bald nach seiner Ankunft in Auschwitz die Krise seines Glaubens.

«Nie werde ich diese Nacht vergessen, die erste Nacht im Lager, die aus meinem Leben eine siebenmal verriegelte lange Nacht gemacht hat.

Nie werde ich diesen Rauch vergessen.

Nie werde ich die kleinen Gesichter der Kinder vergessen, deren Körper vor meinen Augen als Spiralen zum blauen Himmel aufstiegen.

Nie werde ich die Flammen vergessen, die meinen Glauben für immer verzehrten.

Nie werde ich das nächtliche Schweigen vergessen, das mich in alle Ewigkeit um die Lust am Leben gebracht hat.

Nie werde ich die Augenblicke vergessen, die meinen Gott und meine Seele mordeten, und meine Träume, die das Antlitz der Wüste annahmen.

Nie werde ich das vergessen, und wenn ich dazu verurteilt wäre, so lange wie Gott zu leben. Nie.»[8]

Von diesem Moment an kämpft Wiesel mit zwei unversöhnlichen Wirklichkeiten: der Wirklichkeit Gottes und der Wirklichkeit von Auschwitz. Robert McAfee Brown beschreibt es in seinem Buch *Elie Wiesel: Bote der Menschheit*: «Jedes scheint fähig, das andere auszulöschen, doch keines von beiden wird verschwinden. Jedes für sich könnte bestehen: Auschwitz *und* kein Gott oder Gott *und*

kein Auschwitz. Aber Auschwitz und Gott, Gott und Auschwitz?»
Wiesel beschreibt seine Reaktion auf den an *Rosch hasch-schana*
(jüdisches Neujahr) von zehntausend von Insaßen gebeteten Se-
gensspruch «Gelobt sei der Name des Ewigen» folgendermaßen:

«Warum, warum soll ich ihn preisen? Jede Faser meines Wesens
sträubte sich dagegen. Nur weil er tausende seiner Kinder in Gräben
verbrennen ließ? Nur weil er sechs Gaskammern Tag und Nacht,
Sabbat und Festtag arbeiten ließ? Nur weil er in seiner Allmacht
Auschwitz, Birkenau, Buna und so viele andere Todesfabriken ge-
schaffen hat? Wie soll ich zu ihm sagen: Gepriesen seist Du, Ewiger,
König der Welt, der Du uns unter den Völkern erwählt hast, damit wir
Tag und Nacht gefoltert werden, unsere Väter, unsere Mütter, unsere
Brüder in den Gaskammern verenden sehen? Gelobt sei Dein heiliger
Name, Du, der Du uns auserwählt hast, um auf Deinem Altar ge-
schlachtet zu werden?»[9]

Und später, als man drei Insaßen, einer von ihnen ein Knabe,
erhängte, fragt jemand hinter Wiesel: «Wo ist Gott? Wo ist Er?»
Als die Stühle weggezogen werden und die drei Opfer in der Luft
hängen, zwingt man die Gefangenen, nahe an ihnen vorbeizu-
marschieren.

«Die beiden Erwachsenen lebten nicht mehr. Ihre geschwollenen
Zungen hingen bläulich heraus. Aber der dritte Strick hing nicht
reglos: der leichte Knabe lebte noch...
Mehr als eine halbe Stunde hing er so und kämpfte vor unseren
Augen zwischen Leben und Sterben seinen Todeskampf. Und wir
mußten ihm ins Gesicht sehen. Er lebte noch, als ich an ihm vor-
überschritt. Seine Zunge war noch rot, seine Augen noch nicht erlo-
schen.
Hinter mir hörte ich denselben Mann fragen:
‹Wo ist Gott?›
Und ich hörte eine Stimme in mir antworten:
‹Wo er ist? Dort – dort hängt er am Galgen,...›»[10]

Die Erfahrung des Todeslagers zerstört eine Unschuld, die nicht
wiedergewonnen werden kann. Die Welt hat sich verändert und
demzufolge auch der Glaube. Erinnerung tritt an die Stelle des
Gebetes: Erinnern ist ein Gebet, gesprochen in feierlicher Stille.
Für diejenigen, die in der Feuerwelt des Holocaust zurückbleiben,
rauchen die Krematorien immer noch; die Skelette bleiben, wie sie
waren, hochaufgestapelt und nackt. Wiesels Mission lautet kurz
zusammengefaßt:

«Jeder, der sich nicht aktiv und ständig mit der Erinnerung beschäftigt und andere mahnt, ist eine Helfershelfer des Mordens. Umgekehrt; wer auch immer dem Verbrechen widersteht, muß sich auf die Seite der Opfer stellen, muß ihre Berichte verbreiten, ihre Berichte über Einsamkeit und Verzweiflung, über Stille und Trotz.»[11]

Die Zuverlässigkeit der Erinnerung ist anzuzweifeln, da so vieles abgestreift wurde. Das Zeugnis selbst wird nackt, und die Tradition mit ihren verschiedenen Symbolen und Worten trägt nicht mehr länger. Mit einer chassidischen Erzählung beschreibt Wiesel die Situation:

«Wenn der Großrabbi Israel Baal-schem-tow sah, daß dem jüdischen Volk ein Unheil drohte, zog er sich für gewöhnlich an einen bestimmten Ort im Walde zurück; dort zündete er ein Feuer an, sprach ein bestimmtes Gebet, und das Wunder geschah: das Unheil war gebannt.

Später, als sein Schüler, der berühmte Maggid von Mesritsch, aus den gleichen Gründen im Himmel vorstellig werden sollte, begab er sich an denselben Ort im Wald und sagte: Herr des Weltalls, leih mir dein Ohr. Ich weiß zwar nicht, wie man ein Feuer entzündet, doch ich bin noch imstande, das Gebet zu sprechen. Und das Wunder geschah.

Später ging auch der Rabbi Mosche-Leib von Sasow, um sein Volk zu retten, in den Wald und sagte: Ich weiß nicht, wie man ein Feuer entzündet, ich kenne auch das Gebet nicht, ich finde aber wenigstens den Ort, und das sollte genügen. Und es genügte: wiederum geschah das Wunder.

Da kam der Rabbi Israel von Rizisin an die Reihe, um die Bedrohung zu vereiteln. Er saß im Sessel, legte seinen Kopf in beide Hände und sagte zu Gott: Ich bin unfähig, das Feuer zu entzünden, ich kenne nicht das Gebet, ich vermag nicht einmal den Ort im Walde wiederzufinden. Alles, was ich tun kann, ist diese Geschichte zu erzählen. Das sollte genügen. Und es genügte.

Gott erschuf den Menschen, weil er Geschichten liebt.»[12]

Richard Rubenstein

Auf andere Weise befaßt sich Richard Rubenstein mit der Geschichte der Toten. Nach ihm geht es nicht nur darum, an die
Herausforderung von Auschwitz zu erinnern, sondern ebenso
nach der Bedeutung derselben in historischer und religiöser Dimension zu fragen. Die religiöse Dimension ist komplex. Sie beruht
auf dem Glauben an einen Gott der Geschichte, auf der Tradition,
in die sich die Juden selbst stellen, und auf der Rolle der Führung
der jüdischen Gemeinschaft. Alle drei Aspekte tragen nach Rubenstein zum Tod von sechs Millionen Menschen bei. Deshalb wird
jeder dieser Aspekte durch den Holocaust hinfällig. Der allmächtige, gütige Gott der Geschichte erweist sich angesichts des systematischen Todes von Unschuldigen als Farce. Gott ist in der Tat
eine schuldige Gestalt, da der Glaube an die Auserwählung, von
Gott selbst eingeschärft, jüdische Ergebenheit in sie bedrohende
Ereignisse unterstützte. So waren die Juden sicher, daß sie mitten
in der Zerstörung unversehrt bleiben würden. Auch die Tradition,
die das Leiden als integralen Bestandteil dieser speziellen Got-
tesbeziehung betrachtet, muß zur Verantwortung gezogen werden.
Sie vermochte weder die Grundlage für eine klare Analyse der
Situation noch für den bewaffneten Widerstand gegen das Böse der
Menschen zu vermitteln. Da die Tradition erzwungene Wanderschaft und Leiden als genuinen Bestandteil des Judentums betonte,
förderte sie Passivität angesichts der Vernichtung. Gleichzeitig
liehen einige jüdische Führer einem Glauben an Gott und einer
Fügsamkeit mit jenen Kräften, welche die Vernichtung aller Juden
zum Ziel hatte, ihre Stimme. In Europa regierten Judenräte die
Ghettos. Sie regelten alle für das Gemeinwesen notwendigen
Dinge. Selbst die Polizeigewalt übten sie in ihnen aus. Sie befolgten
die Befehle der Nazis und organisierten sogar die Evakuierung der
jüdischen Bevölkerung in die Todeslager.[13]
Rubenstein betrachtet das jüdische Einverständnis mit solchen
Kräften als grundlegend für das Scheitern der jüdischen Tradition
angesichts der Vernichtung, ein Einverständnis, das eng mit der
jüdischen Geschichte verknüpft ist. Das jüdische Volk griff zum
letzten Mal während der jüdisch-römischen Kriege von 66 bis 70 n.
und von 131 bis 135 n. zu den Waffen. Beide Male kämpfte es tapfer
und verlor hoch. Diejenigen, die zur Kapitulation rieten, wurden

nun die religiösen und politischen Autoritäten des jüdischen Volkes. Rubenstein hält fest: «Während nahezu 2'000 Jahren waren die religiösen Führer der europäischen Diaspora die geistigen Erben jener Pharisäer und Rabbiner, die erst zu politischer und religiöser Herrschaft gelangten, als sie von den Römern als ‹deren loyale und nicht rebellische Agenten› ausgewählt worden waren.» So begann das Diaspora-Judentum mit einer militärischen Niederlage und überlebte, indem es eine Kultur des Aufgebens und der Unterordnung entwickelte.[14]

Als Erbe dieser Tradition half das rabbinische Judentum während zweitausend Jahren, jüdische Antworten zu bestimmen und zu formen. Der Säkularisation und Emanzipation zum Trotz gab das Judentum weiterhin «den Obrigkeiten die gleichen Antworten wie diejenigen, welche sich den Römern unterworfen hatten.» So versuchten sie feindliche Aktionen durch Bestechung, Gnadenappelle, Aufrufe zu ethischen Gefühlen oder durch Flucht abzuwenden, statt einen bewaffneten Widerstand zu wagen. Und tatsächlich muß die organisierte jüdische Gemeinde als Hauptfaktor bei der Verhinderung eines effizienten Widerstandes gelten. «Wo immer der Ausrottungsprozeß in Bewegung gesetzt wurde, benutzten die Deutschen die bestehende Führung und Organisation der jüdischen Gemeinde als Hilfsmittel. Es war nicht notwendig, Verräter oder Kollaborateure zu finden. Die Unterordnung erfolgte automatisch.» Zwar kam es zu sporadischem Widerstand gegen die Deutschen, wobei der Aufstand im Warschauer Ghetto von 1943 der spektakulärste war. Doch dies war eine Ausnahme. Die überwältigende Mehrheit der Juden widersetzte sich nicht. «Sie waren durch ihre religiöse Kultur dazu erzogen, sich zu unterwerfen und zu dulden. Es gab kein Anzeichen für Gewalt, nicht einmal dann, als die Nazis die Juden zwangen, Massengräber auszuheben, sich auszuziehen, in die Gräber zu steigen, sich über die vielen Toten zu legen und auf den Gnadenschuß zu warten.» Diese Unterwerfung war das letzte Kapitel in der Geschichte einer kulturellen und psychologischen Transformation, die bei den Rabbinen und Pharisäern vor nahezu zweitausend Jahren ihren Anfang genommen hatte.[15]

Für Rubenstein zeigen diese drei Faktoren – das Versagen Gottes, der jüdischen Tradition und der jüdischen Verwaltung – das Ende des uns bekannten jüdischen Lebens an. Das Festhalten an Vor-Holocaust-Mustern jüdischen Lebens ist die Hingabe an eine Phantasievorstellung, die eine Wiederholung des Holocaust heraufbeschwört. Doch das Versagen geht weit über das Judentum hinaus; der Holocaust repräsentiert die Trennung der Beziehung zwischen Gott und Mensch, Gott und der Gemeinschaft, Gott und der Kultur. Die Lektion des Holocaust besteht darin, daß es nur die Menschheit alleine gibt und daß außerhalb der menschlichen Solidarität kein Sinn im Leben zu suchen ist.

Der Holocaust indes stellt auch die Möglichkeit menschlicher Solidarität in Frage, da er den systematischen Massenmord als permanente Möglichkeit des immer mächtiger werdenden Staates zeigt. Eine säkulare Gesellschaft zeichnet sich durch eine bürokratische Rationalität aus, die ganze Bevölkerungsschichten überflüssig macht in einer Zeit, in der die Bevölkerung immer schneller wächst. Mit anderen Worten: Je mehr Menschen geboren werden, desto mehr vermindert sich ihre soziale und politische Wichtigkeit – eine Situation, die oft zu Massenhinrichtungen führt. Für Rubenstein markieren die Nazis und der Zweite Weltkrieg einen moralischen und politischen Wendepunkt der westlichen Zivilisation: Die systematische, bürokratisch verordnete Ausrottung von Millionen von Bürgern oder von unterworfenen Völkern ist eine der Möglichkeiten und Versuchungen der Regierung. Tatsächlich hat Auschwitz die Vorstellung von Gewaltanwendung durch den Staat vergrößert. «Eine Schranke wurde durchbrochen, die während Jahrtausenden als Grenze politischen Handelns galt. Die Nazi-Zeit dient als Warnung dafür, wie wir allzu leicht werden können, wenn wir uns einer politischen oder wirtschaftlichen Krise größter Ordnung gegenübersähen. Die Öffentlichkeit mag von den Nazis fasziniert sein; hoffentlich ist sie auch durch sie gewarnt.»[16]

Die säkulare Welt, geboren aus dem Tod des religiösen Glaubens, verspricht daher nur ein klein wenig mehr oder vielleicht auch weniger inbezug auf Menschlichkeit und Fortschritt. Insgesamt zeigt sich eine tragische Sackgasse: die religiöse Welt fällt aufgrund ihrer eigenen Unangepaßtheit zusammen, und die moderne Welt frißt ihre eigenen Kinder.[17]

Rubensteins Verständnis unterscheidet sich von demjenigen Wiesels beträchtlich: Wiesels grundlegende Sensibilität ist in der Geschichte: das Wiedererzählen des Schreckens und der Wille, in der Spannung des Glaubens zu verharren, still und anonym. Indem er die Erinnerung an den Holocaust wachhält, will er einen neuen verhindern. Bei Rubenstein dagegen ist die Spannung des Glaubens gebrochen, und der Holocaust setzt sich unvermindert fort. Deshalb ist es notwendig, innerhalb und außerhalb der jüdischen Gemeinschaft eine politische Sensibilität zu schaffen, die auf die sozialen, wirtschaftlichen und politischen Krisen modernen Lebens eingeht. Wenn Wiesels Treue im Erinnern des Leidens begründet ist, dann läßt sie sich bei Rubenstein charakterisieren als Weigerung, das Böse an sich als Attribut der Göttlichkeit zu akzeptieren, und als Hervorhebung dessen, wie notwendig menschliche Solidarität in einer desakralisierten Welt ist.[18]

Emil Fackenheim

Das Denken von Emil Fackenheim läßt sich zwischen Wiesel und Rubenstein einordnen. Seiner Meinung nach fordert der Holocaust den jüdischen Glauben wie auch die jüdische Säkularität heraus. Die midraschische Art der Interpretation, welche gegenwärtige Erfahrung mit vergangener verbindet, indem sie die beiden einander gegenüber stellt, um der Interpretation Tiefe und Geheimnis zu verleihen, bricht mit dem katastrophalen Ereignis des Holocaust zusammen. Schlüsselerfahrungen wie der Exodus werden herausgefordert und ungültig, wenn die Klarheit des Glaubens abnimmt. Ebenso herausgefordert aber wird die säkulare Option, da auch der säkulare jüdische Mensch für die Ausrottung vorgesehen war. Denn dadurch, daß er sich als geborener Jude bezeichnet, bezeugt der säkulare Jude das Überleben des jüdischen Volkes. «Denn ein jüdischer Mensch muß heute, nur um seine jüdische Existenz zu bestätigen, seinen Einzelstatus akzeptieren; man muß sich den Dämonen von Auschwitz widersetzen; und widersetzen in der einzigen Art, in der Widerstand möglich ist: mit einem absoluten Widerstand. Für diesen absoluten Widerstand muß man nichts weniger als das eigene Leben aufs Spiel setzen, das Leben der Kinder und Kindeskinder.»[19]

Nach Auschwitz ist der Jude, der die Zugehörigkeit zum jüdischen Volk beansprucht, ein Zeuge für die Ausdauer, weil das jüdische Überleben eine gefährliche und heilige Pflicht ist. Anders gesehen: diese Identifikation als Jude nach dem Holocaust zeigt der Menschheit ein Überleben und Zeugnis in einer Zeit, die durch die nukleare Konfrontation gefährdet ist. Fackenheim sieht zwei Möglichkeiten als authentische Antworten auf den Holocaust : das Aufgeben der jüdischen Identifikation mit armen und verfolgten Völkern, um durch die Identifikation mit der Welt der jüdischen Bestimmung zu entfliehen. Da aber letztlich die Wahl nur zwischen zwei leidenden Völkern besteht, muß sich ein Jude für die Identifikation mit dem eigenen Volk entscheiden. Diese Identifikation ist das Wesentliche der gebietenden Stimme von Auschwitz.

> «Jüdischen Menschen ist es verboten, Hitler zu posthumen Siegen zu verhelfen. Sie müssen als Juden überleben, damit das jüdische Volk nicht ausstirbt. Sie müssen sich an die Opfer von Auschwitz erinnern, damit die Erinnerung nicht untergeht. Es ist ihnen verboten, am Menschen und seiner Welt zu verzweifeln und in Zynismus oder Jenseitsbezogenheit zu fliehen, sonst arbeiten sie mit an der Auslieferung der Welt an die Kräfte von Auschwitz. Schließlich dürfen sie nicht am Gott Israels verzweifeln, damit das Judentum nicht untergeht.»[20]

Die gebietende Stimme von Auschwitz wird heute gehört, weil der Befehl zu überleben in Auschwitz selbst gehört wurde. Zwar war gegen die Logik der Nazis der Zerstörung kein Widerstand möglich, und doch wurde ihr widerstanden. In der menschlichen Geschichte ist die Logik der Nazis ein Novum. Sie ist die «Quelle eines beispiellosen, andauernden Schreckens». Aber der Widerstand durch die am meisten Gefährdeten ist ebenso ein Novum in der Geschichte, und er ist die «Quelle eines beispiellosen, andauernden Wunders». Die gebietende Stimme von Auschwitz zu hören und ihr zu gehorchen ist für Fackenheim heute eine Möglichkeit, weil Hören und Gehorchen in den Todeslagern eine Realität waren. Fackenheim zitiert Pelagia Lewinska, eine Überlebende des Holocaust, um diese gebietende Stimme zu veranschaulichen.

> «Am Anfang hatten mich die Baracken, die Gräben, der Schlamm, die Berge von Exkrementen hinter den Blocks durch ihren schrecklichen Schmutz entsetzt. ... Und dann sah ich das Licht! Ich sah, daß es nicht eine Frage von Unordnung oder ein Mangel an Organisation war; im Gegenteil, eine sehr genau konzipierte, bewußte Vorstellung lag hinter der Existenz des Lagers. Sie hatten uns dazu verurteilt, in unserem eigenen Dreck zu sterben, im Unrat, in unseren Exkrementen zu ertrinken. Sie wollten uns erniedrigen, unsere Menschenwürde

zerstören, jede Spur von Menschlichkeit auslöschen. ... Von dem Augenblick an, als ich dieses treibende Prinzip begriff, ... war es, als ob ich aus einem Traum erwacht sei. ... Ich fühlte einen Befehl zu leben. ... Und wenn ich in Auschwitz wirklich umgekommen wäre, dann wäre ich als Mensch gestorben. Ich hätte meine Würde bewahrt.»[21]

Fackenheims Treue zur Erfahrung des Holocaust unterscheidet sich von derjenigen von Wiesel und Rubenstein, obwohl er in der Nähe beider ist. Zwar verbleibt Fackenheim einerseits wie Wiesel in der Dialektik des Glaubens, geht jedoch über die Geschichten hinaus, wenn er jüdisches Leben heute in seiner Vielfalt als Ort der Treue entdeckt. Dies bedingt eine neue Art des Midrasch, der zwischen Vernichtung und Überleben ausgleicht. Diese durch den Holocaust erschütterte Art des Midrasch muß zur Sprache gebracht werden, soll das Volk nicht durch Zynismus und Assimilation zugrundegehen. Dadurch wird die heutige jüdische Gemeinschaft zur Zeugin für das Überleben und die Standhaftigkeit. Zugleich wird durch diese Tätigkeit an die Geschichte des Bösen erinnert. Andererseits lehnt Fackenheim die säkulare Option von Rubenstein ab, da auch nicht praktizierende Juden mit eingeschlossen sind und das jüdische Überleben bezeugen. Das Judentum ist weder gespalten noch unwiderruflich gebrochen; jüdisches Leben geht in einer geänderten und drängenderen Form weiter. Rubensteins Option, den jüdischen Holocaust als eine allgemeine Erfahrung des 20. Jahrhunderts zu sehen, wird weder verneint noch bejaht. Getrieben wird Fackenheim durch die Einzigartigkeit der jüdischen Erfahrung, die sowohl das Schlachten als auch das Überleben umfaßt.[22]

Irving Greenberg

In signifikanter Weise umfaßt Irving Greenberg die vorausgegangenen Interpretationen des Holocaust und geht über sie hinaus. Er versteht den Holocaust einerseits als Anklage der Moderne aufgrund ihres falschen Universalismus und dem Bösen, welches unter ihrer Herrschaft verewigt wurde. Andererseits sieht er in ihm eine Kritik der jüdischen und christlichen Religionen, da diese sich ohnmächtig erwiesen und zum Haß beitrugen. Sowohl Moderne wie auch Religion haben aber nicht nur zum Holocaust beigetragen; sie haben seine Herausforderung im Wesentlichen auch stillschweigend übergangen. Die Botschaft der Opfer, das große Schlachten zu stoppen und den Triebkräften des sozialen und religiösen Lebens neuen Wert zu geben, stieß auf taube Ohren.[23]

Die Wiederentdeckung sowohl der Geschichte wie auch der Bedeutung des Holocaust ist deshalb wesentlich für eine Neuorientierung modernen Lebens. Doch kann es diese Neuorientierung nur geben, wenn die Gebrochenheit zur Kenntnis genommen wird. In den letzten zwei Jahrhunderten wurde aus dem «Gott der Geschichte und der Vorsehung» der «Gott der Wissenschaft und des Humanismus». Die Erfahrung der Todeslager wirft aber die Frage auf, ob dieser neue Gott der unbedingten Loyalität würdig ist. «Die Opfer bitten uns, nicht zu einer Schlußfolgerung zu kommen, die die von ihnen gelebte Verheißung rückblickend als Illusion und ihren Tod als gigantische Travestie wertet.» Es gibt aber auch in der säkularen Kultur nichts, das ihre Autorität rechtfertigte, vor allem nicht, weil sie ja das Umfeld für diese Massenmorde schuf. Nach Greenberg bitten uns die Opfer vor allem darum, «die Schaffung von anderen Werten, welche einen neuen Versuch des Völkermordes ermöglichen, nicht zu erlauben.» Die Erfahrung der Vergangenheit und die Möglichkeit der Zukunft drängen zum Widerstand gegen die Verabsolutierung des Säkularen.[24]

Diese Weigerung jedoch erlaubt nicht die Flucht in die religiöse Sphäre. Nach Auschwitz können wir nur von «Momenten des Glaubens» sprechen; von Augenblicken, in denen eine Vision der Erlösung gegenwärtig ist, durchsetzt mit «Flammen und Rauch verbrennender Kinder», wo der Glaube abwesend ist. Greenberg beschreibt diesen «Moment-Glauben» als das Ende der vordergründigen Dichotomie Atheist – Theist und der nicht hinterfragten Gleichsetzung von Glauben mit Doktrin. Nach dem Holocaust ist der Unterschied zwischen dem Skeptiker und dem Gläubigen die Häufigkeit des Glaubens, nicht die Gewißheit der Position. Die Ablehnung des Ungläubigen durch den Gläubigen ist die Verneinung oder die versuchte Unterdrückung dessen, was in einem selbst liegt. Mit einem Moment-Glauben zu leben heißt, mit dem Pluralismus und ohne jene oberflächlichen Sicherheiten zu leben, welche die Religion ihrer Komplexität entleeren und sie zu einer Quelle des Mißtrauens für andere machen.[25]

Im Judentum unserer Zeit illustrieren Erfahrungen beim Aufbau des Staates Israel die Dialektik des Glaubens: Israel wie der Holocaust haben in sich einen Aspekt, welcher Erfahrung formt. «Das ganze jüdische Volk steht im Spannungsfeld von Nihilismus und Erlösung», meint Greenberg, und Treue in der Gegenwart bedeutet, in der Dialektik von Auschwitz (der Erfahrung des Nichts) und Jerusalem (der politischen Macht einer leidenden Gemeinschaft) zu verbleiben. Wenn die Erfahrung von Auschwitz die Entfremdung von Gott und der Hoffnung symbolisiert, so symbolisiert die Erfahrung Jerusalems die Präsenz Gottes und das Weiterbestehen des Volkes. Verbrannte Kinder sprechen von der Abwesenheit jeglicher menschlicher und göttlicher Werte, doch das Überleben der Holocaust-Opfer in Israel spricht von der Rückgewinnung menschlicher Würde und Werte. «Wenn Treblinka die menschliche Hoffnung zur Illusion verkommen läßt, dann bestätigt die Klagemauer, daß menschliche Träume wirklicher sind als Gewalt und Fakten. Israels Glaube an den Gott der Geschichte verlangt, daß ein nie dagewesenes Ereignis von Zerstörung nach einem nie dagewesenen Akt der Wiedergutmachung ruft, und diese hat stattgefunden.»[26]

Greenberg meint, die Opfer der Geschichte seien nun aufgerufen, ihre Opferrolle als vermeinte Treue den Toten gegenüber abzulegen, unter dem Vorbehalt freilich, daß die Erinnerung an die Leiden die Gemeinschaft zwinge, keine anderen Opfer zu schaffen.

«Der Holocaust kann nicht für Siegeszwecke gebraucht werden. Seine moralische Herausforderung gilt auch auf das jüdische Volk. Juden, die sich keiner Schuld am Holocaust bewußt sind, können moralischer Apathie erliegen. Religiöse Juden, die den Holocaust benutzen, um außer ihrer eigenen alle anderen religiösen Gruppen anzugreifen, sind diejenigen, die angesichts des Holocaust anderer zu Gleichgültigkeit versucht sind (vgl. die allgemeine Politik des ‹American Orthodox Rabbinate› zur amerikanischen Vietnampolitik). Diejenigen Israeli, die soviel Distanz als möglich zwischen die passiven Diaspora-Opfer und die ‹mächtigen Sabras› setzen, sind versucht, die israelische Macht zu mißbrauchen (mit Ausnahme von allem, was zur Selbstverteidigung und zum Überleben absolut notwendig ist) und riskieren damit, andere Leute zu Opfern des jüdischen Volkes zu machen. Ohne eine ehrliche Anerkennung dieser Perspektiven können weder Glaube noch Moral funktionieren. Sie werden dämonisch, außer sie würden von den Feuern von Auschwitz und Treblinka erleuchtet werden.»[27]

In Greenbergs theologischer Perspektive kommt der Dialektik von Holocaust und politischer Ermächtigung entscheidende Bedeutung zu: so steht Auschwitz als Symbol für das Nichts und Jerusalem als Trägerin für die Erlösung. Doch Greenbergs Dialektik ist weiter und nuancierter: die Erfahrung der Todeslager ist eine Kritik an falsch verstandener Religiosität und theologischer Sprache wie sie auch Kritik ist an politischen und technologischen Entwicklungen der modernen, säkularen Welt. Sie ermuntert uns zu Werken der Barmherzigkeit und zum Widerstand jenen Werten und Institutionen gegenüber, die den Nährboden für einen Völkermord bereiten. Israel ist als Manifestation politischer Macht ein Symbol der Treue zu denjenigen, die zugrundegingen. Als Gegensatz allerdings besteht die Möglichkeit, daß die Werte und die Macht Israels gerade jenes Zeichen untergraben, das Israel für das Judentum und die Welt zu sein versucht. Wenn die Dialektik des Holocaust und der politischen Ermächtigung für Greenberg das Fundament bilden, auf dem um die Treue gerungen wird, so sind die beiden Pole dieser Dialektik durch die stete Möglichkeit des Verrates überschattet.

Der Holocaust als universelle Krise

Die aktuelle jüdische Diskussion um die Treue zum Holocaust dreht sich also um die Themen wie Erinnerung, Kritik und Bestätigung. Alle drei werden innerhalb einer gebrochenen Welt gesucht. Komplexität und Verschiedenheit sind erkannt, und doch verlangt die durch den Holocaust erzeugte Krise klare Antworten. Solche sind jedoch nicht leicht zu finden. Das Entstehen des Staates Israel ist ein Beispiel für diese Schwierigkeit. Wird vom Holocaust ausgegangen, läßt sich die Ermächtigung der jüdischen Gemeinschaft als genuine Form von Treue gegenüber den Toten nicht bestreiten. Ermächtigung aber, speziell in der Form eines Staates, stellt die Gemeinschaft vor ein klares Dilemma: der Wunsch, Leben und Gemeinschaft zu pflegen, wird oft durch die Anforderungen nationaler Sicherheit in einer feindlichen Welt verunmöglicht. Hinzu kommt der Lernprozeß, daß der Eintritt als mächtige Gemeinschaft in die Geschichte entweder zur Treue dem prägenden Ereignis gegenüber, welches das Bestehen der Gemeinschaft rechtfertigt, oder zu dessen Mißbrauch führen kann.

Der drohenden Ausrottung entronnen ist die jüdische Gemeinschaft nun in eine Gegenwart eingetreten, die sowohl Chancen wie Gefahren bereithält. Das prägende Ereignis des Holocaust kann dazu dienen, die Macht zu rechtfertigen oder zu kritisieren. Unser Umgang mit diesem Ereignis wird bestimmen, wie sich der Wunsch nach Treue konkret in der Geschichte zeigen wird. Das letzte Kriterium für die Treue wird der Weg sein, der eingeschlagen wurde. Denn wenn auch das Ringen um Glaubwürdigkeit für die Zukunft offen ist, so ist es doch erzwungen durch die Erinnerung an das Leid.

Nicht weniger indes fordert der Holocaust auch die Christen heraus. Sowohl in Nazi-Deutschland, Polen wie auch vielen anderen Ländern waren die Verfolger oft Christen. Obwohl es nicht angebracht ist, jede dieser Bewegungen als echt christlich zu bezeichnen, gehören doch die symbolische Ordnung und das Reservoir von Haß, welche die Isolation und Ausrottung der Juden ermöglichten, zu einem Jahrtausend alten christlichen Antisemitismus (vgl. Anmerkung 4). Nicht genug damit: statt im bedeutsamen Augenblick der Krise ihrer Verpflichtung nachzukommen und eine Korrektur der blutverschmierten Geschichte zu verlangen, beschäftigte sich die institutionelle Kirche mit ihrer Selbsterhaltung. Und dennoch gab es Christen, die unter Lebensgefahr Flüchtlinge vor dem Bösen zu bewahren suchten. Obwohl ihre Anzahl gering war, erlaubt dieses Zeugnis die Frage nach der Gültigkeit christlichen Glaubens und Handelns von heute.[28]

Leider haben nur wenige Christen über die quälenden Schwierigkeiten nachgedacht, die dem Holocaust entwachsen sind. Was bedeutet Christ-Sein, wenn christliches Verständnis und christliches Handeln in den Todeslagern von Nazi-Deutschland enden? Eine erste Reaktion jener, die sich selbst mit diesem Unheil auseinandergesetzt haben, ist, das jüdische Volk um Verzeihung zu bitten und diese Verzeihung auch von Jesus zu erlangen, der ja selber Jude war und dessen wesentliche Botschaft der Liebe verraten wurde. Die zweite Antwort besteht darin, mit der Erfahrung des Holocaust als einem auch für Christen prägenden Ereignis im Dialog zu bleiben. Die Anerkennung der Realität der Todeslager und der christlichen Komplizenschaft beinhaltet die Frage nach der Echtheit von christlichem Glauben und Handeln. Nur durch Er-

28

kennen und Zugeben, wie ihr Verhalten der wahren Christlichkeit entgegenarbeitete, können Christen ihren Glauben retten und neu aufbauen. Nur durch das Erkennen des Nichts in den Todeslagern kann eine zeitgenössische christliche Lebensweise heute echt werden. Das meint Johann Baptist Metz, wenn er schreibt: «Wir Christen kommen niemals mehr hinter Auschwitz zurück; über Auschwitz hinaus aber kommen wir , genau besehen, nicht mehr allein, sondern nur noch mit den Opfern von Auschwitz.»[29]

Was ist mit jenen Juden und Christen, deren Glaube im Holocaust oder als Folge des Holocaust aufgerieben wurde? Die Erfahrung von Deportation und Tod verursachte eine große Krise des Glaubens. Die Antwort liegt entweder in einer Leidenschaft, die Welt so zu verändern, daß Ungerechtigkeit und Folter verhindert werden, oder, öfter noch, in Apathie und Passivität, die in Zynismus gipfeln. Ist es nicht korrekt zu sagen, daß, genauso wie jüdische und christliche Sensibilität im Reich des Todes sich nicht bewährt haben, so habe sich auch die humanistische Tradition, welche die säkulare Hoffnung des 20. Jahrhunderts trägt, nicht bewährt? Wie bereits erwähnt, war es gerade der Fortschritt des modernen Lebens, der zum Aufbau der Todeslager wie auch zum Handeln in ihnen beigetragen hatte. Wie die beiden religiösen Haupttraditionen des Westens, das Judentum und das Christentum, wurde die humanistische Tradition in ein ihre Deutung des Lebens herausforderndes prägendes Ereignis eingetaucht. Während für einige der Rahmen von Glaube und Menschlichkeit weiterhin Gültigkeit besitzt, ist für eine große Anzahl von Menschen diese Dialektik unmöglich geworden. Entweder akzeptieren sie ihr Schicksal passiv, oder sie verursachen durch ihren Zynismus und ihre Macht bewußt das Leid anderer. Kann der Holocaust jenen, die sich nicht mehr um die Religion kümmern, helfen, eine aktive und reflektierende Einstellung der heutigen Welt gegenüber zu bilden?

Diese schwierigen Fragen müssen später geklärt werden. Jüdische Denker stellen sich mutig dem Unbekannten, allerdings in einer Art und Weise, daß sie nichts anderes als die Dunkelheit sehen können. Was auch immer ihre Schlußfolgerungen sein mögen, der Kampf mit dem Fürchterlichen zeigt ihr Bestreben um die Treue zur Erfahrung des jüdischen Volkes. Insgesamt haben Christen und Humanisten den Terror der systematischen Ausrottung, seine Bedeutung für ihren Glauben und ihre Weltsicht nicht ehrlich angesprochen. Für viele ist das Nachdenken über die Erfahrungen

der Juden zu lästig, oder dann wird das Ganze einfach dem Müllei-
mer der Geschichte überlassen, als sei ein Unternehmen, das
während 1'900 Jahren aufgebaut wurde und vor nur 45 Jahren
seine schrecklichste Gestalt annahm, schon uralt.

Oberflächlich behandelte oder gar stillschweigend übergange-
ne Schwierigkeiten verschwinden jedoch nicht, sondern warten
nur auf ihre Wiederentdeckung und auf ihre Deutung. Während
wir die Klarheit erwarten, beschreiten wir einen Weg der Unwis-
senheit mit einem unbekannten Ziel, einem Ziel, das zudem oft nur
als Alptraum sichtbar wird.

2. Die Kosten der Ermächtigung

Die Beschäftigung mit dem Holocaust steht für eine Kritik der Religion des 20. Jahrhunderts und des Humanismus sowohl in theoretischer wie in praktischer Hinsicht. Sie verlangt ein neu Überdenken der Fragen woher wir gekommen sind, und wohin wir gehen. Zwar ist der Holocaust in einem bestimmten Sinn ein christliches und westliches Erbe, und seine Opfer schreien nach Gerechtigkeit. In einem anderen Sinne jedoch trägt die jüdische Gemeinschaft diese Erinnerung weiter und hat deshalb die spezielle Aufgabe, treu zu sein.

Die hier zur Sprache gekommenen jüdischen Autoren stellen die Frage der Treue in der nüchternen Sprache der Holocaust-Erinnerung, im Überleben eines dezimierten Volkes und in der politischen Ermächtigung des Judentums im Staate Israel. Der Preis jedoch scheint untragbar. Der Aufschwung des Neokonservativismus in Nordamerika mit seinen sichtbaren und ausgesprochen jüdischen Komponenten (verkörpert durch Norman Podharetz, Herausgeber des Magazins *Commentary*, und Irving Kristol, Mitherausgeber von *Public Interest*) wie der politische Aufstieg von religiösen und säkularen Expansionisten in Israel (verkörpert durch Rabbi Meir Kahane, Mitglied des israelischen Parlaments, und Ariel Sharon, ehemaligen Verteidigungsminister) beginnen den Himmel zu verdüstern. Der neuen jüdischen politischen Ermächtigung steht die Marginalisierung auf dem nordamerikanischen Kontinent gegenüber: Schwarze, Lateinamerikaner, Indianer, Frauen. Die Integrität des Staates Israel wird durch das stets wachsende palästinensische Volk herausgefordert. Der Wunsch, Opfer zu bleiben, ist ein Beweis für Krankheit; doch Eroberer zu werden, nachdem man Opfer war, ist ein Rezept für moralischen Selbstmord. Es ist nicht zuviel gesagt, daß die in einer leidvollen Geschichte entdeckten und geläuterten Werte des jüdischen Volkes in Gefahr sind zu verschwinden wie auch unsere Befreiung die Erinnerung an die Sklaverei zu gefährden droht. Dieser Verlust würde zu vergessen erlauben, was Unterdrückung heißt. Doch liegt im Vergessen der eigenen Unterdrückung die Möglichkeit, selbst zum Unterdrücker zu werden.

Die Diskussion darüber wird innerhalb des Judentums hitzig geführt; oft ist sie mehr Kampf als Debatte. Die Stimmen sind sehr widersprüchlich: So unterscheiden sich Sichtweisen unserer Geschichte und Vorstellungen über unsere Zukunft manchmal diametral. Daß die Zukunft unseres Volkes in Gefahr ist, leuchtet ein, wie es auch klar ist, daß die eine oder die andere Sichtweise zur Katastrophe führen kann. Repräsentative Stimmen dieses hitzigen Kampfes sind Irving Greenberg, Nathan und Ruth Ann Perlmutter, Earl Shorris und Roberta Strauss Feuerlicht.

Irving Greenberg

Irving Greenbergs neueste Analyse des zeitgenössischen jüdischen Lebens zeigt diesen Kampf um das Überleben und das Zeugnis im theologischen Bereich. Nachdem er dem Holocaust und seinen Folgen nachgegangen ist, beginnt Greenberg mit einem ehrgeizigen, scharfsichtigen und schwierigen Unterfangen, das er als «den dritten großen Zyklus» der jüdischen Geschichte bezeichnet. Greenberg versucht, die schwierigen Realitäten von Holocaust und Ermächtigung anzugehen; die Grenzen seiner Analyse definieren die Aufgaben für die zukünftigen jüdischen Theologen.[1]

Greenberg unterteilt die jüdische Geschichte in drei Epochen: die biblische, die rabbinische und die gegenwärtige Epoche, die noch namenlos ist, aber die Verborgenheit Gottes oder die heilige Säkularität betont.

Die biblische Epoche enthält das Werden des jüdischen Volkes, insbesondere die Befreiung aus der Sklaverei und die sich entwickelnde Bundesbeziehung zwischen Gott und dem Volk. Dies war keineswegs eine leichte Zeit. Greenberg sieht die Schwierigkeit dieser Periode im Versuch, Bundeswerte im Kontext der jüdischen politischen Souveränität hochzuhalten. Wenn die für das Volk Verantwortlichen an dieser Aufgabe scheiterten, tauchten die Propheten auf. Zusammen mit der Entwicklung des kultischen Priestertums im Umfeld des Tempels zeichnete sich die biblische Epoche durch einen hohen Grad von göttlichem Eingreifen aus. Gegenpol zur kultischen Präsenz Gottes im Tempel bildete die Prophetie. Gott sprach durch die Propheten direkt zu Israel, und in Jerusalem konnte man mit dem Göttlichen Kontakt aufnehmen. Die biblische Periode ist somit eine Zeit, in der das Bewußtsein der Sendung Israels wuchs, wobei sich Göttlichkeit und Heiligkeit in Kult und Prophetie ausdrückten: die jüdische Führung widerspiegelt das «aktive Eingreifen des Göttlichen ins jüdische Leben ebenso wie den Kampf, im Spannungsfeld von Bund und Realpolitik zu leben.»[2]

Die Zerstörung des zweiten Tempels und die vernichtenden Niederlagen der Juden in den Jahren 70 und 135 n. verursachten im jüdischen Volk eine Glaubens- und Sinnkrise, die schließlich das rabbinische Zeitalter einleitete. Der schreckliche Verlust an Menschenleben, der Verkauf tausender von Juden in die Sklaverei und der Triumph Roms trotz der Überzeugung des jüdischen Volkes, daß Gott allein Israel regieren sollte, vertiefte die Fragen. «Gab es da keinen Gott? Wurde Gott von den römischen Göttern übermächtigt? Hatte Gott den Bund mit Israel gekündigt und erlaubt, daß sein Volk und der Tempel zerstört wurden? Waren die traditionellen Kanäle der göttlichen Liebe, des göttlichen Verzeihens und Segens für das jüdische Volk nun verschlossen?»[3]

Die Zerstörung des Tempels war ein niederschmetterndes Ereignis. Viele konnten sich ein Judentum ohne Tempel nicht vorstellen. Gleichzeitig verschwand das Wenige, das von der jüdischen Souveränität noch übrig war, da die physische Zersplitterung noch durch den Einfluß des kosmopolitischen hellenistischen Denkens ergänzt wurde. Die Rabbinen reagierten, indem sie das Studium der Tora förderten. Die Verinnerlichung der Lehrinhalte und Werte von Gottes Weg befähigten die Juden, das Fehlen des Tempels und den Verlust nationaler Souveränität wenigstens teilweise zu kompensieren. Die Rabbinen sind daher an einem außerordentlich wichtigen theologischen Durchbruch beteiligt: Als sich die sichtbare göttliche Präsenz und seine Aktivität reduzierten, wurde der Bund wirklich erneuert. Statt die Juden im Stich zu lassen, hatte Gott sie zu einer neuen Art der Beziehung und des Dienens berufen. In der Sicht der Rabbinen hatte sich Gott zurückgezogen und verborgen, um den Menschen im Bund mehr

Freiheit und ein größeres Maß von Verantwortung, sogar von Partnerschaft, zu geben, wenn auch in einer säkularisierten Welt.

«Eine Welt, in der Gott mehr im Verborgenen bleibt, ist eine weltlichere Welt. Paradoxerweise ermöglichte diese Säkularisierung den Aufstieg der Synagoge als zentralen Ort jüdischer Gottesverehrung. Im Tempel war Gott manifest. Sichtbare Heiligkeit war auf einen Ort konzentriert. Ein mehr verborgener Gott kann überall gefunden werden, doch man muß ihn suchen und finden. Die sichtbare Präsenz Gottes im Tempel gab dem kultischen Leben des Heiligtums eine sakramentale Qualität. Durch die Handlungen des Hohepriesters und die Sündenbock-Zeremonie wurden die Sünden der Nation vergeben und ein Jahr mit Regen und Glück zugesagt. In der Synagoge sind die Gebete der Gemeinde mächtiger und kunstvoller als die des Einzelnen, aber der primäre Effekt erwächst aus den Verdiensten und Bemühungen des Einzelnen. Man kann die Synagoge jederzeit ohne die komplizierte, für den Tempel vorbehaltene Reinigungszeremonie betreten, da die Heiligkeit in der Synagoge abgeschirmt ist. Im Tempel sprach Gott direkt durch Prophetie. In der Synagoge spricht Gott nicht. Der menschlich-göttliche Dialog geht durch menschliches Anrufen Gottes vor sich. Das Gebet, das wir heute als sichtbare, geheiligte Aktivität betrachten, war früher – im Gegensatz zur Gottesverehrung im Tempel – ein weltlicherer Akt. Es wurde zum zentralen religiösen Akt, da Gott schwieg.»[4]

Die Rabbinen repräsentieren eine säkularisiertere Führung als Priester und Propheten. Wurde das Priestertum vererbt und rituell umschrieben, so erlangten die Rabbinen ihren Status durch Lernen. Ihre religiösen Pflichten unterschieden sich nicht von denen eines Durchschnittsjuden. Während die Propheten das unvermittelte Wort Gottes sprachen, benutzten die Rabbinen die Aufzeichnungen der Anweisungen Gottes als Hilfe, um die Gemeinschaft in der Gegenwart zu führen. Tatsächlich endete für die Rabbinen die Prophetie mit der Zerstörung des Tempels und dem darauf folgenden Exil. Wie konnte es Prophetie geben, wenn sich Gott zurückgezogen hatte? Greenberg schreibt: «Prophetie ist im Exodus das kommunikative Gegenstück zur Teilung des Roten Meeres! Rabbinische Führung ist das theologische Gegenstück zu einem verborgenen Gott.»[5]

Die Charakteristika der rabbinischen Epoche werden so sichtbar. Die Rabbinen waren fähig, die Bedeutung des jüdischen Schicksals zu interpretieren und dem Volk zu bestätigen, daß der

Bund nicht gebrochen war. Sie verstanden es auch, das Verständnis der Heiligkeitskonzeption zu erweitern und eine Teilnahme daran zu ermöglichen. Im wesentlichen interpretierten sie den Sinn des neuen jüdischen Zustandes von Machtlosigkeit und Exil und erschufen aus einem Zustand relativer politischer Machtlosigkeit eine Einigkeit. Die Verborgenheit Gottes, die Synagoge als institutionelles Zentrum und die Leitung durch die Rabbinen gaben der zweiten Epoche der jüdischen Geschichte ihren Zusammenhalt.

Die dritte Epoche der jüdischen Geschichte beginnt mit dem Holocaust und der daraus folgenden Glaubens- und Sinnkrise. Der Bund der Erlösung ist zertrümmert. Die individuelle wie die gemeinschaftliche Antwort darauf, speziell der Aufbau des Staates Israel, prägt die dritte Epoche. Diese beginnt mit einer Reihe von Fragen: «Widerlegt der Holocaust die klassische Lehre der Erlösung? Oder wird sie durch Israel bestätigt? Überwältigt der Massenmord die göttliche Sorge? Wie sollen wir nach einer solch vernichtenden und isolierenden Erfahrung den Bund verstehen?» Greenberg sieht das Heilmittel für die Gebrochenheit des jüdischen Volkes eher in der Tat als in verbaler Theologie. Die Juden sind «zu einer neuen, säkularen Anstrengung aufgerufen, um den ewigen Wert des Menschen neu zu schaffen». Und mit dieser Anstrengung sollen sie die Hoffnung bezeugen, daß es immer noch eine verborgene Beziehung zu Gott gibt. Letztlich ist es eine Aufforderung, die Bundesverantwortung auf einer neuen Ebene wahrzunehmen.[6]

«Wenn Gott dem Morden und der Folter doch nicht Einhalt gebot, was soll dann die Aussage der unendlich leidenden göttlichen Präsenz in Auschwitz? Es war ein Schrei nach Taten, eine Aufforderung an die Menschen, den Holocaust zu beenden, eine Aufforderung an das Volk Israel, sich auf ein neue, noch nie dagewesene Ebene von Bundes-Verantwortung einzulassen. Es war, als würde Gott sagen: ‹Genug, hört auf damit, nie mehr, bring Erlösung!› Die Welt schenkte dieser Aufforderung keine Beachtung und beendete den Holocaust nicht. Die europäischen Juden konnten nicht antworten und das Weltjudentum reagierte nicht entsprechend. Mit der Schaffung des Staates Israel kam schließlich die Antwort. Die Juden übernahmen genug Macht und Verantwortung, um zu handeln. Dieser Aufforderung folgten sowohl die sogenannt weltlichen als auch die sogenannt religiösen Juden. Gerade weil Gott in Treblinka war, ging er mit Israel nach Jerusalem.»[7]

Der neue Bundes-Auftrag fordert in großem Maße das traditionelle Verständnis des jüdischen Glaubens heraus, da die rabbinische Welt der Synagogen und des Gebets nicht mehr länger adäquat ist. Die Bewegung weg von der Machtlosigkeit hin zur Macht ist ein entscheidender Wandel im jüdischen Leben. Die Ressourcen, Energie und Geist, die zur Schaffung eines jüdischen Staates notwendig sind, fließen in eine neue Richtung. Der Aufbau des irdischen Jerusalem kommt zuerst, und «der Lackmus-Test der klassischen religiösen Ideen besteht darin, ob sie im realen Leben funktionieren und ob eine Gesellschaft durch sie geformt werden kann».[8]

Die Entwicklung zur Macht angesichts des Holocaust ist historisch unausweichlich; jüdische Machtlosigkeit ist unmoralisch, weil sie sich mit dem jüdischen Überleben nicht mehr verträgt. Da die zum Überleben in der heutigen Welt benötigte Macht nur souveränen Staaten möglich ist, erreicht das Erlangen von Macht im Staat Israel den Grad eines geheiligten Prinzips. Nach Greenberg «wird jedes Prinzip, das aus dem Holocaust erwachsen ist und worauf Israel antwortet ... , überwältigend normativ für das jüdische Volk.» Diskussionen über die Art der Machtanwendung sind erlaubt, sofern sie nicht den jüdische Besitz von Macht bedrohen. Wie Macht einzusetzen ist, bleibt der kritische Punkt, aber sie in Frage zu stellen, ist eine unverzeihliche Sünde. In einer am Holocaust und dem Staat Israel sich orientierenden Epoche wäre eine solche Absage «das Äquivalent zu den die Exkommunikation rechtfertigenden Sünden früherer Zeiten; so die Ablehnung des Exodus und jenes Gottes, der ihn in biblischer Zeit bewirkte, oder die Ablehnung der Rabbinen und die Trennung vom jüdischen Schicksal während der rabbinischen Epoche.»[9]

Gleichzeitig glaubt Greenberg, daß pragmatische und zielorientierte Macht prüft, ob die Tradition fähig sei, Werte und Gemeinschaft weiterzubringen. Können jüdische Ideale in der Welt aktualisiert werden, oder sind sie leere spirituelle Allgemeinplätze? Die Norm in der dritten Epoche wird daher eher Pragmatismus als Prophetie und eher Kompromiß als Perfektion sein. Dieser Wechsel zu Pragmatismus und Kompromiß kündigt das Ende der traditionellen jüdischen Präsenz auf der radikalen Seite des politischen Spektrums an, einer Präsenz, die nicht nur die Sorge um das menschliche Wohl der Gemeinde, sondern auch ihren Mangel an Macht widerspiegelte. Der Gebrauch von Macht enthält sowohl

Kompromiß wie Bewahrung als auch Reform und Perfektion. Schuld und teilweise Fehlschläge sind unvermeidlich. Obwohl Macht korrumpiert, muß sie nichtsdestoweniger angenommen werden. Daher sieht Greenberg den Prüfstein der Moral in einer relativen Verminderung des Bösen und in verbesserten Mechanismen von Selbstkritik, Korrektur und Reue. «Die Gefahr besteht, daß jene, die nicht die ganze Bedeutung der Verlagerung im jüdischen Leben mitbekommen haben, Israel nach den Idealen eines gewaltlosen Staates beurteilen werden; demzufolge nicht nur falsch urteilen, sondern auch unwillentlich mit versuchtem Völkermord kollaborieren. Ideale moralische Vorstellungen, unverändert auf reale Situationen angewendet, enden oft mit dem Gegenteil des Beabsichtigten.»[10]

Dieser neue Pragmatismus erlaubt den «gelegentlichen Gebrauch unmoralischer Strategien, um moralische Ziele zu erreichen». Die Juden müssen dies als Preis der Ermächtigung akzeptieren. Doch muß Macht stets durch die Erinnerung an die eigene Machtlosigkeit herausgefordert werden, soll sie sich nicht dem Leiden anderer gegenüber verhärten. Genau die Erinnerung an den Holocaust hat es Israel ermöglicht, ein «verantwortlicher und zurückhaltender Eroberer zu sein». Die praktische Anwendung auf die Lage der Palästinenser folgt. Greenbergs Ideal wäre eine größtmögliche Selbstverwaltung für Palästinenser und Araber als Kontrolle für einen allfälligen jüdischen Machtmißbrauch. Voraussetzung einer solchen Übereinkunft freilich wäre, daß die Existenz und Sicherheit des jüdischen Volkes nicht bedroht ist. «Autonomiegewährung ohne den klaren palästinensischen Beweis eines friedlichen Lebens bedeutet eine Einladung zu Martyrium und verwerflichem Tod durch Völkermord. Die Palästinenser werden ihre Macht verdienen müssen, indem sie friedlich leben und Israel von ihrer Gutwilligkeit überzeugen oder indem sie einer Situation zustimmen, in der Israels Stärke garantiert, daß die Araber ihre Macht nicht gebrauchen können, um Israel zu bedrohen.»[11]

Die dritte Epoche der jüdischen Geschichte zeigt also zwei grundlegende Wechsel auf: einerseits die Bewegung weg vom Sakramentalen hin zum Säkularen, und andererseits jene weg von der Verborgenheit und Machtlosigkeit hin zur Ermächtigung. Obwohl diese dritte Epoche im Staat Israel am offensichtlichsten ist, ist sie nicht weniger präsent in der Diaspora. Denn ihrem

Minderheitsstatus zum Trotz werden europäische und nordamerikanische Juden vermehrt politisch aktiv. Diese Aktivität ihrerseits erwächst als Lehre aus dem Holocaust und dem Beispiel Israels wie auch aus dem Wunsch, eine Wiederholung des Holocaust zu verhindern und Israel zu bewahren. In diesem eher aktiven Sich-Einmischen als in der «Unsichtbarkeit» zu verharren repräsentiert sich ein grundlegender Wandel im Selbstbewußtsein der Diaspora: obwohl viele das Bleiben in der Diaspora einer Niederlassung in Israel vorziehen, sieht Greenberg psychologisch das Ende des Exil-Judentums kommen.[12]

Das Ende von nahezu 2'000 Jahren Judentum im Exil ist der letzte Aspekt der dritten Epoche; die Geburt neuer jüdischer Institutionen. Die wichtigsten Institutionen der dritten Epoche entstehen in Israel, um diesen Staat zu unterstützen. Die Knesset und die israelischen Verteidigungsstreitkräfte sind Paradebeispiele für Institutionen, die sich pragmatisch und kompetent mit dem zeitgenössisch-jüdischen Leben auseinandersetzen. Israelische Wohlfahrtsinstitutionen und private Organisationen erfüllen diesen Zweck in Israel und vermehrt auch in der Diaspora. «Kibbuzim und andere Siedlungen nehmen Diasporajuden auf, die auf der Suche nach wirklichem jüdischem Leben sind; Problemkinder werden in israelische Institutionen geschickt und Waisen in *Youth Aliya-Dörfer*. Israelische Universitäten und *Yeschivôt* sind wichtige Zentren für jüdische StudentInnen aus dem Ausland geworden.» *Yad waSchem*, die Gedächtnisstätte für die Opfer des Holocaust, ist eine neue geheiligte Institution der dritten Epoche. Obwohl sie von der Regierung unterstützt wird und eher historische als mythische Bedeutung hat, ist sie ein Platz, an dem die Erinnerung an den Holocaust bewahrt wird und an dem Trauer öffentlich ausgedrückt werden kann. *Yad waSchem* steht für klassische religiöse Werte, allerdings in verkleideter Form: Martyrium, Opfer, Heldentum, Heiligkeit und Kontinuität. Das gleiche gilt für das Diasporamuseum *Bêt hat-tefuzôt*, welches Greenberg nicht eigentlich als wirkliches Museum bezeichnet, sondern das «liturgisches Erzählen und Wiederinszenieren der jüdischen Erfahrung in der Diaspora in einer säkularen, pluralistischen, verborgen religiösen Art zeigt.»[13]

Beispiele für Institutionen der dritten Epoche in Amerika sind *Jewish Federation* und *United Jewish Appeal*. Sie gingen als erste auf die Realität der Nach-Holocaust-Zeit und den Staat Israel ein.

Obwohl Kritiker den religiösen Gehalt dieser Institutionen anzweifeln, glaubt Greenberg, daß sie sowohl die moralischen Ressourcen des Judentums als auch den Wunsch der Gemeinschaft zu überleben und nach Macht ins Bewußtsein gerufen haben. Ihre Botschaft ist: «Ihr könnt die Wertlosigkeit jüdischen Lebens im Holocaust folgendermaßen entgelten: Spendet Geld für den Wiederaufbau jüdischen Lebens!» Gleichzeitig hat die politische Vertretung jüdischer Interessen sowohl innerhalb der *Federation und des Appeal* wie auch in direkten Lobbies zugenommen (z.B. das *American Israel Public Affairs Committee AIPAC*).[14]

Immer noch scheinen sich amerikanische Juden in der Politik nicht wohl zu fühlen. Sie ziehen Philanthropie und manchmal Unsichtbarkeit vor. Deshalb ist die politische Kultur Amerikas viel weniger ausgereift als diejenige Israels. Liberalismus und universalistische Rhetorik, mit ihrer Weigerung, Gruppeninteressen und Gruppenkonflikte zuzugeben, haben die politische Entwicklung der amerikanischen Juden beschränkt. Greenberg will das Wachstum der jüdischen politischen Aktivität in den USA durch Vernetzung vorantreiben. Das Arbeitsprinzip wäre: «Dauerhafte Interessen, aber keine dauerhaften Freunde.» Hinzu kommen politische Empfehlungen wie Stärkung des *AIPAC* und Einrichtung von *Jewish Political Action Committees (PACs)*, die jüdische Interessen daheim und speziell in Bezug auf Israel fördern sollten. Dadurch werden nicht nur jüdische Interessen verfolgt, sondern es läßt sich auch die Gefahr vermindern, daß amerikanische Juden ohne Regierungserfahrung eine gerechte, prophetische Rolle gegenüber Israel spielen; das heißt, «daß sie Israel auf einen unrealistischen moralischen Standart festnageln, dem zu entsprechen nur unter Gefährdung des Überlebens möglich wäre.»

Dieser politischen Sichtweise liegt der Gedanke zu Grunde, daß Israels Sicherheit direkt mit dem Einfluß und der Macht der USA verknüpft ist und daß die amerikanischen Juden eine große Verantwortung tragen, die USA in dieser Richtung zu beeinflussen. Im Schatten des Vietnam- und Yom Kippur-Krieges während der siebziger und frühen achtziger Jahre, war die Desillusionierung ein Grund dafür, daß sich die amerikanischen Juden den Friedensinitiativen zuwandten, welche auf starken Idealismus in der Außenpolitik und auf eine große Zurückhaltung im Einsatz der Armee setzten, um außenpolitische Ziele zu erreichen. Doch unterschätze dieser Idealismus die Rolle der Macht im Friedensprozeß: «Guter Wille ist wirklich eine Kraft in der menschlichen Gesellschaft und in der Außenpolitik. Aber er wirkt vor allem im Rahmen eines Gleichgewichts der Macht am besten, mit Belohnung für gutes (z.B. friedliches) und Bestrafung für schlechtes (z.B. feindseliges) Verhalten.» Die Betonung des Guten Willens aber meint nichts anderes als einseitiger Druck auf Kosten des Westens. Glücklicherweise haben die amerikanische Aufrüstung, die Stationierung von Mittelstreckenraketen in Europa und die *Strategic Defense Initiative* dieses Gleichgewicht wieder hergestellt, und der «richtige Prozeß von Belohnung und Strafe hat wieder begonnen.»[15]

Jene, die eine Anti-US- oder Anti-Israel-Politik verkünden, müssen sich vor den Folgen hüten. Die Erneuerung der amerikanischen Macht, welche sichtbar wird durch den zunehmenden Druck auf die Russen in Afghanistan, die Expansion der Rebellenstreitkräfte in Angola, die amerikanische Unterstützung der Contras in Nicaragua und den Rückzug der USA aus der UNESCO, deutet auf einen Durchbruch im Nahen Osten hin. Israelische Stärke und Ausdauer sowie die amerikanische Macht sind die Hauptfaktoren für einen Frieden im Nahen Osten. Dabei spielen die amerikanischen Juden eine nicht zu unterschätzende Rolle in der Sicherung des Friedens dadurch, daß sie ihren Einfluß für die Hilfe an Israel geltend machen und zugleich eine ähnliche Hilfe für Jordanien und Syrien blockieren sowie die amerikanische Aufrüstung unterstützen.[16]

Die neu entstehenden politischen Haltungen und Allianzen des amerikanischen Judentums werden von einigen als Judentum ohne religiösen Inhalt oder als «Scheckbuch-Judentum» qualifiziert, das finanzielle Unterstützung an die Stelle religiöser Verpflichtung setzt. Greenberg jedoch läßt eine solche Abqualifizierung der Beziehung zwischen Institutionen der dritten Epoche in Amerika, der Erinnerung an den Holocaust und das Überleben Israels weit hinter sich. Zwar kritisierten manche, die Macht der *Jewish Federations* würde einzig in ihrem leichten Zugang zum Geld bestehen. Greenberg dagegen betont, daß es ohne Vermittlung von Sinn und Werten und ohne Ermöglichung eines bestimmten Status kaum möglich wäre, zu Geld zu kommen. Die *United Jewish Appeal* konnte ihren Spendern Zugang zu israelischen Beamten verschaffen, von denen man sagt, sie seien an der Front der jüdischen Selbstverteidigung. Es ist die Kombination von sozialem Aufruf und theologischer wie historischer Bedeutung, die diese Art von Einbezug so wichtig macht. Eine weitere Rekrutierungsmaßnahme der *Federations* war die Organisation von Reisen nach Israel und Osteuropa, welche die Rolle des Holocaust und Israels in Erinnerung rufen und Philanthropie sowie jüdische Selbstverteidigung bestätigen sollten. Greenberg glaubt, daß unterschwellig dieser historischen Bewußtseinsebenen «ein Gefühl existiert, daß dadurch Bund und Schicksal des jüdischen Volkes weitergehen. Die kontinuierliche Beachtung Israels in den Medien, sogar die zwanghaften Verurteilungen Israels durch die UNO, werden von Spendern oft als säkularisierte Version der jüdischen Rolle als Licht für die Völker oder als das auserwählte Volk gesehen; isoliert und alleinstehend, Zeugnis ablegend für eine Welt, die im Status quo von Politik und Unterdrückung gefangen ist.»[17]

Die Institutionen der dritten Epoche stellen durch ihre Säkularität und als Reaktion auf die Ermächtigung die Institutionen der rabbinischen Epoche – speziell die Zentrumsfunktion der Synagoge – in den Schatten. «Mit der fortwährenden Verkündigung der klaren Heiligkeit Gottes und ihrer eigenen Stellung, wie sie es vor dem Holocaust und der Wiedergeburt tat, stellt sich die Synagoge als zu sakramental heraus». Die Trennung der Juden in Orthodoxe, Konservative und Reformjuden, die sich in der Zeit vor dem Holocaust aufgrund eines unterschiedlichen Verständnisses der Liturgie und des Bundes ergaben, widerspricht der für heute geforderten Einheit. In Greenbergs Augen reagierte die Führung der Synagoge defensiv auf diese Verschiebung, indem sie darauf bestand, daß die Synagoge weiterhin das Zentrum des jüdischen Lebens bleiben müsse. Oft werden daher Institutionen der dritten Epoche durch die Verantwortlichen der Synagoge bekämpft.[18]

«Es besteht die Gefahr, daß die Führung der Synagoge die *Bnê Betêra* der Nach-Holocaust-Zeit werden könnte. Die *Bnê Betêra* waren Mitglieder einer Gruppe, die Rabbi Yôchanan ben Zakai symbolischen Transfer der legalen religiösen Autorität des Tempels zum Hof und zur Akademie von Yavne bekämpften, obwohl hier nach der Zerstörung des Tempels neue Institutionen entstanden. In diesem Fall führten Treue und der Wunsch nach vertrauten Antworten zu einem Nachhut-Widerstand, der hauptsächlich hindernd wirkte. Schließlich gewannen die Synagoge und die Akademie. Jene, die den Tempel wiedererrichtet haben wollten, starben aus. In unserer Zeit besteht die Gefahr darin, daß der Tempel wirklich zerstört wurde, wodurch die Suche nach anderen Wegen für den religiösen Ausdruck gefördert wird. Die Synagoge hingegen bleibt physisch intakt, obwohl ihre theologischen und kulturellen Grundlagen völlig verändert wurden.»[19]

Endlich ist der dritte Zyklus der jüdischen Geschichte eine Zeit neuer Offenbarung, wodurch der Bundesweg eine bedeutende Neuorientierung erfährt und eine neue, geheiligte Literatur entsteht. Die dritte Epoche bringt die Kontinuität eines Volkes zum Ausdruck, das während über 5'000 Jahren die Geburtswehen der Geschichte erlebte und Sinn und Werte in der Geschichte suchte. Während die Bibel, geformt durch den Exodus und die Botschaft der Erlösung, für den ersten Zyklus der jüdischen Geschichte steht, steht der Talmud für den zweiten. Er beschäftigt sich mit dem Exil und einem neuen Verständnis menschlich-göttlicher Partnerschaft. Der dritte Zyklus nun bringt seine eigene Art von Offenbarung und seine eigenen Schriften, allerdings in einer verborgenen Form.

«Die Heiligen Schriften der neuen Epoche sind verborgen. Sie zeigen sich nicht als Heilige Schrift, sondern als Geschichte, Tatsache und manchmal als Gegen-Heilige-Schrift. Offenbarung wurde erfolgreich verdunkelt; dies dank der tiefen Verborgenheit der Ereignisse und der kontinuierlichen Aufnahme von modernen Ideen, welche die menschliche Kultur anscheinend von den Kanälen der Offenbarung loslösten. Die Traditionen von Judentum und Christentum, die sagen, es gäbe keine weiteren Offenbarungen mehr, sind defensiv und geschaffen, um sie vor Überholung zu schützen. Außerdem dienen sie auch dazu, das Bewußtsein für die Offenbarung zu blockieren, indem sie sie von vornherein ablehnen. Doch diese Heiligen Schriften sind da. Es sind jene Aufzeichnungen, welche die Ereignisse erzählen und nacherzählen, Schlüsse daraus ziehen und die Menschen informieren. Im Warschauer Ghetto schrieb Chaim Kaplan in sein Tagebuch: ‹Ich will eine Schriftrolle des Todeskampfes schreiben, damit der Vergangenheit in der Zukunft gedacht wird.›»[20]

Greenbergs Analyse erhellt die Dialektik von Gemeinschaft und Herrschaft in der heutigen jüdischen Gemeinschaft, verdunkelt sie aber oft durch ihre religiöse Sprache. Sein Arbeitsprinzip ist, daß nach dem Holocaust «keine theologische oder andere Aussage gemacht werden soll, die angesichts der verbrennenden Kinder nicht glaubwürdig ist.» Darin ist ein tiefer Appell zur Aufgabe der Herrschaft zugunsten der Gemeinschaft enthalten. Während er kontinuierlich Modelle zur Einschränkung verlangt und uns auffordert, unbeschränkte Macht abzulehnen, ist seine Intention unverkennbar. Pragmatismus, Allianzen und Macht sind die neuen Schlüsselbegriffe für eine alte Gemeinschaft in einer feindlichen Welt.

Greenberg glaubt, daß die Prophetie durch den Zusammenschluß von jüdischen Werten und Machtlosigkeit genährt wurde. Sobald jedoch Macht ausgeübt wird, sollte die Prophetie eingeschränkt werden, da sie in gewissen Momenten die Gemeinschaft gefährden könne. Er nimmt den Propheten gegenüber allerdings nicht wahr, daß diese nicht nur vage und allgemein sprachen oder Ideale postulierten, die unmöglich auf die Gesellschaft angewendet werden konnten; manchmal sprachen sie in poetischer, figurativer Sprache und dann wieder in äußerst realistischer Weise von unübersehbaren Fehlern der Gemeinschaft. Die Propheten zeigten mit den von ihnen kommentierten Übertretungen den möglicherweise katastrophalen Kurs auf, den die Gemeinschaft nahm. Vom Überleben sprachen sie in klaren Begriffen. Doch verliert nicht nur die Prophetie in Greenbergs Argumentation an Boden. Die Fähigkeit, die Geschichte anderer zu verstehen und ihren Schmerz zu hören, das Entstehen anderer Völker zu erkennen und ihren Kampf um Freiheit als ebenso wichtig und ebenso legitim zu betrachten wie den eigenen, all dies scheint in Greenbergs Analyse zu fehlen.[21]

Zweifelsohne hat Greenberg das Recht, innerhalb gewisser Parameter zu diskutieren und zu kritisieren. Seine Warnungen vor Exkommunikation aus der jüdischen Gemeinschaft, zusammen mit seiner Analyse der Propheten und der Macht, verstärken jedoch jene Furcht, die ohnehin schon tief in der jüdischen Gemeinschaft verwurzelt ist. Um die erst kürzlich erworbene Ermächtigung zu unterstützen, werden Einsichten und Sympathien des Volkes, ja sogar die Lehre der Tradition, gleichgültig wie reformbedürftig sie ist, unterdrückt. Es bleibt ihnen folglich gar nichts anderes übrig, als im Untergrund zu bleiben oder ganz zu verschwinden. Wenn wahr ist, daß ein vollkommen ethisches Volk nicht überleben kann, so ist ebenso wahr, daß wir Gefahr laufen, ein Volk ohne Ethik zu werden.

Greenbergs Theologie bereitet einer neu-konservativen Bewegung innerhalb der jüdischen Gemeinschaft den Boden, auch wenn seine Ansichten nicht explizit eine neu-konservative Politik unterstützen und er selbst sozialen Fragen gegenüber progressiv sein mag. Er ist damit nicht allein: die politischen Aussagen anderer Holocaust-Theologen, Wiesel, Fackenheim und Rubenstein eingeschlossen, weisen in gleicher Richtung. Das dynamische Gleichgewicht zwischen Holocaust und Ermächtigung, das in ihren Analysen des Holocaust zu finden ist, geht verloren, sobald sie sich mit der Realität nach dem Holocaust beschäftigen. Ermächtigung, meist schrankenlos, wird zum Motto. Greenbergs Analyse des Staates Israel als die Antwort auf den Holocaust, als das Zeichen von Befreiung, als die Erlösung aus dem Nichts zerstört das Gleichgewicht. Das jüdische Volk, vor kurzem aus der Hölle Nazi-Deutschlands befreit, kann für gewisse Leute zum widerwillig heldenhaften Krieger werden, der in einer feindlichen Welt den historischen Weg der Erlösung verfolgt. Wenn auch die Formen der Unterdrückung sich verändern, bleibt die Welt zur Hauptsache dieselbe, feindlich gegenüber jüdischen Interessen und jüdischem Überleben.[22]

Nathan und Ruth Ann Perlmutter

Nach Ansicht von Nathan und Ruth Ann Perlmutter kann die Nach-Holocaust-Welt durch die Überprüfung der Veränderung des Antisemitismus erforscht werden. In ihrem Buch *The Real Anti-Semitism in America* stellen sie fest, daß für eine beträchtliche Anzahl von Amerikanern immer noch die stereotypen Bilder von schlauen jüdischen Geschäftsleuten und die Verschwörungstheorien jüdischer Bankiers gelten. Doch der finanzielle Status der amerikanischen Juden und die Stärke Israels mildern die Auswirkungen dieser eher traditionellen Form des Antisemitismus. Der zur Zeit wirksamste Antisemitismus ist in der politischen Arena bei jenen zu finden, welche eine den Juden Amerikas wie auch Israels gegenüber feindselige Politik betreiben.

Ein gutes Beispiel dieser Art ist die UNO, die den Zionismus mit Rassismus gleichsetzte (Resolution 3379). Die Perlmutters nennen dies «die große Lüge unserer Zeit». Nach ihrer Meinung ist die UNO eine Brutstätte des Antisemitismus in Sprache und Aktivität.

Als Beleg zitieren sie die Rede eines jordanischen Delegierten aus dem Jahr 1980, der sich unter anderem auf die niederträchtigen *Protokolle der Weisen von Zion* (= ein gefälschtes Dokument, das von einer internationalen jüdischen Verschwörung zur Erlangung der Weltherrschaft handelt) berief. Nach Beendigung der Rede herrschte Schweigen. «Der Delegierte Frankreichs, des Geburtslandes von Freiheit, Brüderlichkeit und Gleichheit, sagte nichts. Der Delegierte aus der Bundesrepublik, einer Nation, die hart gearbeitet hat, um Distanz zu ihrer unglaublichen Vergangenheit zu schaffen, saß still da. Der Delegierte von Präsident Carter, dem Rassismus selbst nicht fremd war, vertiefte das allgemeine Schweigen durch sein eigenes. Nicht ein Hauch von Protest ... von niemandem ... außer dem israelischen Botschafter.» Nicht die antisemitische Tirade irritierte die Perlmutters, sondern die fehlende Antwort der anderen Delegierten. Daß geschwiegen wurde, lag im nationalen Interesse der einzelnen Mitglieder, freundschaftliche Beziehungen mit den arabischen OPEC-Staaten zu pflegen. Es war, als ob das berechnende Schweigen der Diplomaten eine Botschaft für die Juden enthielte, die lautete: «Ihr seid mißbraucht worden, und obwohl wir durch unser Schweigen zu Komplizen geworden sind, haben wir doch wirklich nichts gegen Euch persönlich.»[23]

Perlmutters These lautet, daß sich jüdische Interessen durch die Realpolitik wie auch durch die vertrauteren antisemitischen Hetzereien bedrängt fühlen müssen. Revolutionäre Regierungen und Bewegungen, unterstützt von Juden des linken politischen Spektrums und von nicht-jüdischen Intellektuellen, lieferten oft ein Modell dieser Realpolitik, die eigentlich antijüdisch ist. Die meisten Revolutionen seit den Sechzigerjahren – Kuba, Nicaragua, El Salvador, Vietnam und Iran – brachten neue Formen jener Tyrannei hervor, welche die Linke ursprünglich bekämpfte. Ebenso wichtig ist eine weitere Veränderung: viele dieser revolutionären Bewegungen sind nun mit der «kolonialistischen Sowjetunion oder wenigstens mit Yassir Arafat, der die Juden haßt,» verbündet. Daraus folgern die Perlmutters, daß die heutigen revolutionären Regierungen sich allzu oft zusammen mit der Sowjetunion oder mit arabischen Mächten gegen die USA gestellt haben. In der UNO tragen sie zu Abstimmungssiegen der Feinde Israels bei.[24]

Dies trifft auch auf die USA selbst zu, in denen sich traditionell liberale Verbündete wie die Schwarzen für ein den jüdischen Interessen zuwiderlaufendes Quotensystem aussprechen und vermehrt Sympathie für die PLO bekunden. Obwohl die Perlmutters ihr Buch vor der Präsidentschaftswahlkampagne von 1984 schrieben, aus der Jesse Jackson als nationaler Führer der Schwarzen hervorging, und seine *Hymietown*-Bemerkungen es zu nationalen Schlagzeilen brachten, wird Jackson als ein Teil jener schwarzen Führung bezeichnet, die in Haltung und Aussage zunehmend antijüdisch wird.[25]

Alte Freunde gehen verloren und neue Allianzen bilden sich. So zeigte z.B. in der Vergangenheit der liberale Protestantismus mehr Toleranz gegenüber den Juden als andere Gruppen, doch schadeten seine politischen Standpunkte, speziell im Weltkirchenrat, Israel immer mehr. Die Intoleranz der Fundamentalisten, traditioneller Feinde der Juden, ist gegenwärtig «nicht so schädlich wie die Freundschaft zu Israel nützlich ist», und so ist ein erneutes Bündnis möglich. Die Beschreibung des Weltkirchenrates wie die Analyse der UNO durch die Perlmutters findet unter jüdischen Neokonservativen eine weite Resonanz. Indem sie auf das Schweigen des Weltkirchenrates während des Sechs-Tage-Krieges 1967 und seine unmittelbare Verurteilung Israels für die Besetzung der West Bank bald darauf, sowie auf die 1972 erfolgte Wahl des Antisemiten Imamu Baraka (ehemals LeRoy Jones) zum Hauptsprecher der alle drei Jahre stattfindenden Generalversammlung hinweisen, zeigen die Perlmutters ein Muster des Verrats. Zwei weitere Vorfälle bestätigen ihre Sicht. Zum einen verhielt sich der Weltkirchenrat während des Yom-Kippur-Krieges nur wenig besser, und zum anderen setzte die UNO in einer Resolution Zionismus mit Rassismus gleich.[26]

Nach Ansicht der Perlmutters sollte man sich nun um fundamentalistische christliche Gruppen kümmern. Diese haben lange Zeit antisemitische Ansichten vertreten, befinden sich nun aber in der Vorhut von proisraelischen Haltungen. Dies bedeutet eine Umkehrung lang gehegter jüdischer Ansichten gegenüber fundamentalistischen Protestanten oder wenigstens eine Toleranz gegenüber unterschiedlichen Standpunkten in der Unterstützung des Staates Israel. Fundamentalistische Ansichten über Schwangerschaftsabbruch, das *Equal Rights Amendment*, Beten in öffentlichen Schulen und Pornographie müssen übersehen oder anderswo bekämpft werden. Juden haben, wie alle Gruppen, verschiedene Ansichten zu vielen Themen und werden diese auch weiterhin ausdrücken, auch wenn sie sich dadurch von ihren Alliierten, die inbezug auf Israel mit ihnen übereinstimmen, unterscheiden. Doch messen die Perlmutters nicht allen Themen die gleiche Bedeutung bei. Die Sicherheit des Staates Israel ist viel wichtiger als jene Themen, über die sich die Fundamentalisten und die Juden nicht einig sind. «Die konservativen Fundamentalisten sind heute in der Tat Freunde, und im Gegensatz zum Weltkirchenrat waren sie auch Freunde in der Not.»[27]

Die Analyse der Perlmutters wird von amerikanischen Juden vermehrt geteilt. In den Medien und in jüdischen Institutionen wie der *Anti-Defamation League of B'nai Brith*, für die Nathan Perlmutter arbeitet, wird sie am häufigsten zitiert. In einem gewissen Sinn ist sie die logische Ausweitung von Greenbergs theologischer Arbeit – eine Art, die Nach-Holocaust-Welt zu betrachten. Doch es gibt eine klare und aktive Minderheit, die solchen Standpunkten kritisch gegenüber steht und versucht, der prophetischen und ethischen Dimension des Judentums wieder zu ihrem Recht zu verhelfen.

Earl Shorris und Roberta Strauss Feuerlicht

Zu erwähnen sind hier die in neuerer Zeit erschienen Arbeiten von Earl Shorris *Jews Without Mercy: A Lament*, und *The Fate of the Jews: A People Torn Between Israeli Power and Jewish Ethics* von Roberta Strauss Feuerlicht. Beide beschäftigen sich mit jüdischer Geschichte und Ethik, um mit deren Hilfe die Gegenwart zu kritisieren.

Jüdische Geschichte ist nach Earl Shorris Klage und Beitrag: «Leiden und Philosophie, Armut und Poesie, Exil und Gemeinschaft, Tränen und Gnade sind in der jüdischen Geschichte ineinander verflochten.» Obwohl sich Juden aufgrund der Zeit, in der sie leben, aufgrund ihrer Interessen und ihres Selbstverständnisses – als Ghettojuden oder frühe Zionisten, Universalisten oder Assimilanten – unterscheiden, könnte geschichtlich eine Gemeinsamkeit in der ethischen und historischen Basis des Judentums gefunden werden: «Wie auch immer die subtilen Unterschiede in der Interpretation des Joches des Gesetzes sind, seine ethische Substanz bleibt. Das Judentum war die erste ethische Religion, die erste ethische Zivilisation, und es bleibt sie auch für die Anpassungswilligen, die bereit sind, alles außer der Ethik ihrer Väter aufzugeben.» Doch Shorris unterscheidet zwischen früheren Definitionen jüdischer Interessen und jenen, wie sie von der jüdischen neokonservativen Bewegung vertreten werden. Er beginnt mit der Darstellung ihrer grundlegenden Einsichten.[28]

«Schwarze haben die Juden verraten, genau jenes Volk, das ihnen aus Rassismus und Armut herauskommen half. Schwarze sind antisemitisch. Juden sollten Schwarzen nicht mehr helfen, noch sollten sie andere Minderheiten unterstützen, wie z.B. die Lateinamerikaner, weil diese sich ebenfalls – wie die Schwarzen – gegen die Juden wenden werden. ...

Der Staat Israel kann nichts Falsches tun.

Das palästinensische Volk hat kein Recht auf einen Staat, noch haben die territorialen Forderungen der Palästinenser eine Gültigkeit.

Die Tötung eines israelischen Zivilisten durch einen Palästinenser ist ein terroristischer Akt.

Die Tötung eines palästinensischen Zivilisten durch einen Israeli ist als Akt der Selbstverteidigung zu rechtfertigen.

Besetzung und Kolonisierung ausländischen Territoriums durch Israel ist kein Imperialismus.

Jegliche politische Stellungnahme von amerikanischen Juden ist gerechtfertigt, wenn sie mit dem Überleben Israels in Einklang gebracht werden kann.

Die Armen Amerikas haben keine Würde. Sie sind eine Unterschicht, die man am besten vernachlässigt, denn nur durch die Härte der Notwendigkeit können sie in den letzten Dekaden des 20. Jahrhunderts jene Würde erlangen, welche die Juden in den ersten Dekaden dieses Jahrhunderts erreicht haben.» [29]

Dies führt Shorris zu einer Reihe von Fragen, die gleichzeitig Klagen sind:

«Die neue Definition jüdischer Interessen gehört einem arroganten Volk. Wie kann sie einem kleinen und bescheidenen Volk gehören? Die neue Definition gehört einem egoistischen Volk. Wie kann sie einem Volk gehören, das gelehrt wurde, Licht für die Völker sein? Die neue Definition gehört einem Volk von unbeschränkter Macht und ohne Geschichte. Wie kann sie einem Volk gehören, das sich erinnert,

Gast in Ägypten gewesen zu sein? Es ist verständlich, daß Juden die Außenwelt fürchten können; daß sie eine Heimat wünschen; daß sie wünschten, sie könnten sicher in einer anderen Kultur verschwinden oder daß sie ein gutes Leben für alle suchen, damit sie es auch genießen könnten. Die neue Definition hat die Kälte der Einsamkeit an sich. Daraus resultiert manchmal Habgier, manchmal Kampfbereitschaft, manchmal Rachsucht.»[30]

Shorris' Beschreibungen werfen wichtige Fragen auf, vor denen er sich nicht drückt: Verändern nicht jene, die diese neokonservativen Positionen vertreten, die Definition dessen, was es heißt, Jude zu sein? Sind die Anhänger solcher Ansichten zu sozialen Fragen wirklich berechtigt, sich Juden zu nennen? Oder suchen sie gar eine neue Religion, die etwas Anderes als das Judentum ist?

Von einer noch kritischeren Warte aus setzt sich Roberta Strauss Feuerlicht mit den Änderungen im Judentum auseinander. Wie für Shorris ist auch für sie das wesentliche Erbe des jüdischen Volkes mit dem ethischen Imperativ verbunden. Das Erbe der Juden ist nicht Macht, sondern Ethik: «Ob die Juden eine Religion, ein Volk oder eine Zivilisation sind, ein historischer Prozeß oder eine Anomalie, ob sie Chassidim oder Häretiker sind: was alle Juden von der Antike bis heute verbindet, ist nicht die Zugehörigkeit zu einem Staat, sondern die Bürde, die sie sich selbst und der Nachwelt auferlegt haben, als sie die Moralität internalisierten und der Welt den ethischen Imperativ vermittelten.»[31]

Doch sehr oft haben Juden diesen Imperativ verletzt. So zum Beispiel waren sie Sklavenbesitzer und Sklavenhändler. Das goldene Zeitalter des Judentums in Spanien verdankte Teile seines Reichtums einem internationalen Netz von jüdischen Sklavenhändlern. Böhmische Juden kauften Slavonier und verkauften sie den spanischen Juden, die sie ihrerseits den Mauren anboten. Im amerikanischen Süden war vor dem Bürgerkrieg ein unverhältnismäßig großer Teil der Juden Sklavenbesitzer, Sklavenhändler und Sklavenauktionatoren. Bei der Grenzziehung zwischen den Rassen wurden die Juden meist den Weißen zugerechnet.[32]

Obwohl viele Juden in der Bürgerrechtsbewegung der Fünfziger- und Sechzigerjahre mitarbeiteten, sind neue jüdisch-schwarze Beziehungen jüdischerseits durch ein an Arroganz grenzendes Gehabe verdüstert. Die Andrew Young-Affäre illustriert das Problem. Sie begann anläßlich eines Treffens mit Abgeordneten der PLO und endete mit Youngs Entlassung als US-Botschafter bei der

UNO im August 1979. Das jüdische Establishment mochte Young wegen dessen Vorliebe für Kontroversen und seiner erklärten Neigung zur Dritten Welt nie. In jüdischer Diktion bedeutete dies, daß er ein Feind Israels war. Jüdische Führer glaubten, Young sei einer von Jimmy Carters Insidern, die den US-Präsidenten zu einer positiven Haltung gegenüber der arabischen Welt drängten. Und doch war Young der einzige Schwarze in der Regierung, der wirklich über Macht verfügte und somit ein Symbol für Fortschritt und Hoffnung für die schwarze Gemeinschaft.

Youngs Rücktritt leitete eine neue Phase der schwarz-jüdischen Beziehungen ein. Schwarzenführer reagierten verärgert über Stellungnahmen jüdischer Führer, wonach Schwarze kein Recht hätten, sich in Nahost-Angelegenheiten einzumischen. Innerhalb einer Woche nach Youngs Rücktritt trafen sich Schwarzenführer mit Abgeordneten der PLO in der UNO. In der Folge bekräftigte Reverend Joseph Lowery, Präsident der *Southern Christian Leadership Conference*, die «Menschenrechte aller Palästinenser, einschließlich das Recht auf Selbstbestimmung bezüglich ihrer Heimat». Yehuda Blum, der israelische Chefdelegierte bei der UNO, kritisierte die Schwarzenführer wegen ihrer Unterstützung für die Schaffung von palästinensischen *homelands*. Er sagte: «Verständlicherweise wissen sie weniger über den Nahostkonflikt als andere Parteien.» Lowery antwortete: «Wir entschuldigen uns nicht für unsere Unterstützung der Menschenrechte für Palästinenser.» Danach gingen die Schwarzenführer zum *American Jewish Congress* und trafen sich mit jüdischen Führern, die meinten, es sei ein «großer Fehler» der Schwarzen gewesen, sich mit der PLO zu treffen. Ein schwarzer Minister sagte: «Es wird solange keinen Frieden im Nahen Osten geben, bis den Palästinensern Gerechtigkeit widerfährt. Alles, was man tun muß, ist, einmal ein palästinensisches Flüchtlingslager zu besuchen, und man wird sehen, daß die Palästinenser die Nigger des Nahen Ostens sind.»[33]

Feuerlicht wie auch Shorris beschäftigt sich mit der äußerst umstrittenen Frage des Staates Israel. Aus historischen Gründen plädiert sie für den Staat und wegen der dort lebenden jüdischen Bevölkerung für dessen Weiterexistenz, glaubt aber, daß keine Bewegung auf Gerechtigkeit hin ohne einen ehrlichen Blick auf das Entstehen des Staates möglich ist. Die Zionisten haben sich zur Errichtung eines Staates entschlossen, indem sie Nachkommen von Juden aus aller Welt einer einheimischen Bevölkerung und

Kultur aufpfropften. Und dies, obwohl die Juden seit fast zwei Jahrtausenden in nur verschwindend kleiner Zahl dort gelebt hatten und außer einer jüdischen Identität wenig Gemeinsamkeiten aufwiesen. Da Fremde den Staat Israel einer einheimischen Bevölkerung aufdrängten, betrachtet Feuerlicht Israel als eine Form des Kolonialismus und nicht der Befreiung. Sie zitiert Professor Israel Shahak, Präsident der *Israeli League for Human and Civil Rights*, der über die israelische Entwicklung sagte, daß «praktisch 400 arabische Dörfer zerstört wurden, mit ihren Häusern, Umzäunungen, Friedhöfen und Grabsteinen, sodaß wörtlich kein Stein mehr auf dem anderen blieb. Besucher gehen vorbei, und man sagt ihnen, alles sei bloß Wüste gewesen.» Sie führt auch Mosche Dayan an, der sich einst folgendermaßen äußerte: «Wir kamen in dieses Land, das schon von den Arabern bevölkert war, und wir bauen hier einen hebräischen, d.h. jüdischen Staat auf. Jüdische Dörfer wurden anstelle arabischer Dörfer gebaut. Es gibt nicht einen Ort in diesem Land, der nicht einst eine arabische Bevölkerung hatte.»[34]

Diese Politik von Enteignung und der Verneinung der Rechte der Palästinenser vor allem in den besetzten Gebieten geht heute auf vielerlei Art weiter. Landenteignung und eine bewußte Politik der Unterentwicklung der palästinensischen wirtschaftlichen Infrastruktur treibt die Palästinenser in eine Abhängigkeit von israelischen Firmen und der Regierung. Palästinenser werden im Bezug auf Arbeit, Erziehung und Landbesitz diskriminiert. Widerstand gegen diese Ungerechtigkeit kann den Eintrag auf eine Schwarze Liste oder Verhaftung oft ohne Rekursmöglichkeit zur Folge haben. Im Gefängnis sind Brutalität und Folter für die Palästinenser an der Tagesordnung. Feuerlicht beruft sich dabei auf Felicia Langer, eine israelische Staatsanwältin und Menschenrechtsaktivistin, die über die Gefängnisse auf der West Bank berichtete und deren Überbelegung, das schlechte Essen und die mangelhafte medizinische Versorgung beschrieb. Gefangene würden auch geschlagen. Ihre Schlußfolgerungen: «Gefangene werden in den Tod getrieben. ... Dieses Verbrechen passiert langsam und wird gut verdeckt.»[35]

Durch diese und ähnliche Praktiken nährt Israel einen internen Kolonialismus, der eine interessante, wenn auch tragische Drehung der jüdischen Geschichte bewirkt. Während Jahrhunderten lebten die Juden als Volk im Exil. Rechte und Privilegien wurden ihnen abgesprochen. Diskriminierende Gesetze zwangen sie, spezifischen Beschäftigungen nachzugehen. Als den Juden im 18. und 19. Jahrhundert gewisse Rechte gewährt wurden, so gewährte man sie nicht dem jüdischen Volke, sondern Einzelpersonen. Der französische Philosoph Clermont-Tonnerre schrieb: «Alles sollte den Juden als Volk verweigert und alles sollte ihnen als Individuen gewährt werden.» Die gegenwärtige Praxis Israels, zwar den Arabern als Individuen nicht aber als Nation Rechte zuzugestehen, ist für Feuerlicht Ironie. Deshalb empörte sie sich über ein Editorial in *Ha 'arez*, einer israelischen Zeitung, in dem festgehalten wird, daß es zwar «von einem nationalen Standpunkt aus nicht optimal» sei, aber doch das Maximum, was eine Minderheit erwarten könne. Die Israeli, so Feuerlicht, hätten die Araber zu den Juden Israels gemacht.[36]

In gewissem Sinn ist die Invasion Israels im Libanon 1982 eine Ausdehnung dieses internen Kolonialismus. Die vom israelischen Militär begangenen Greueltaten sind gut dokumentiert. Feuerlicht erinnert an die Bombardierung von Beirut am 18. Juli 1981, nahezu ein Jahr vor Beginn der offiziellen Invasion, um ein Nachdenken über jene Brutalität, mit der Araber innerhalb Israels behandelt werden, anzuregen. Die meisten der damals zerstörten Gebäude waren Wohnhäuser, obwohl die Bombardierung augenscheinlich gegen terroristische Ziele gerichtet war. Mehr als 300 Zivilpersonen wurden getötet. In einem Interview mit der *Washington Post* erklärte der israelische Geheimdienstchef, daß das Motiv der israelischen Bombenangriffe auf Beirut darin bestand, in der libanesischen Zivilbevölkerung Ressentiments gegen die Anwesenheit palästinensischer Guerillas zu erzeugen. Wenige Tage später trafen israelische Bomben wiederum den Libanon. Die *New York Times* ließ Augenzeugen, unter ihnen auch westliche Reporter, zu Worte kommen, welche sagten, daß praktisch alle Opfer Zivilpersonen gewesen seien. Manche verbrannten lebendig in ihren im Verkehr stecken gebliebenen Autos.[37]

Trotz ihrer Analyse kommt Feuerlicht zum Schluß, daß Israel weiter existieren müsse, weil es als Alternative nur einen weiteren Holocaust gäbe. Doch wird Israel moralisch bankrott gehen und der ethische Imperativ als Fundament jüdischen Lebens wird zerstört werden, wenn der bisherige Kurs fortgesetzt wird. In einer erschütternden und umstrittenen Schlußfolgerung schreibt Feuerlicht: «Das Judentum als Ideal ist ewig; das Judentum als Staat ist endlich. Das Judentum überlebte Jahrhunderte von Verfolgung ohne einen Staat; es muß nun lernen, trotz eines Staates zu überleben.»[38]

Und doch tragen, darin stimmen Feuerlicht und Shorris überein, Juden das oft mißachtete ethische Ideal weiter; einen ethischen Imperativ, welcher von Mose und den Propheten und von der Geschichte der Treue und des Martyriums stammt. Oft hat dieses Ideal die Juden innerhalb der Staaten der Welt isoliert. Heute erfordert es vermehrt eine exilische Haltung innerhalb der jüdischen Gemeinschaft selbst. Dies ist, speziell nach dem Holocaust, ein schwieriger und unerwarteter Ort für einen Juden. Ein solches Erwachen jedoch könnte den physischen und psychischen Raum schaffen, um kritische Einsichten und Aktivitäten zu entwickeln. Diese würden das jüdische Volk dazu aufrufen, ethische statt unterdrückende Macht anzustreben.

Shorris und Feuerlicht stellen kritische Fragen an Greenberg und Perlmutters. Wenn es zutrifft, daß die neuen Heiligen Schriften, jene mit Bitterkeit und Hoffnung geschriebenen Schriftrollen des Todeskampfes, aus den Ghettos Osteuropas stammen, gibt es heute dann nicht ähnliche Schriftrollen, geschrieben von libanesischen und südafrikanischen Frauen und Männern und ihren «verbrennenden Kindern»? Das weltweite wirtschaftliche System mit den USA als mächtigstem Glied, von dem viele Juden profitieren, fördert eine Form der Selektion, die Millionen von schlecht ernährten und hungernden Kindern produziert. Können wir weiter um unsere Toten trauern und gleichzeitig so tun, als gäbe es heute keine «verbrennenden Kinder»? In den Augen der Palästinenser ist das expansionistische Israel zusammen mit amerikanischer Unterstützung militärischer und wirtschaftlicher Art die Macht, gegen die sie kämpfen. Falls sie überhaupt gehört wird, ihre Geschichte bleibt zweitrangig. Können wir erwarten, daß die Bauern aus Guatemala und El Salvador den jüdischen Kampf um Macht verstehen, wenn israelische Waffenverkäufe und militärische Ausbildung die stets wachsende Landschaft des Todes, voll mit verwaisten Kindern, unterstützen? Können wir ehrlich sagen, Kritik an Israels Beteiligung an der Ausrüstung von Somozas Truppen vor der nicaraguanischen Revolution, an den kontinuierlichen Beiträgen Israels an die wissenschaftlichen, militärischen und wirtschaftlichen Interessen Südafrikas, an der generellen Enteignung von palästinensischem Land auf der West Bank und im

Gaza-Streifen, entspreche der Rolle des Propheten in der jüdischen Gemeinschaft? Müssen solche Fragen in der dritten Epoche der jüdischen Geschichte unterdrückt werden? Nach Shorris und Feuerlicht heiligte diese dritte Epoche Institutionen wie *Yad waShem* und *Bêt hat-tefuzôt*. Dies mag wohl an die Schriftrollen des Todeskampfes erinnern, aber auch dazu verleiten, daß die Schriftrollen von heute in zunehmendem Maße vernachlässigt werden. Will diese andere Seite der Geschichte aber nicht aufgeschrieben und eines Tages Teil jener Schriften sein, die wir, von unserem Gewissen gezwungen, unseren Kindern rezitieren müssen?[39]

Von dieser kritischen Warte aus lassen sich die neuen Götzen der jüdischen Gemeinschaft benennen: Kapitalismus; Nationalismus; Überleben um jeden Preis. Ihre Kritik an der jüdischen Gemeinschaft kann uns über die Dialektik von Holocaust und Ermächtigung hinausheben und zu einem reflektierten Verständnis des Dilemmas im jüdischen Leben und der Möglichkeiten für uns als Gemeinschaft führen. Sie mag auch einen Weg der Großzügigkeit zu anderen kämpfenden Gemeinschaften eröffnen und die neu gefundene Arroganz reduzieren, wie sie auch die konsequente Isolation von den Befreiungsbewegungen rund um die Erde überwinden könnte. Wir haben eine Geschichte der Qual und der Möglichkeit geerbt. Welche werden wir unseren Kindern weitergeben?

3. Jüdische Erneuerungsbewegungen

Die Spannung zwischen Herrschaft und Gemeinschaft taucht zu jeder Zeit auf. «Herrschaft» geht über den Versuch eines Einzelnen hinaus, andere um des Überlebens und des Reichtums willen zu dominieren, zu kontrollieren oder zu manipulieren. Sie steht für die Organisation dieses Impulses und die Schaffung von Strukturen, die ein Muster von Dominanz und Kontrolle garantieren. «Gemeinschaft» strebt in eine andere Richtung. Gleichheit, Zusammenarbeit und Gegenseitigkeit beim Treffen von Entscheidungen sind ihr Ziel. Ihre Strukturen sind so beschaffen, daß sie mehr auf Kreativität als auf Dominanz setzt. Herrschaft oder Gemeinschaft jedoch sind selten vollkommen realisiert. Wo Dominanz das erste Prinzip ist, werden die nach Gemeinschaft Suchenden zu Wegbereitern der Zukunft; wo Gemeinschaft primär ist, bleibt der Wille zu dominieren bestehen.[1]

In einem kleinen, jedoch eindrücklichen Rahmen läßt sich sehen, wie diese Dialektik von Herrschaft und Gemeinschaft im heutigen jüdischen Leben ausgespielt wird. Obwohl es viele Gründe gibt, warum die Juden unter verzweifelten Umständen überlebten, scheint es, daß der Wille zur Gemeinschaft unter ihnen der ausschlaggebende war. Die Nach-Holocaust-Welt aber ist ein einzigartiger Ort mit verschiedenen Forderungen, um zu überleben. Viele fürchten, das jüdische Volk könne dies ohne Herrschaft nicht. Dagegen vertreten andere die Ansicht, daß die Werte des jüdischen Lebens das entscheidende Zeugnis der Juden für die Welt seien. Ohne dieses Zeugnis höre das Judentum auf, Judentum zu sein. Die Kräfte der Erneuerung sehen daher den Weg nur im Gleichgewicht vom Überleben des jüdischen Volkes zusammen mit der Bewahrung der zentralen Botschaft von der Gemeinschaft. Sie insistieren darauf, daß das Überleben und die Bewahrung der entscheidenden Botschaft des Judentums schlußendlich ein und dasselbe sind: es gibt kein sinnvolles Überleben ohne vertieftes Zeugnis der Botschaft für die Welt.

Mindestens drei starke Erneuerungsbewegungen in der heutigen jüdischen Gemeinschaft sind es wert, genauer erforscht zu werden: Bewegungen, die säkulare Ansichten aufgeben, Bewegungen sozialer und politischer Richtungen und das wachsende feministische Bewußtsein jüdischer Frauen. Diese Bewegungen setzen sich ernsthaft mit den formenden Ereignissen unserer Zeit, dem Holocaust und der Geburt des Staates Israel, auseinander. Gleichzeitig aber stellen sie kritische Fragen über die Richtung, die das jüdische Leben nimmt.[2]

Vom Säkularismus zum Judentum

Die erste Bewegung setzt sich zusammen aus jenen, die – obwohl jüdischer Herkunft – sich erst später bewußt für die aktive Einhaltung der jüdischen Rituale und der Ethik entschieden haben. Dies sind säkulare Juden, die zum orthodoxen oder neo-orthodoxen Judentum konvertierten und Hebräisch als *ba͑alê-teschûva* (jene, die umkehren) benannt sind. Sie bereuten ihre Übertretungen und kehrten um zur korrekten Beobachtung der jüdischen Ethik wie auch des rituellen Gesetzes. Als *ba͑alê-teschûva* gehören sie einer alten Kategorie des Judentums in einem neuen Sinne an: da sie außerhalb eines traditionellen Rahmens des Judentums gelebt haben, kehren sie nicht so sehr zu einer Beobachtung des jüdischen Gesetzes zurück. Sie treten vielmehr in ein Judentum ein, von dem sie wenig oder keine Ahnung hatten.[3]

Viele der *ba͑alê-teschûva* sind Amerikaner aus der Ober- und Mittelklasse der Vorstädte, welche die Jugendkultur der Sechziger- und Siebzigerjahre mitgestaltet haben. Sie protestierten gegen den im Vietnamkrieg sichtbar gewordenen ethischen Niedergang der amerikanischen Gesellschaft, gegen den Rassenkonflikt und gegen die Leere einer reichen, technologisch hochentwickelten Kultur. Einige finden die Antwort darauf in der Erforschung und Erneuerung der jüdischen Lebensweise, oft dazu angestoßen durch Reisen und Studien. Viele finden ihren Weg nach Israel. Dort studieren sie in jüdischen Lehrhäusern und leben in einem neuen religiösen Umfeld. Andere bleiben in den Vereinigten

Staaten. Doch verläuft auch hier der Prozeß ähnlich: die Gefühle von Verlorenheit und Entfremdung; die Suche nach Fundamenten, auf denen ein Leben sich aufbauen läßt; die Freude, eine Lebensweise zu entdecken, die wirklich die eigene ist, und sich da hinein zu geben.[4]

Viele der *ba'alê-teschûva* führten ein aktives Leben innerhalb der Linken ohne religiöse Zugehörigkeit. Ein jüdisch-ethisches Anliegen trieb sie dazu, ohne daß sie sich dessen bewußt waren. Mit ihrer Rückkehr zum Judentum haben sich ihre politischen Überzeugungen vertieft und mit religiösen Kategorien und Visionen vermischt. Beispiel einer solchen Rückkehr zum Judentum ist Arthur Waskow. Jahrelang war er sozialer Aktivist mit nur kleiner Beziehung zum Judentum. In den Siebzigerjahren kehrte er zum Judentum zurück, um den von ihm bis anhin vernachlässigten Wurzeln ebenso wie der von ihm vernachlässigten Gemeinschaft nachzuspüren. Er wurde einer der wichtigsten jüdischen Theologen der Erneuerung.[5]

Sein Werdegang war alles andere als leicht. Die Wiederentdeckung seines Judentums erforderte ein hartes Studium der Quellen, der Tora und des Talmud. Wie Waskow beschreibt, war diese Zeit der *teschûva* ähnlich, weil sie ein radikaler Wechsel seiner das Leben und Denken richtungsgebender Perspektiven war. Seine *teschûva* begann in Washington D.C., zehn Tage nach der Ermordung von Martin Luther King jr., am Seder des Pesach-Festes. Nach achtzehn Stunden von Rassenspannungen, während denen es zu Ausschreitungen von Schwarzen kam, fehlte es den Leuten an Lebensmitteln, Ärzten und Anwälten. Waskow war Teil eines Unterstützungsnetzes, das versuchte, Lebensmittel in die Ghettos, Ärzte zu den Kranken und Verletzten sowie Anwälte in die Gefängnisse zu bringen. Denn aufgrund ihrer weißen Farbe war es ihnen erlaubt, sich trotz der Ausgangssperre frei in den Straßen zu bewegen.

«Heute abend sollte man eigentlich zuhause sein. Heute abend wäre der Beginn des Pesach-Festes. Es war die Zeit für meine Begegnung mit der geheiligten Vergangenheit – die geheiligte Vergangenheit des jüdischen Volkes, die geheiligte Vergangenheit meiner eigenen Familie. Es war sichere Vergangenheit und deshalb, *deshalb* war sie geheiligt. Zeit, in gehobenem und feierlichem Ton das archaische Englisch meiner alten Haggada zu rezitieren. Zeit, wieder einmal die alten Zeichnungen zu betrachten, die verblichene Widmung, die be-

sagt, daß die Haggada ein Geschenk zur *bar Mizwa* war, die Flecken einst verschütteten Weines. Zeit, die Unruhe Amerikas im Jahr 1968, die brennenden Straßen und mit Napalm bombardierten Dörfer, einen ermordeten Heiligen und einen mörderischen Präsidenten hinter sich zu lassen. Zeit für zeremonielles Vergnügen. Aber nicht heute nachmittag. Als ich die 18. Straße hinauf zu meinem Haus ging, begannen meine Füße einen schauerlichen Rhythmus zu schlagen:
Da draußen dröhnen Pharaos Heere
und ich bin auf dem Weg zum Seder
Da draußen fahren Pharaos Wagen
Und ich bin auf dem Weg zum Seder

Nach jedem Block dachte ich an die Worte, die King in jener Nacht sprach, bevor er starb, ... widerhallende Mose-Worte: ‹Ich stehe auf dem Gipfel des Berges und schaue in das verheißene Land. Ich darf nicht dorthin gehen, doch mein Volk wird gehen.› Und als ich an der Wyoming Avenue um die Ecke bog, waren sie immer noch da: ein US-Army-Jeep, ein Maschinengewehr, immer noch vage auf mein Haus zielend. Der rhythmische Gesang kam wieder zurück, dieses Mal in Frageform:
Da draußen dröhnen Pharaos Heere
und ich bin auf dem Weg zum Seder?

Die Haggada des Pesach-Festes war lebendig geworden und schritt auf den Straßen. An diesem Abend brach ich zum ersten Mal die Form der Haggada, um über die Straßen und das zu sprechen, was uns passiert war. Zum ersten Mal erlebte ich den Seder nicht als Augenblick gehobener und feierlicher Rezitation, sondern als brennende Leidenschaft und als hartes Denken. Zum ersten Mal haben wir nicht über seinen Sinn gesprochen.»[6]

Von da an geht Waskows soziale Theorie und Betätigung darüber hinaus, sich nur mit Tradition auseinanderzusetzen und deren notwendige Bedeutung im moderenen Leben zu betonen.Er hofft auf die Erneuerung des Judentums, welche die jüdische Gemeinschaft vom ziellosen Umherziehen in fremden Konzepten entbindet, es von fremden Kämpfen befreit und ihm erlaubt, ganz sich selbst zu werden. Das Ringen mit der Tradition vermittelt jene Einsicht in die moderne Welt, die dem heutigen Leben gerade wegen der ihm eigenen Natur abgeht.[7]

Waskows Interesse, die jüdischen Traditionen auf das moderne Leben anzuwenden, ist kritisch. Im Gegensatz zu Greenberg, Wiesel, Fackenheim und Rubenstein betrachtet er die rabbinische Epoche als kontinuierlich andauernde, wenn auch in einer neuen Konfiguration. Deshalb stehen für ihn Holocaust und Israel mehr in historischer Kontinuität als daß sie die formativen Ereignisse wären, mit denen jüdisches Leben steht und fällt. Gleichzeitig versucht er, moderne Einsichten so in das rabbinische Schema zu integrieren, daß eine modernisierte jüdische Tradition die Leere und das Böse des modernen kulturellen und politischen Lebens aufzudecken fähig ist. Für Waskow kann Greenbergs dritte Epoche der jüdischen Geschichte eine elende Leere von traditionellem jüdischem Inhalt werden. Sie könnte zudem zu einer Übereinkunft mit ungerechter Macht führen. Die rabbinische Tradition jedoch verankert Juden innerhalb eines Gefüges von Gedanken, Gebeten und Handlungen, das inneren Gehalt aufweist und öffentlicher Kritik unterworfen ist.[8]

Rabbinische Tradition räumt dem Studium und dem Tun der Tora einen zentralen Platz ein. Waskow glaubt, daß die Tora den «authentischen jüdischen Prozeß darstellt, um einen Lebensweg zu finden» Die Tora ist ausdehnungsfähig. Sie umfängt sowohl die biblischen und talmudischen Traditionen wie auch die rabbinischen und modernen Kommentare dazu. Selbst säkulare Kommentare im Gespräch mit der biblischen und talmudischen Tradition sind miteingeschlosssen. Die Wiedergeburt der Tora-Diskussion, wie in den *Chavurôt* (kleinen jüdischen Vereinigungen), bedeutet die Wiederentdeckung eines gemeinsamen Prozesses von Diskussion und Aktivität, der wegen der Moderne und des Holocaust verschwunden war. Diese Tora-Diskussion bringt Inhalt ins jüdische Leben und vermittelt der Kritik an der modernen Kultur, die sich in ihren Äußerungen nur einstimmig versteht und deshalb in ihrer Arroganz oft gefährlich ist, ein Fundament. Das Studium der Tora hat daher als zweifachen Zweck, das jüdische Volk und die Welt anzusprechen. Dies:

«1. Weil das Ringen mit der Tora genau jenen authentisch jüdischen Prozeß darstellt, um herauszufinden, wie man leben sollte. Dies taten die Propheten. Dies taten auch die Rabbinen, als sie disputierten und dann den Talmud schrieben. Dasselbe taten die Kabbalisten, die Chassidim und die Reform-Juden, oft auch säkulare Zionisten und Bundisten. Offensichtlich ist ferner, daß auch die Tora verschiedene Stränge des Ringens mit der Tora miteinander verflochten hat. Und selbst wenn verschiedene Juden und Gruppen von Juden einander widersprächen in dem, was die Tora lehrte, blieben sie zusammen als ein Teil des jüdischen Volkes, weil sie den gemeinsamen Prozeß der Diskussion teilten. In unserer eigenen Generation, in der es dem jüdischen Volk gelungen ist, Institutionen mit großem politischem Einfluß zu schaffen, ist es wichtig, dafür zu sorgen, daß diese Institutionen wirklich jüdisch werden und bleiben, indem ihre politische Position durch die Auseinandersetzung mit der jüdischen Tradition herausgearbeitet wird.

2. Weil die Tora Lehrinhalte umfaßt, die von erstrangiger Bedeutung sind, sofern die Menschheit ihre gegenwärtige tiefe Krise überleben und die Welt eher verändern als zerstören will. Dazu unterscheiden sich diese Tora-Inhalte von dem, was wir in den säkularen Ideologien von heute finden – ob Nationalismus, Liberalismus, Individualismus, Sozialismus, Kapitalismus, Wissenschaft oder Industrialismus. All diese Ideologien weisen als Produkte der letzten 400 Jahre der menschlichen Geschichte grundlegende Mängel auf, wenn wir eine Führung suchen, wie wir die Krise, in der wir stecken, überwinden können. Die Krisen sind nämlich selbst Produkte der letzten 400 Jahre und dieser Ideologien.»[9]

Natürlich ist die Anwendung biblischer Konzepte auf das moderne Leben schwierig. Doch der Prozeß selbst ermutigt zu neuen Sichtweisen. So realisierte Waskow beispielsweise die Wichtigkeit des biblischen Halljahres im Kontext der amerikanischen Zweihundertjahrfeier 1976. Er bemerkte bei fortschreitender Planung der Feier zwei Arten von Leuten: Beamte, die Feuerwerke und Galas planten, und Populisten, welche die weltweiten Konzerne als modernes Äquivalent zur britischen Monarchie sahen. Eine Gruppe der neuen Populisten, die *People's Bicentennial Commission*, traf sich im Institut, in dem Waskow arbeitete. Als sie über Tea Parties und Demokratie in der Wirtschaft sprachen, realisierte er, daß die Zweihundertjahrfeier auch ein Halljahr war, sodaß 1976 ein amerikanisches Halljahr sein sollte. Tatsächlich sollte es das vierte amerikanische Halljahr sein, doch es hatte bloß eines gegeben – 1865, und dieses war nicht echt: Die Sklaven wurden befreit, das Land jedoch nicht neu verteilt. Als Waskow das Halljahr zu thematisieren versuchte, traf er auf Ablehnung und Zustimmung. Unter den ihn Unterstützenden befanden sich jener schwarze Prediger, der sich an die Erzählung seines Großvaters über das Halljahr 1865 erinnerte und der seine eigene Konferenz schuf, um der amerikanischen Gesellschaft das Halljahr nahezubringen; der Rabbiner, der vorschlug, daß jeder Familie in Amerika ein Stück Land zur Bearbeitung und zur Bewahrung angeboten werden sollte; ein führendes Mitglied einer Quartiergruppe, das erkannte, daß der große amerikanische Reformer Henry George das Halljahr als Kern seines Vorschlages einer speziellen Spekulations- und Profitsteuer bei Landverkäufen postulierte; der katholische Priester, welcher vorschlug, daß in den heiligen Jahren jede Diözese die Schulden der ärmeren Pfarreien streichen sollte; und der Theologe, der das Jubiläum als Aspekt der nordamerikanischen Theologie der Hoffnung sah – einer Hoffnung, die es den Reichen erlauben würde, sich mit der Arbeiterklasse und den Armen auszusöhnen.[10]

Mit fortschreitendem Prozesses vertiefte sich Waskows eigener Sinn für das Halljahr. Modernes Denken trennt oft religiöse und spirituelle Fragen von politischen und wirtschaftlichen; das Halljahr bringt diese Fragen zusammen. Es besagt, daß zur Erlangung von Gleichheit das Konzept von Eigentum verändert werden muß, und daß der Weg zu spiritueller Transzendenz das gerechte Teilen aller materiellen Güter erfordert. Doch das Halljahr zählt nicht auf Utopisten oder Perfektionisten. Stattdessen schafft es einen Zyklus der Veränderung, der die Grenzen des sozialen und persönlichen Lebens anerkennt.

Im praktischen Bereich glaubt Waskow, das Halljahr ermutige zu einer Steuerreform mit Hilfe von Krediten für Gemeinde-, Arbeiter- und Familienunternehmen; zur dezentralisierten Kontrolle von Gemeinden, Land und Wohnen; zur Produktion und Verteilung von Lebensmitteln auf einer sozialen Basis und zur individuellen wie allgemeinen Freizeitgestaltung.[11]

Waskows Ideen sind faszinierend und komplex. Es ist kaum möglich, ihnen hier gerecht zu werden. Entscheidend für unser Verständnis ist sein neo-orthodoxer Zug: eine wichtige biblische und talmudische Tradition wird verfügbar, wenn wir unsere eigene Tradition ernst nehmen. Umgekehrt bleibt eine zur Ganzheit führende Erneuerung von Körper und Geist einem Volk versagt, das seine Vergangenheit verliert. Ganzheit, biblisch *Schalom*, ist ohne Gerechtigkeit nicht möglich.

Sozialpolitische Bewegungen

Die zweite Erneuerungsbewegung innerhalb der jüdischen Gemeinschaft besteht aus Gruppen, die sich den spezifisch sozialen und politischen Gegebenheiten der Juden heute zuwenden, ohne die spirituellen Wurzeln der jüdischen Tradition allzusehr zu betonen. Eine davon ist die *New Jewish Agenda*. Sie ist ein Zusammenschluß von fortschrittlichen religiösen und säkularen Juden, der als engagierte Gruppe politischem und sozialem Neo-Konservativismus entgegenwirken will. Diese im Dezember 1980 gegründete Gruppe versucht, die Solidarität mit den um Gerechtigkeit Kämpfenden als Programm des Judentums zu bestätigen. Im Programm der *Agenda* aus dem Jahre 1982 wird das Ziel folgendermaßen beschrieben:

«Wir sind Juden verschiedenster Herkunft und Zugehörigkeit, den fortschrittlichen Werten und dem Aufbau einer gemeinsamen Vision jüdischen Lebens verpflichtet.

Unsere Geschichte und Tradition inspirieren uns. Jüdische Erfahrung und Lehren können die sozialen, wirtschaftlichen und politischen Fragen unserer Zeit ansprechen. Viele von uns finden ihre Inspiration im historischen Widerstand unseres Volkes gegen Unterdrückung und an der Front sozialer Reformbewegungen. Für viele von uns ist der Grund unserer Überzeugungen das jüdische religiöse Konzept des *tiqqûn ᶜôlam* (der gerechten Ordnung der menschlichen Gemeinschaft und der Welt) und die prophetische Tradition von sozialer Gerechtigkeit.

Unser Einsatz gilt dem Überleben und der Förderung des jüdischen Volkes. Juden müssen die gleichen Rechte wie alle Menschen haben. Doch Überleben ist nur eine Vorbedingung, nicht der Zweck jüdischen Lebens. Unser Handeln muß durch unsere Ethik, nicht durch unsere Feinde bestimmt werden. Wir brauchen kreative und vitale jüdische Institutionen und Praktiken, die das beste aus unseren Traditionen herausholen, wie wir auch Glieder unserer Gemeinschaft einbeziehen wollen, die in der Vergangenheit ausgeschlossen worden waren.»[12]

Das Aktionsprogramm enthält fortschrittliche Positionen zu Rassismus, zu Rechten von Lesben und Schwulen und zu Israel.[13]

Um die Ziele dieses Programms zu erreichen, betätigen sich die Mitglieder der *Agenda* innerhalb und außerhalb des Judentums. So organisierte die *New Jewish Agenda* beispielsweise im Sommer 1984 eine jüdische Menschenrechts-Delegation für Nicaragua.

Damals warf die Reagenadministration Nicaragua vor, es gäbe dort einen «durch die Sandinisten unterstützten und geduldeten Antisemitismus». Ein Anklagepunkt besagte, daß die Regierung Mitglieder der jüdischen Gemeinschaft bedrohe und schikaniere, indem sie ihr Eigentum konfisziere und Synagogen besudle. Die *Anti-Defamation League of Bnê berit* unterstützte die Anklage öffentlich; andere jüdische Gruppen diskutierten darüber. Eine zentrale Frage war, ob die Administration mit der Heraufbeschwörung antisemitischer Ängste um politische Unterstützung ihrer antisandinistischen Politik warb. Nach Treffen mit Regierungsbeamten, Vertretern von Menschenrechtsorganisationen, oppositionellen Gruppierungen, Parteien und Mitgliedern der jüdischen Gemeinschaft in Nicaragua zog die Delegation folgenden Schluß: «Antisemitismus seitens der nicaraguanischen Regierung kann nicht bewiesen werden; es gibt keine stichhaltigen Beweise, die belegen würden, daß die sandinistische Regierung eine Politik der Diskriminierung oder Gewalt gegen Juden verfolgt hat oder immer noch verfolgt, oder daß es den Juden in Nicaragua nicht freistünde, dort zu wohnen und zu arbeiten.»[14]

Im darauffolgenden Dezember kam die erste Delegation von *Witness for Peace*, unterstützt durch die *New Jewish Agenda*, in Nicaragua an. Die zwanzig Teilnehmer verbrachten eine Woche in den Dörfern Somotillo und Achuapa in der Nähe der honduranischen Grenze, wo es viele der von Amerika unterstützten Contra-Überfälle gab. Sie feierten *Chanukka* in Somotillo und im nicaraguanischen Hafen Corinto, der von der CIA vermint worden war. Auf die Frage, weshalb sie in Nicaragua ihr Leben aufs Spiel setzten, antworteten sie mit einer vor der amerikanischen Botschaft in Managua verlesenen Stellungnahme:

«Unser Judentum bringt uns an diesen Ort, da unsere Tradition von uns verlangt, das wir uns gegen Ungerechtigkeit wehren. Wir als Volk widmen uns dem *tiqqûn ⁽ôlam*, der gerechten Wiedergutmachung und der Wiederherstellung der Welt. Durch unsere Tradition haben wir die Verantwortung übernommen, die Welt in unseren Gesetzen, unseren Schriften und vor allem in unseren Herzen zu bewahren. Vor vierzig Jahren lernten Juden, wie ungerecht Menschen zueinander sein können. Wir lernten, daß die Folter jede Fassungskraft übersteigen kann und daß es keine Vernunft gibt, wenn der Weg zur Vernichtung einmal eingeschlagen ist. Wir wissen als Volk, daß es nichts Schlimmeres gibt als Ungerechtigkeit, die einem anderen widerfährt. Sie trifft uns alle.»[15]

Eine andere politische Erneuerungsbewegung, *Oz weSchalom* (*Religious Zionists for Strength and Peace*), kommt aus Israel selbst. Sie wurde 1975 gegründet als Reaktion auf die durch den religiösen Zionismus praktizierte irreführende Interpretation biblischer Texte und Verzerrungen, mit deren Hilfe die Gründung jüdischer Siedlungen in der West-Bank und im Gaza-Streifen unterstützt wurde. *Oz weSchalom* führt eine politische und erzieherische Kampagne mit dem Ziel, diese Gebiete innerhalb eines breiteren moralischen Rahmens zu orten. Als Tora-treue Israeli betrachten es ihre Mitglieder als politische Herausforderung, jüdische Bürger vom Pfad der Ethnozentrizität und des Chauvinismus zurückzurufen.[16]

Die Diskussion um die Zukunft der besetzten Gebiete ist in den Augen von *Oz weSchalom* eine Diskussion um die Zukunft des Staates Israel. Denn zunehmend größerer Beliebtheit erfreut sich die durch *Gusch Emunim* (Block der Treuen) vertretene Art, zentrale Bereiche des Lebens in Israel mit der Tora zu rechtfertigen. Und dies in der Meinung, die messianische Erlösung des jüdischen Volkes sei mit der Ganzheit des Landes Israel unter jüdisch-israelischer Kontrolle verbunden. Deshalb interpretiert sie die israelische Eroberung der West Bank und des Gaza-Streifens 1967 als gottgewollte Befreiung von Teilen des *Eretz Yisrael*. Jede Rückgabe dieser Gebiete wäre demnach eine Verletzung des Willens Gottes. Um dem zuvorzukommen, nahm *Gusch Emunim* eine Pionierrolle bei der Errichtung jüdischer Siedlungen auf der West Bank ein und schuf auf diese Weise einen Status der Irreversibilität.[17]

Oz weSchalom dagegen vertritt einen dezidiert anderen Standpunkt. Sie veranschlagt den Preis für die Beibehaltung der besetzten Gebiete als zu hoch, sofern der Staat auch an jenen jüdischen Werten und Geboten festhalten will, welche die interpersonalen und interkommunalen Beziehungen, also nicht nur die Land-Volk Beziehungen, betreffen. Palästinensischer Nationalismus bedeutet, daß israelische Herrschaft auf der West Bank und im Gaza-Streifen eine Herrschaft der Stärke sein muß, und dies führt unweigerlich zu Repression und Ungerechtigkeit. Für *Oz we Schalom* gibt es indes keinen theologischen Anspruch, der ungerechtes Handeln rechtfertigen könnte. Zudem hätte das jüdische Volk in der Vergangenheit sehr gelitten unter jenen messianischen

Bewegungen, welche die Kenntnis von Gottes Plan für den Menschen, in welcher Generation auch immer, für sich beanspruchten.

«Wir Juden haben eine geoffenbarte und geheiligte Tradition, die uns lehrt, daß alle Menschen, nicht nur Juden, nach Gottes Ebenbild geschaffen wurden und es wert sind, mit Würde, Rücksicht und Mitgefühl behandelt zu werden. Nutznießer einer solch reichen, über dreieinhalbtausend Jahre dauernden Tradition zu sein, ist nicht nur ein Segen – denn in unseren Heiligen Schriften haben wir Lehren, die aus einer Zeit stammen, da Juden die einzigen Monotheisten überhaupt waren. Diese Lehren heute für die jüdisch-arabischen Beziehungen anzuwenden, oder ihnen generelle Analogien zu entnehmen, wie z.B. das Buch Josua, ist sehr gefährlich. Zudem hat uns die jüdische Erfahrung des kulturellen Inseldaseins (Ghettoisierung) während vieler Jahrhunderte nicht auf das Zusammentreffen mit Christen und Muslims im Heimatland unserer Ahnen vorbereitet, als unsere Gebete und unser Sehnen nach 2000 Jahren Exil endlich erfüllt wurden. Damit wir in Frieden und Sicherheit in diesem Land leben und damit wir der jüdischen Kultur im Zusammenspiel mit der Erde und den Menschen dieses Landes zur Blüte verhelfen können, müssen wir Israelis zu einem politischen Kompromiß gelangen, in dem menschliches Herrschen über Gottes heiliges Land geteilt wird mit unseren palästinensischen Nachbarn.»[18]

Uriel Simon, Professor für Bibelwissenschaften an der *Bar Illan University* und Gründungsmitglied von *Oz weSchalom*, wiederholt diesen Punkt im Organ der Bewegung vom März 1982. Das grundlegende moralische Dilemma Israels liegt in der Tatsache, daß das Streben nach Frieden und Gerechtigkeit mit der Besetzung der West Bank nicht in Einklang gebracht werden kann. Und dennoch besteht keine andere Möglichkeit, als das Eine von Beiden zu wählen. Es ist die Pflicht Israels, einen Wert zugunsten des größeren Gutes des anderen aufzugeben. Daraus zieht Simon den Schluß, daß die jüdische Nationalbewegung nicht einer Million Arabern in den besetzten Gebieten das Grundrecht auf Selbstbestimmung absprechen sollte. «An den Gebieten von *Eretz Yisrael* festzuhalten, die im Sechs-Tage-Krieg besetzt wurden und durch Araber dicht bevölkert sind, muß uns in die Irre führen. Herrschaft durch Starke muß schließlich in eine Herrschaft der Unterdrückung münden. Wir dürfen anderen nicht zufügen, was wir selbst hassen.»[19]

Für *Oz weSchalom* ist die Wahl klar und die Notwendigkeit zu handeln dringend. In der internationalen Ausgabe der *Jerusalem Post* vom 23. Mai 1982 verfaßten sie das folgende Editorial:

«*Wir haben die Wahl*
‹Ich habe euch Leben und Tod, Segen und Fluch vor Augen gestellt. Wählt das Leben, damit ihr und eure Nachkommen leben könnt, ... damit ihr in dem Land wohnen könnt, das Gott euren Vorvätern Abraham, Isaak und Jakob mit einem Eid versprochen hat.› (Dtn 30,19-20)
Bürger Israels, es ist an uns zu entscheiden, was wir wollen:
– Einen jüdischen Staat, regiert durch biblische Werte, gerechte Gesetze und Vernunft.Oder einen Besetzerstaat, charakterisiert durch Chauvinismus, institutionalisierte Ungerechtigkeit und Fremdenhaß.
– Eine demokratische Gesellschaft, blühend innerhalb kleinerer Grenzen, in der die arabische Minderheit volle menschliche Würde und Bürgerrechte genießt. Oder ganz *Eretz Yisrael* um den Preis der Unterdrückung der politischen Freiheit von über einer Million palästinensischer Araber.
– Die Lösung unseres kollektiven Schicksals in Harmonie mit unseren Nachbarn. Oder Abhängigkeit von den USA, damit wir Waffen und Geld für den Krieg erhalten.
– Gelegenheit, um die wirtschaftliche und politische Zusammenarbeit mit Europa und der Dritten Welt auszuweiten. Oder wachsende Isolation und Verurteilung in der Völkergemeinschaft.
– Gegenseitige Anerkennung und Koexistenz zwischen Israel und den Palästinensern. Oder eskalierende Zerstörung und Verlust von Leben.
Sicher braucht es beide Seiten, um Frieden zu schließen, doch unsere Vision eines jüdischen Staates und unser Handeln zur Realisierung dieser Vision liegen in unserer Verantwortung. Unsere Kinder und Großkinder verdienen unsere unaufhörlichen Anstrengungen. Für sie sollten wir den Frieden sichern.»[20]

In vermehrtem Maße gibt es innerhalb dieser zweiten Erneuerungsbewegung Akte jüdisch zivilen Ungehorsams. In den USA kommt es zu zivilem Ungehorsam wegen vieler Fragen, die vom Engagement in Zentralamerika bis zur Mitschuld am Wettrüsten reichen. Es wird aber auch protestiert gegen die fortdauernde Tolerierung der Apartheid in Südafrika und der Weigerung der Sowjetbehörden, Juden ausreisen zu lassen.
Im August 1985 folgte Phyllis Taylor, eine Krankenschwester aus Philadelphia und Mitglied der *Jewish Peace Fellowship*, dem

Aufruf zivilen Ungehorsams in die Wüste Nevada, in der Atomwaffen getestet werden. Sie wurde gebeten, die gewaltlosen Trainingsübungen für das *August Desert Witness* zu leiten, eine gewaltlose ökumenische Gedenkveranstaltung zum vierzigsten Jahrestag von Hiroshima und Nagasaki. Doch für Taylor hatte das Ereignis noch eine andere Bedeutung: «Vierzig Jahre lang waren unsere Vorfahren in der Wüste unterwegs. Vor vierzig Jahren wurden Auschwitz und Bergen-Belsen befreit, und die Welt nahm Kenntnis vom Holocaust.»[21]

Ein anderer jüdischer Kämpfer gegen Atomwaffen ist Todd Kaplan, der wegen seiner Teilnahme an Aktionen der *Pershing Plowshares*-Gruppen im April 1984 für drei Jahre im *Federal Prison Camp* in Danebury, Connecticut, inhaftiert wurde. Damals drang Kaplan zusammen mit einigen Mitstreitern in die *Martin Marietta Factory* in Orlando, Florida, ein, in welcher die Mittelstreckenraketen des Typs Pershing II hergestellt werden. Als die Gruppe unter Blutvergießen Teile der Raketen mit Hämmern beschädigte, blies Kaplan ein Schofar als Aufruf zur Reue. Danach veröffentlichte die Gruppe eine *Gewissenserklärung zu Pesach/Ostern* 1984, welche mit folgenden Worten schließt: «Wir wünschen, daß auf jene Gewalt verzichtet wird, die Macht und Eigentum sichert, während sie den Geist einer Nation untergräbt, die sich verpflichtet hat, die Unterdrückten der Welt willkommen zu heißen, und Leben, Freiheit und Glück für alle garantiert.»[22]

Wie bei Taylor war dies nicht Kaplans erster Einsatz für Gerechtigkeit, sondern die Fortsetzung einer lebenslangen Arbeit. So engagierte er sich als Mitglied einer Gruppe, die Armen und Heimatlosen in Washington D.C. Anwaltsdienste leistete, und arbeitete in *Neve Schalom*, Israel, am Aufbau arabisch-jüdischer Beziehungen. Es ist dies eine Gemeinschaft, in der Juden und Araber zusammenleben und den Dialog in einer angstfreien Atmosphäre pflegen. In *Neve Schalom* versuchte Kaplan, während des Libanonkrieges verschwundene palästinensische Gefangene zu finden.

Die Beziehung zwischen dem Holocaust und einem Atomkrieg beschäftigen den Juden Kaplan sehr. Die Verwendung von Tora-Symbolen in den *Plowshares*-Aktionen bezeugen diese Verbindung. In einem Interview mit Alan Mandell vom September 1985 spricht Kaplan von der jüdischen Verpflichtung und dem Auftrag des Propheten Jesaia, eine friedliche Welt zu schaffen.

«Ich glaube, daß die Abschaffung der Atomwaffen ein Ziel ist, das wir als Juden verfolgen sollten. Ich will helfen, damit dies für unser Bewußtsein ebenso zentral wird wie für unser Überleben. Das bedeutet, daß wir vielleicht den Rest der jüdischen Gemeinschaft öffentlich herausfordern müssen, und zwar so, daß es Kritik und Spott geben wird. Doch dies kann auch heißen, daß unsere Einschätzung der heutigen Situation wirklich zutrifft. ... Ich glaube, wir müssen die Idee der Holocaustvorbeugung ernst und persönlich nehmen. Wir können als Juden nicht passiv danebenstehen und zusehen, wie unsere teuren Werte bachab gehen. Nichtstun ist riskant – speziell bei der Verhinderung von Kriegen, vor allem von Atomkriegen. Dies ist der eigentliche Grund, warum ich mit den *Plowshares*-Aktionen begann. Ich glaube, dies ist ein wirklich sinnvolles Vorbeugen gegen einen neuen Holocaust. So zu handeln ist möglich, bevor es zu spät ist, bevor unser ganzer Planet ein einziges, riesiges Todeslager wird. Man muß die Waffen zerstören, bevor sie uns zerstören.»[23]

Eine andere Krieg und Kriegsvorbereitungen betreffende Form zivilen Ungehorsams besteht in der Weigerung, den für militärische Zwecke bestimmten Teil der Einkommenssteuer zu bezahlen. Michael Robinson, Rabbiner der Synagoge *Temple Israel* von Northern Westchester in Croton-on-Hudson, New York, und seine Frau Ruth Robinson, Kantorin und Künstlerin, vertreten diese Position. Sie sehen die Rolle des zivilen Ungehorsams bereits in der jüdischen Geschichte von Pua und Schifra verankert, den beiden hebräischen Hebammen, die dem Pharao den Gehorsam verweigerten und den Hebräern halfen, ihre männlichen Kinder am Leben zu erhalten; oder bei Jeremia, der die Politik seiner Regierung in Kriegszeiten bekämpfte. Damit bringt Robinson seine Überzeugung zum Ausdruck, daß alle aufgerufen sind, Stellung zu beziehen und im Namen Gottes und jedes geheiligten Menschenlebens zu handeln. «Wir müssen dem Staat folgen, wenn diese Gefolgschaft nicht mit unserer Gefolgschaft zu Gott im Widerspruch steht. Wenn der moderne Pharao, der Staat, gegen das Leben steht, dann müssen wir gegen ihn stehen.» Für Robinson sind Militärdienstverweigerung, Steuerwiderstand und illegale Demonstrationen Wege des Widerstandes für das Leben und gleichzeitig Erfüllung der Forderungen jüdischen Glaubens. «Der Talmud sagt uns: wer immer fähig ist, gegen die Übertretungen der Familie zu protestieren und dies nicht tut, wer immer gegen die Übertretungen der Gemeinschaft protestieren kann und dies nicht tut, wer immer gegen die Übertretungen der ganzen Welt protestieren kann und dies nicht tut, der ist verantwortlich für die Übertretungen von Familie, Gemeinschaft und ganzer Welt. Wir müssen uns wehren mit unseren Worten, unserem Leben und unserem Handeln.»[24]

Die jüdische Verpflichtung kommt in der Weigerung der Robinsons zum Ausdruck, jene für die Militärkasse bestimmten 40% der Einkommenssteuer zu bezahlen. In ihrem Brief an den *Internal Revenue Service* von 1982 begründen sie die Verweigerung mit ihrer religiösen Überzeugung.

«Wir weigern uns, zu Tod und Zerstörung beizutragen. Wir setzen unsere Energie, Kraft und Mittel für die Arbeit am Frieden ein. Wir glauben an das Gebot ‹du sollst nicht töten›. Wir wollen Menschen nicht schaden, sondern versuchen, ‹unsere Nachbarn wie uns selbst zu lieben›. Wir glauben, daß jedes menschliche Wesen, geschaffen nach Gottes Bild, geheiligtes Leben ist. Wir können nicht zur Zerstörung auch nur eines einzigen Lebens beitragen. Wir versuchen zu heilen, nicht zu verletzen. Wir glauben nicht, daß das Militärbudget gut ist für Kinder und daß es menschlichem Leben Vorteile bringt. Immer mehr schreckenerregende Waffen der Zerstörung bedrohen gerade die Existenz von Leben auf der Erde. Wir können nicht mit gutem Gewissen Steuern zahlen, die für den Bau und den Unterhalt von Waffen des Todes und der Zerstörung gebraucht werden. ... Wir sind gläubige Menschen. Wir können nicht für den Frieden beten und den Krieg bezahlen.»[25]

Am 30. Mai 1985 demonstrierte ein Dutzend Juden in der Nähe der südafrikanischen Botschaft in Washington D.C. gegen die Apartheidpolitik. Lucy Steinitz, geschäftsführende Direktorin des *Jewish Family and Children's Service* aus Baltimore, gab vor ihrer Verhaftung folgende Erklärung ab:

«Ich bin hier als Jüdin, als Kind von Überlebenden des Holocaust und als Mensch – als jemand, der sich mit den unterdrückten Schwarzen und anderen Nicht-Weißen in Südafrika identifiziert. Wegen meiner eigenen Lebensgeschichte, der meiner Familie und meines Volkes – des jüdischen Volkes – bin ich hier; weil ich die enorm wichtige Rolle verstehe, die andere Außenstehende spielen, d.h. Leute, die zur Zeit nicht unterdrückt werden, sie und ich. Wir stehen auf, um gezählt zu werden; wir bieten Unterstützung an; wir wollen trösten und gehen Risiken ein – wenn auch kleine –, um in Solidarität gegen die Regierungskräfte in Südafrika zu handeln. Dies ist es, was das Judentum uns lehrt: aktiv Gerechtigkeit zu verfolgen, wegen der Würde jedes einzelnen Menschen. Es ist auch das, was Bischof Desmond Tutu von den

Amerikanern erbat, als er hier war. Diese Solidarität ist das Lebenselixier, das gefangene, versklavte und unterdrückte Völker unterstützt, wo immer sie sein mögen.»[26]

Feministisches Bewußtsein im Aufblühen

Als dritte Bewegung im zeitgenössischen jüdischen Leben ist das wachsende feministische Bewußtsein zu nennen. Der Feminismus wird sehr stark von säkularen jüdischen Frauen vertreten, ist aber auch im orthodoxen, konservativen und Reform Judentum präsent. Diese Frauen betrachten das patriarchale Denken in der Vergangenheit und Gegenwart des Judentums als grundsätzliches Problem und verlangen die direkte Auseinandersetzung mit dieser wohl elementarsten Ungerechtigkeit. Diese Kritik schließt viele Positionen ein, vom einfachen Ruf nach Änderungen der Leitungsstrukturen bis hin zur substantiellen Kritik einer von und für Männer gestalteten Tradition.[27]

Die Umsetzung dieser Ideen in die Realität innerhalb des patriarchalen Hauptstromes jüdischer Religiosität und institutionellen Lebens ist natürlich schwierig. Die Gründung des Magazins *Lilith* 1976 war ein solcher Schritt, und bald wurde das Büro von *Lilith* ein Begegnungsort für die wachsende jüdische Frauenbewegung. Die Herausgeberin der Zeitschrift *Lilith*, Susan Weidman Schneider, erinnert sich, daß «jeden Tag Anfragen von Frauen hereinkamen, die eine Anleitung für den Weg der Integration von Feminismus und Judentum suchten. Informationen waren nötig: über Referentinnen für Tagungen, Frauen als Rabbinerinnen, nichtsexistische Kinderhorte, Dissertationsthemen über jüdische Frauengeschichte, Frauengruppen über Krisen in der Lebensmitte, religiöse Unterstützung für Schwangerschaftsabbruch und vieles mehr.»[28]

Seit 1976 haben viele jüdische Frauengruppen den Frauen geholfen, eine große Bandbreite von Themen anzugehen. Ein Beispiel dafür sind die geschlagenen jüdischen Frauen, eine Realität, der sich das Judentum nur widerwillig stellt. Jüdische Frauen haben aber die Tatsache aufgegriffen und in New York, Washington D.C. und Tel Aviv Häuser für geschlagene Frauen aufgebaut. Sie organisieren Tagungen, schreiben Artikel und Bücher und informieren die jüdische Gemeinschaft stets von Neuem über die Dringlichkeit und den Schrecken häuslicher Gewalt. Weitere Themen sind: Kinderbetreuung, Schwangerschaftsabbruch, Gleichberechtigung bei Scheidung und die Notwendigkeit, die Arbeitsmöglichkeiten zu vermehren. [29]

Ein anderes Thema ist die Rettung und Schaffung jüdischer Rituale, die Frauen ehren und zu deren Stärkung beitragen. Mindestens zwei Rituale wären hier zu nennen: *Rosch chodesch*, die Feier des Neumonds, und *Berit banôt Yisrael*, die Aufnahme eines neugeborenen Mädchens in den Bund der Töchter Israels.

Praktisch alle der kalendarischen Feste des Judentums sind Feiern, bei denen traditionellerweise Männer die meisten Rituale ausführen. Die Frauen helfen ihnen dabei als Mägde, indem sie die Mahlzeiten zubereiten, das Heim reinigen, usw. Eine Ausnahme bildet *Rosch chodesch*, der erste Tag des Monats. Da der hebräische Kalender ein Mondkalender ist, fällt er jeweils auf den Neumond. Die Feministinnen werteten diesen relativ vernachlässigten alten Feiertag auf. So erzählen Legenden im Talmud, daß der kleinere Mond eines Tages die gleiche Größe wie die Sonne haben wird; Feministinnen «ziehen Parallelen zwischen der Zukunft von Mond und Sonne und der Gleichheit der Frauen, die eines Tages kommen wird.» Gleichzeitig feiern die Frauen die Verbindung ihres körperlichen Rhythmus mit jenem des Universums. Beispiel einer solchen *Rosch chodesch*-Zeremonie war das Mittagessen der *Task Force on the Role of the Jewish Woman in a Changing Society*, unterstützt von der *New York Federation of Jewish Philanthropies*. Wie Susan Weidman Schneider berichtet, gab Arlene Agus einen *dvar Tora* (=kurzer Lehrvortrag über das jüdische Gesetz) über die Bedeutung des Festes, bei dem Quiches und Kuchen eine runde, Fruchtbarkeit und Weiblichkeit symbolisierende Form hatten: «Es ist Tradition, an *Rosch chodesch* runde Speisen und frische Früchte zu essen und die Arbeit für mindestens einen halben Tag zu unterbrechen sowie gewisse Praktiken in die Feier selbst miteinzubeziehen; beispielsweise für Frauenanliegen zu spenden (*zedaqa*); eine oder mehrere Kerzen anzuzünden (eine Kerze, die in einer wassergefüllten Schale schwimmt, ist besonders hübsch und mondhaft); ein Fest mit mindestens einigen runden Speisen und der Rezitation spezieller Gebete für den neuen Monat zu organisieren. Eine Aussprache oder Diskussion über die Feiertage oder Themen des kommenden Monats könnten folgen.»[30]

Der Zeremonie bei der Geburt einer jüdischen Tochter kommt hinter der Zeremonie der Geburt eines Sohnes eine nur zweitrangige Bedeutung zu. Die Beschneidung, die *berît mîla*, nimmt dabei den entscheidenden Platz ein und es mag nicht überraschen, daß die Hauptpersonen der Feier Männer sind. In zunehmendem Maße gibt es nun aber auch Zeremonien für Kleinkinder weiblichen Geschlechts. Sie bestehen aus Gebeten, Wünschen und Träumen für die Zukunft des jüdischen Mädchens, in der sie groß werde in ihrer Fraulichkeit und im Judentum. Mit neuem Stolz wird auf die biblischen Ahnfrauen hingewiesen. Aviva Cantor schuf ein Gebet für die Geburtszeremonie von Yael Debora.

«Wir wünschen Yael Erleuchtung und Inspiration aus den Lebensgeschichten unserer Mütter: von Lilit den geschickten und eindeutigen Widerstand gegen Tyrannei und die Tapferkeit, alle Folgen zu ertragen; von Eva die Hoffnung, zum Leben Ja zu sagen und es auch nach dem Verlust des Paradieses weiterzutragen; von Noachs Frau eine Nährende zu sein und mit Geduld den Erdengeschöpfen beizustehen; von Sara das Vertrauen, einem Traum in die Wildnis zu folgen und an die Möglichkeit des Unmöglichen zu glauben; von Rebekka die Weisheit, die eiserne Hand toter Gewohnheit zu überwinden; von Lea das Aushalten und die Beharrlichkeit im Angesicht der Einsamkeit; von Rachel das Mitgefühl und die Liebe für ihre Schwester, die Lea von Schmerz und Kummer verschonte; von Dina den Mut, den Ausbruch aus der Eingeschlossenheit zu wagen und die Freundschaft mit anderen Frauen zu suchen; von den Hebammen Schifra und Pua den Mut, dem Tod zu trotzen und ihm unsere Kinder zu entreißen; von Miriam die Fähigkeit, ihre Gedanken offen auszusprechen, auch wenn sie unbeliebt waren; von Debora die Selbstachtung, die sie ermächtigte, Menschen aufzurütteln, den Widerstand anzuführen und auf ihre Taten stolz zu sein; von Yael, deren Namen sie trägt, den Mut, das zu tun, was sie tun mußte.

Von allen diesen, unseren Müttern, deren Taten in unserer Tora aufgeschrieben sind und von den unzähligen anderen Frauen unserer Geschichte, den bekannten und unbekannten, bis hin zu uns, mag Yael ihr Verstehen, ihre Erleuchtung und ihre Kraft schöpfen und erlangen.»[31]

Die Integration des Feminismus in das jüdische Leben ist eine Schlüsselfrage für die ganze jüdische Gemeinschaft. Paula Hyman, Dekanin des *College of Jewish Studies* vom *Jewish Theological*

Seminary, hält fest, daß das Engagement für feministische Fragen das Überleben des ganzen Judentums überhaupt in Frage stellt. «Wenn die Unterordnung der Frauen zum Kern des Judentums gehört, verdient das Judentum nicht zu überleben. Als Feministin bin ich nicht willens, meine Unterordnung und die Unterordnung meiner Töchter und Schwestern als Preis für das Überleben der jüdischen Tradition zu bezahlen. In gewissem Sinn fordern wir eine moralische Rechenschaft vom Judentum; es steht gewissermaßen für uns vor Gericht. Es muß fähig sein, sich dieser moralischen Frage zu stellen und sie zu lösen.»[32]

Diese drei Erneuerungsbewegungen stellen eine kleine, aber doch zunehmende Minderheit dar, die eine Neuorientierung des jüdischen Lebens sucht. In gewissem Sinn fragen sie alle dasselbe: Was heißt es, dem Judentum und der Welt treu zu sein? Obwohl die Antworten verschieden ausfallen, so wird doch eine Gemeinschaft gesehen, die alle zu integrieren vermag, religiöse und säkulare Juden, Frauen und Männer; eine Gemeinschaft, die auf der Suche nach einer Erneuerung des Gemeinschaftslebens mitten in Holocaust und Ermächtigung ist; endlich eine Gemeinschaft, die sich zu schweigen weigert, und dies trotz des von politisch und religiös neokonservativer Seite erzeugten Druckes, der die Kritik an Israel mit einem Moratorium zum Schweigen bringen will.

Aber sie bleiben eine profilierte Minderheit im Judentum. Die theologische Stimme von Arthur Waskow, der jüdische Sprache und Symbolwelt als kohärentes Zentrum des jüdischen Volkes zu postulieren versucht, ist manchen nach dem Holocaust zu religiös. Auf der anderen Seite wird ziviler Ungehorsam, speziell im Bezug auf die Armee, gerne als Drohgeste gegen ein Amerika verstanden, das als sicherer Hafen für ein verfolgtes Volk und als Helfer eines umkämpften Israel gesehen wird. Ein religiöser Zionismus, der von den Palästinensern als Brüder und Schwestern spricht, sieht sich in Israel und in den USA mit einem immer schwieriger werdenden Kampf konfrontiert, da die Palästinenser zu Terroristen gestempelt und abgeschrieben werden. Feminismus in der religiösen Sphäre wird entweder stillschweigend dem Hauptstrom des Judentums einverleibt oder gleich abgelehnt, ohne daß seine radikale Kritik und die von ihm angestrebten Veränderungen zur Kenntnis genommen würden.

So zeigt sich die von Greenberg als dritte Epoche der jüdischen Geschichte bezeichnete Zeit viel komplexer als erwartet. Sie ist voller gegeneinander kämpfender Stimmen und Werte, jede mit eigenen Vorstellungen und Begrenzungen. Die dritte Epoche begann mit dem Holocaust und der Notwendigkeit der Ermächtigung; nun sehen wir uns in den USA und in Israel innerhalb dieses Prozesses mit Kategorien wie Exil und Erneuerung konfrontiert. Was aus dem Holocaust erwuchs, war ein erschütterndes Zeugnis; heute ist unsere Ermächtigung durch die Möglichkeit des Verrats bedroht.

4. Befreiungskämpfe und das Judentum

Vielleicht ist es eine Eigenart der Geschichte, daß die vom jüdischen Volk geformten und von ihm der Welt überlieferten Ereignisse wie der Exodus und die prophetischen Geschichten von zeitgenössischen Christen so ernst genommen werden, daß dies zu verstehen der jüdischen Gemeinschaft in wachsendem Maße Schwierigkeiten bereitet. Während das jüdische Volk immer mehr aus den Insignien der Macht lernt, geht ein prophetisches Christentum von machtlosen Christen Lateinamerikas, Afrikas, Asiens und Nordamerikas aus.

Verwurzelt in verarmten Gemeinschaften und inspiriert durch die Verkündigung des Evangeliums der Gerechtigkeit und des Friedens, ist ein neues Verständnis des Christentums entstanden; eines Christentums, das eine bevorzugte Option für die Armen trifft und für die Befreiung von unterdrückenden sozialen Strukturen eintritt. Die eben erst erstarkte, zeitgenössische jüdische Gemeinschaft jedoch scheint Angst zu haben – oder vielleicht fühlt sie sich gar bedroht – vor einer solchen prophetischen Wiederbelebung innerhalb des Christentums. Denn dadurch, daß sie sich auf den Exodus und die Propheten stützt, spricht die christliche Befreiungstheologie für die Marginalisierten und Unterdrückten auf der Schattenseite der Geschichte. Könnte nicht die jüdische Tradition, die unter dem Deckmantel der Ermächtigung verkümmert, von einem verständnisvollen Dialog mit dieser Bewegung profitieren? Und könnte ein solcher Dialog nicht nur unser Verständnis für diejenigen, die die Unterdrückung bekämpfen, sondern auch für die eigene Geschichte vergrößern? Könnten wir nicht, da Unterdrückung einen großen Teil unserer eigenen Geschichte ausmacht, in Solidarität die Tiefe unseres Kampfes jenem heute gekämpften Kampf hinzufügen?

Die Wiederbelebung des Exodus und der prophetischen Traditionen in den christlichen Theologien der Befreiung ist selbst Erbin einer langen Geschichte der Interpretation des Exodus innerhalb politischer Bewegungen. Wie der jüdische politische Denker Michael Walzer in seiner Studie über den Exodus in der westlichen Geschichte zeigt, ist der Verweis auf den Exodus in Protestbewegungen und radikalen Gruppen so üblich, daß sein Fehlen die Ausnahme bildet. Er findet sich in den verschiedensten Kontexten, wie z.B. in den politischen Stellungnahmen des radikalen Mönches Savonarola, der in den letzten Monaten vor seiner Hinrichtung 22 Predigten über das Buch Exodus hielt; im Selbstverständnis der englischen Puritaner über ihren Gang in die Wüste und in den Schriften des Frühsozialisten Moses Hess.[1]

Vieles der grundlegenden Theorie für diese christliche Erneuerung ist in den schwarzen, lateinamerikanischen und asiatischen Befreiungstheologien ausgedrückt. Ein kurzer Überblick über die wichtigsten Vertreter dieser Bewegungen hilft, die Wiederbelebung solcher Themen der Hebräischen Bibel zu illustrieren.

Schwarze Befreiungstheologie

James Cone brachte als erster eine theologische Komponente der *Black Power*-Bewegung zur Sprache. Als er nach einer Definition für ein Christentum suchte, das die «ganze Emanzipation der Schwarzen von weißer Unterdrückung durch alle Mittel, die den Schwarzen nötig scheinen» umfaßte, fand er wenig Unterstützung im für ihn fremden Jesus des weissen europäischen und nordamerikanischen Christentums. Die sich mit der Rechtfertigung durch Gott beschäftigenden Theologen waren viel zu weit weg von den Bedürfnissen des täglichen Lebens. Dadurch unterstützten sie eine rassistische Gesellschaft, in der «Leute aus Mangel an politischer Gerechtigkeit leiden und sterben.» Ein schwarzer Theologe hat eine weit über die bloß theologischen Diskussionen und Spekulationen hinausgehende Aufgabe. Cone schrieb 1969 in seinem bahnbrechenden Buch *Black Theology and Plack Power*, daß ein schwarzer Theologe wissen will, was das Evangelium zu einer Person sagt, die keine Arbeit findet und somit ihre Familie nicht unterstützen kann, weil die Gesellschaft ungerecht ist. «Er will wissen, was Gott zu den zahllosen schwarzen Jungen und Mädchen sagt, die ohne Vater und Mutter sind, weil die weiße Gesellschaft die Rechtlosigkeit der Schwarzen beschloß. Wenn es kein Wort Christi für die Hilflosen gibt, weshalb dann sollten sie ihm antworten? Wie geben wir das Evangelium von Christus jenen Leuten weiter, die täglich Hunger haben oder – noch schlimmer – verzweifelt sind? Oder verweisen wir sie bloß auf das Jenseits?»[2]

Für Cone liegt die Antwort im biblischen Konzept der Rechtfertigung durch Gott. Dieses Konzept bezieht sich weniger auf abstrakte Spekulationen über die Qualität von Gottes Wesen, wie es sich gewöhnlich in der griechischen Philosophie finden läßt, sondern auf das Handeln Gottes in der Geschichte der Menschen und den Wunsch Gottes, die Unterdrückten möchten frei sein.

«Israel als Volk lernte Gott durch den Exodus kennen. Es war YHWH, der sie von den ägyptischen Fesseln befreite und danach mit ihnen am Sinai einen Bund schloß, in dem er versprach: ‹Ihr habt gesehen, was ich den Ägyptern getan und wie ich euch auf Adlersflügeln getragen und euch hierher zu mir gebracht habe. Werdet ihr meiner Stimme gehorchen und meinen Bund halten, so sollt ihr mein Eigentum sein vor allen Völkern. ... Ihr sollt mir ein Königreich von Priestern und ein heiliges Volk sein.› (Ex 19,4-6) Göttliche Rechtschaffenheit heißt, daß Gott sein Versprechen halten wird; daß seine Vorstellungen für Israel nicht vereitelt werden. Israel muß sich deshalb nicht wegen seiner Schwäche und Machtlosigkeit in einer Welt mächtiger militärischer Potentiale sorgen, ‹denn mein ist die ganze Erde› (Ex 19,5). Die Rechtschaffenheit Gottes bedeutet: Er schützt vor Bedrohung durch andere Völker; Gott schafft Gerechtigkeit. Er macht recht, was die Menschen falsch gemacht haben.»[3]

Cones Studium der Hebräischen Bibel vermittelt ihm einen Schlüssel zum Verständnis der Geschichte seines Volkes und der zeitgenössischen Hoffnung auf Befreiung. Sein Buch *The Spirituals and the Blues* zeigt, daß das zentrale theologische Konzept in den Negrospirituals die göttliche Befreiung der Unterdrückten aus der Sklaverei ist. Nach Cone zeigen die Spirituals, daß schwarze Sklaven glaubten, Gott habe die Afrikaner nicht als Sklaven geschaffen und Sklaverei sei wirklich «unvereinbar mit ihrer afrikanischen Vergangenheit und ihrer Kenntnis des christlichen Evangeliums.» Stattdessen verkünden sie einen Gott, der sich in der Geschichte eines kämpfenden Volkes engagiert: Die Befreiung der

Kinder Israels aus der Knechtschaft in Ägypten ist daher ebenso die Geschichte der Befreiung eines in Amerika versklavten Volkes.

«Oh Freiheit! Oh Freiheit!
Oh Freiheit über mir!
Und bevor ich je ein Sklave wär,
Würd ich lebendig mich begraben
Und ging in Freiheit hin zum Herrn.

Mein Herr hat Daniel befreit.
Warum denn tut er's nicht für mich?

Als Israel noch im Ägypterland war,
So laß mein Volk doch gehn;
Geknechtet und ohne Widerstand
So laß mein Volk doch gehn;
Geh, Mose, geh hin in's Ägypterland,
Und sag dem alten Pharao
So laß mein Volk doch gehn!»[4]

Die kritische Aufgabe einer schwarzen Befreiungstheologie ist es, das den Status quo unterstützende Christentum des weißen Amerika zu brechen. Mit Energie erfüllt Cone die Tatsache, daß seine Einsichten in den Äußerungen der Geschichte seines Volkes gründen. Doch für die Christen ist das Leben und die Bedeutung Jesu Christi letzter Grund. Oft wird Jesus als jenseitig, losgelöst von der Politik gesehen. Cone greift diesen Umstand auf, indem er Jesus in der Kontinuität des jüdischen Exodus und der prophetischen Traditionen sieht. Zentrales Thema der Hebräischen Bibel ist der Einbezug in die Geschichte und die Befreiung des Volkes. Dies ist nach Cone auch der Schlüssel zum Verständnis Jesu. So ist Jesu Lesung der Prophetien Jesajas über die messianische Gerechtigkeit in der Synagoge von Nazaret ein Skandal, da die Frohbotschaft Befreiung meint und diese Befreiung den Armen gilt, wie das Evangelium den Armen auch Kraft und Mut verleiht, die Bedingungen der Sklaverei zu durchbrechen. Dies ist die Bedeutung der Inkarnation: «Gott in Christus kommt zu den Schwachen und Hilflosen, und wird eins mit ihnen. Er nimmt ihre Unterdrückung als die seine an und verwandelt damit ihre Sklavenexistenz in befreites Leben.» Der Inkarnation folgen Tod und Auferstehung, welche dem Leben Jesu eine Bedeutung verleihen, die es ohne Tod und Auferstehung niemals haben könnte. Kreuz

und Auferstehung bedeuten, daß in Jesu Dienst an den Armen
Gott selbst seinen Willen kund tat, «die Unterdrückten zu befrei-
en. Die Jesus-Geschichte ist die Geschichte der Armen, weil Gott
in Christus arm und schwach wird, damit die Unterdrückten aus
Armut und Machtlosigkeit befreit werden. Gott wird an ihrer
Stelle zum Opfer und verwandelt so die Sklaverei in eine Arena des
Kampfes für die Freiheit.» Das ist die Bedeutung der Auferste-
hung Jesu: «Die Unterdrückten werden befreit, damit sie für
Menschlichkeit kämpfen können.»[5]

Cone stellt Jesus nicht nur in die Kontinuität der Hebräischen
Bibel, er stellt ihn auch in die Dynamik des Exodus und der
Propheten; einer Dynamik, welche die Botschaft der Befreiung ins
Rampenlicht stellt. Das Geniale an Cones wie an der Theologie
seiner kämpfenden Ahnen liegt darin, daß er Jesus meist zusam-
men mit Mose erwähnt als der vom Gott des Exodus und der
Propheten Gesandte.

Lateinamerikanische Befreiungstheologien

Zur selben Zeit wie Cone sich mit der theologischen Dimension
von *Black Power* in den USA beschäftigte, fand der Kampf um
Gerechtigkeit in Lateinamerika eine theologische Stimme. So hielt
die zweite Synode der lateinamerikanischen Bischöfe vom August/
September 1968 in Medellín fest, daß die Situation Lateinamerikas
Ungerechtigkeit und Verzweiflung sei, die zum Himmel schreie.
Das Paradigma des Exodus lag auf der Hand.

«So wie einstmals Israel, das erste Volk, die rettende Gegenwart
Gottes erfuhr, als er es aus der Unterdrückung Ägyptens befreite, als
er es das Meer durchschreiten ließ und es zum Land der Verheißung
führte, so können auch wir, das neue Volk Gottes, nicht umhin, seinen
rettenden Schnitt zu spüren, wenn ‹die wahre Entwicklung..., die für
jeden einzelnen und für alle der Weg von weniger menschlichen zu
menschlicheren Lebensbedingungen ist. Weniger menschlich ist die
materielle Not derer, denen das Existenzminimum fehlt; die stille Not
derer, die vom Egoismus verstümmelt sind, weniger menschlich sind

Zwangsstrukturen, die im Mißbrauch des Besitzes oder der Macht, in der Ausbeutung der Arbeiter, in der Ungerechtigkeit im Geschäftsverkehr ihren Grund haben. Menschlicher ist der Aufstieg aus dem Elend zum Besitz des Notwendigen, der Sieg über die sozialen Mißstände, die Erweiterung des Wissens, der Erwerb von Bildung. Menschlicher ist das deutlichere Wissen um die Würde des Menschen, die Ausrichtung auf den Geist der Armut, die Zusammenarbeit zum Gemeinwohl, der Wille zum Frieden. Menschlicher ist die Anerkennung letzter Werte und die Anerkennung Gottes als deren Quelle und Ziel von seiten des Menschen. Menschlicher ist vor allem der Glaube, der als Gottes Gabe freiwillig vom Menschen guten Willens angenommen wird, und die Einheit in der Liebe Christi, der uns alle aufruft, als Kinder am Leben des lebendigen Gottes, des Vaters aller Menschen, teilzunehmen.›»[6]

1971 publizierte der peruanische Priester Gustavo Gutiérrez sein zukunftsweisendes, 1973 auf Deutsch erschienenes Werk *Theologie der Befreiung*. Gutiérrez zentrale These lautet, daß der Glaube an Gott eng mit dem Einsatz für Gerechtigkeit verbunden ist. In der Tat ist Gott ein befreiender Gott, der sich für die kämpfenden Völker einsetzt und sie ermutigt, auch für sich selbst aktiv zu werden. Biblischer Glaube ist nach Gutiérrez «vor allem ein Glaube an einen Gott, der sich in geschichtlichen Ereignissen offenbart und erlösend in die Geschichte eingreift». Der Exodus ist das Paradebeispiel einer solchen historischen Aktivität.[7]

«Nun ist aber die Befreiung aus Ägypten eine politische Affäre. Sie bedeutet das Ende einer Situation, die von Raub und Elend charakterisiert ist, und Beginn des Aufbaus einer gerechten und brüderlichen Gesellschaft. Unordnung wird beseitigt und eine neue Ordnung geschaffen. Die ersten Kapitel des Exodus beschreiben uns die Situation der Unterdrückung, in der das israelitische Volk in Ägypten wie im ‹Sklavenhaus› (13,2; 20,2; Dt 5,6) zu leben hatte: Unterdrückung (1,10-11), entfremdete Arbeit (5,6-14), Demütigung (1,13-14) und zwangsweise Nachwuchsbeschränkung (1,15-22). Da beruft Jahwe einen Befreier: Mose.

‹Ich habe das Elend meines Volkes in Ägypten genau gesehen und sein Schreien über seine Oberaufseher habe ich gehört. Ja, ich kenne seine Leiden. Darum bin ich herabgestiegen, um es aus der Gewalt der Ägypter zu befreien... ich habe auch gesehen, wie hart die Ägypter sie bedrückten. Auf! Schau her! Ich will dich zum Pharao schicken, damit du mein Volk, die Kinder Israels, aus Ägypten führst.› (Ex 3,7-10)»[8]

Cone und Gutiérrez betrachten die «paradigmatischen Erfahrungen des Exodus, die ihre Bedeutung und Aktualität aufgrund ähnlicher geschichtlicher Erfahrungen des Volkes behält» auch als für die Gegenwart entscheidend.[9]

Innerhalb der Dynamik des Exodus und der Propheten kann der historische Jesus in seiner politischen Dimension entdeckt werden. Gutiérrez sieht in ihm einen Menschen, der sich mit den etablierten politischen und religiösen Mächten seiner Zeit auseinandersetzte. Indem er unechte Religion kritisierte, proklamiert er seine Opposition gegen die Reichen und Mächtigen als eine radikale Option für die Armen. Der Prozeß Jesu war ein politischer: «Jesus stirbt in den Händen der politischen Machthaber, die das jüdische Volk unterdrückt halten.»[10] Obwohl sich Jesus zu keiner politischen Gruppierung zählte, weist der Inhalt der Evangelien auf eine tiefere politische Realität hin. Leben und Lehre Jesu postulieren die Suche nach einer neuen Art von Mensch in einer qualitativ anderen Gesellschaft. Obwohl das Reich Gottes nicht mit der Errichtung einer gerechten Gesellschaft verwechselt werden darf, heißt dies nach Gutiérrez nicht, «daß eine menschliche Ordnung für das Reich Gottes bedeutungslos wäre... Auf einer tieferen Ebene heißt das, daß die Ankündigung des Reiches auch das Verlangen nach einer gerechten Gesellschaft offenbar macht und neue Wege und unerwartete Dimensionen entdecken läßt: Die Herrschaft Gottes verwirklicht sich in einer brüderlichen und gerechten Gesellschaft.» Es ist diese Entwicklung, die das Versprechen und die Hoffnung auf eine umfassende Gemeinschaft aller Menschen mit Gott eröffnet.[11]

Asiatische Befreiungstheologie

Christen in ganz Asien erforschen Themen der Befreiung. Koreanische Christen finden die Hebräische Bibel für ihre eigene Identität wichtig. Sie ist auch für die Entwicklung der *Minjung*-Theologie entscheidend. *Minjung* ist das koreanische Wort für zwei zusammengesetzte chinesische Zeichen: *min* heißt *Volk*, und *jung* heißt *die Maße*. Somit bedeutet *Minjung die Maße des Volkes*,

Maße oder einfach *das Volk*. Ihre Entstehung beschreibt der koreanische Theologe Suh Kwang-Sun David folgendermaßen: Die *Minjung*-Theologie entwuchs der Erfahrung eines unter einem ungerechten politischen Regime leidenden Volkes. Sie enthält somit eine soziopolitische Biographie der unterdrückten koreanischen Christen. «*Minjung*-Theologie ist ein Produkt jener Christen, die gezwungenermaßen über ihre christliche Nachfolge in unterirdischen Befragungsräumen nachdenken mußten, in Kriegsgerichtsverfahren, beim Anhören der Anklagen der Staatsanwälte und bei ihrer eigenen, letzten Verteidigung. Sie dachten über ihr christliches Bekenntnis in Gefängniszellen nach, in ihren Briefen an Familien und Freunde, beim Lesen von Büchern, die sie von Freunden aus aller Welt erhalten hatten, in der Arbeitslosigkeit, unter Hausarrest, während permanenter Überwachung ihrer Aktivitäten und bei Besuchen von Freunden.» Aus diesem Leiden und Kämpfen heraus wollen koreanische Christen über das sprechen, was sie gelernt und theologisch reflektiert haben. Sie wollen dies mit den anderen teilen, die in ihrem eigenen, asiatischen, sozialen und politischen Kontext eine relevante Theologie suchen.[12]

Obwohl sich in der Hebräischen Bibel keine exakte Parallele für den Begriff *Minjung* findet, haben Gelehrte die Erfahrungen der alten Hebräer erforscht und Ähnlichkeiten festgestellt. Moon Hee-Suk Cyris ausführliche Analyse der Ähnlichkeiten zwischen der Exodus-Tradition und der *Minjung* zeigt, daß die Hebräische Bibel im wesentlichen dieselbe Glaubensgeschichte darstellt wie die der Minjung-Befreiungsbewegung und daß sie auch die Glaubensaussage der Ebenbildlichkeit des Menschen mit Gott in der Schöpfungserzählung der Genesis teilt. Als die *Minjung* später wirtschaftlich unter die Vorherrschaft der Oberschicht und der Mächtigen geriet, beschrieb die Hebräische Bibel die *Minjung* subjektiv, indem sie sie Volk Gottes nennen und dadurch zu Subjekten der Geschichte machen. So wird die Bedeutung von *Minjung* in ihrer Beziehung zu Gott und ihrem Wohlergehen Gottes eigene Sache. Cyris zieht die Schlußfolgerung, daß *Minjung* heute in der Mitte eines Exodus/Propheten Paradigmas stehe und daß die drei Charakteristika – mit dem Volke leben und sich mit ihm identifizieren, Anwalt der Unterdrückten zu werden und gewöhnlicher Mensch statt professioneller Prophet zu sein – von Mose, Amos und Micha heute noch relevant seien. «Wie Mose, Amos und

Micha müssen wir in Korea uns entscheiden, in die Fußstapfen des wahren Propheten zu treten, indem wir mit dem unterdrückten Volk leben und uns erheben gegen politische, soziale und wirtschaftliche Unterdrückung. An der Umgestaltung unserer Gesellschaft zu arbeiten bedeutet, am Kommen des Reiches Gottes mitzuwirken.»[13]

Jüdische Antworten

Das Judentum reagierte unterschiedlich auf die Geburt der Befreiungstheologie. Die Reaktionen reichten von Ignoranz über Neugierde und Kritik bis zur Ablehnung. Für die Neugierigen verkörpert die Befreiungstheologie die Möglichkeit einer politisch aktiven Kraft, um arme und unterdrückte Völker aufzurichten. Allerdings ist die Kenntnis des Christentums (und des Judentums) in dieser Gruppe oft beschränkt, und demzufolge beobachtet man aus Distanz. Für jüdische Theologen und Leiter von Institutionen kann der Aufschwung der Befreiungstheologie schwieriger sein: einige sehen in dieser Wiederbelebung eine längst bekannte, wenn auch neu gewandete Form von christlichem Triumphalismus. Darüber hinaus deutet die von den Befreiungstheologen erhobene Forderung nach Umgestaltung der Gesellschaft für viele Juden ein Chaos an; sie befürchten, solche Umstrukturierungspläne könnten nur zu totalitären, marxistischen Regimen führen.[14]

Ein weiterer Gedanke verdient beachtet zu werden. Zwar wird in den meisten Befreiungstheologien der jüdische Exodus als Paradigma der Revolution gebraucht, zeitgenössische Juden indes lassen sich in den Werken der Theologen nirgendwo finden. Damit setzt sich eine uralte christliche Tradition fort, wonach das jüdische Volk ‹das Alte Testament› und Jesus überlieferte, dann aber aus der Geschichte verschwindet, da es seine Aufgabe erfüllt hat. Die Verwendung der jüdischen Geschichte ist mit der historischen Unsichtbarkeit der Juden verbunden. So übersahen Befreiungstheologen oft ein Element, das für die Exodus-Erzählung selbst von erstrangiger Bedeutung ist: Sie hat eine Interpretationsgeschichte in jenem Volk, das die Geschichte lebte und sie heute noch lebt.[15]

Das Bestreben, Jesus in die Geschichte des jüdischen Volkes zu stellen und ihn damit gleichzeitig vor der Jenseitigkeit verschiedener christlicher Traditionen zu retten, lenkt aber einmal mehr den Blick in die furchtbare Landschaft der Kreuzigung. Die Anklage für die Verantwortung an der Kreuzigung Jesu ist für das jüdische Volk unauslöschliches Zeichen der vergangenen 1'900 Jahre – Jahre, die in den Todeslagern der Nazi-Zeit gipfelten. Seit dieser Zeit bemühen sich ökumenische Bewegungen, dieses Stigma zu entfernen. In gewisser Hinsicht ist dies mit dem Zweiten Vatikanum gelungen. Doch kommen einige Befreiungstheologen bei der Beschreibung des historischen Jesus wieder gefährlich nahe an dieses Problem heran. Verbunden mit einer militanten christlichen Sozialbewegung erregt dies verständlicherweise Sorge bei den Juden. Dem Zeichen des Kreuzes als Banner für soziale Reform wird mit Skepsis und Angst begegnet.[16]

Die ökumenische Bewegung der letzten 30 Jahre setzte sich vor allem aus gebildeten, der weißen Mittel- und Obermittelschicht zugehörigen, Christen und Juden zusammen, die ein persönliches Interesse an der Erhaltung des politischen Status quo hatten. Der Aufschwung der Befreiungstheologie stellt die religiöse Integrität dieser Christen in Frage, da ihr Glaube eher auf kulturellen Symbolen und ritueller Zustimmung als auf sozio-politischer Veränderung basiert. Haben Juden mit den Menschen, deren Christentum jetzt herausgefordert ist, gesprochen? Ironischerweise sind viele Juden trotz des Holocaust mit der institutionellen Kirche recht zufrieden, wohingegen sie sich mit den christlichen Basisbewegungen schwer tun. Diese Zufriedenheit ist einerseits eng mit der Tatsache verbunden, daß bekannte religiöse Bekenntnisse unbekannten vorgezogen werden, wie andererseits das Judentum manchmal den ihm von katholischen und protestantischen Institutionen gewährten Schutz in Anspruch nahm, die einen moralischen und politischen Einfluß auf die westliche Gesellschaft ausüben. Daß einige ungewöhnliche Allianzen des Christentums und christlicher Institutionen auftauchen können, leistet jüdischer Besorgnis zusätzlich Vorschub.

Der beunruhigendste Aspekt für Teile der jüdischen Gemeinschaft indes ist der Dritt-Welt-Charakter der Befreiungstheologie und die daraus folgende interkulturelle Solidarität. So gehören

Anklagen wegen Imperialismus und Neokolonialismus zum festen Bestandteil dieser Bewegungen, und häufig sind die USA Ziel der Kritik. Aber auch Israel ist in einem nicht geringen Grad auf der Seite der Regierungen in Ländern involviert, in denen äußerst heftige und symbolkräftige Befreiungskämpfe stattfinden, wie weiter oben schon beschrieben. Aus Furcht, die Befreiungsbewegungen könnten nicht nur für Amerika, sondern auch für Israel kritisch werden, beschuldigen einige diese Bewegungen des Antisemitismus.

Die theologischen Reflexionen des Judentums haben nach dem Holocaust im theologischen Bereich keinen Platz für triumphale Sprache. Einerseits erwächst dem Exodus, der Gott als den das Volk von den Fesseln befreienden bezeugt, durch den Holocaust Widerspruch; andererseits läßt die Notwendigkeit der Macht prophetische Stimmen naiv und sogar gefährlich erscheinen. Wenn wahr ist, daß die Christen den jüdischen Exodus und die Propheten für sich beansprucht haben, ohne sich auf die heutigen Erben der Hebräischen Bibel zu berufen, so ist ebenso wahr, daß das Judentum aufgrund seiner Geschichte zurückhaltend auf die Beanspruchung seines eigenen Erbes reagiert.

Es ist folglich klar, daß die Probleme zwischen den christlichen Theologien der Befreiung und der jüdischen Gemeinschaft vielgestaltig und komplex sind. Sie enthalten viele Reibungspunkte und Spannungsfelder, die in die Zukunft hineinreichen werden. Die Frage ist nicht, so scheint es, wie die Spannungen überwunden werden können, sondern vielmehr, wie sich konstruktiv mit ihnen umgehen läßt. Die Wahl, in diesem Kampf mit und für die Herrschenden zu sein, erscheint sicherer und weniger schwierig als die Wahl, sich zu denen zu begeben, die Gemeinschaft suchen. Denn diese beinhaltet die Förderung einer Wechselbeziehung, die sowohl christliches wie jüdisches Welt- und Selbstverständis verändern könnte. Indem wir uns im Kampf für Gerechtigkeit einsetzen, werden wir Juden vielleicht die andere Seite unserer Geschichte entdecken.

Die theologische Aufgabe des Dialogs zwischen dem Nach-Holocaust-Judentum und den aufblühenden Befreiungstheologien scheint zunächst mit einer Konfrontation belastet zu sein: ein Gott , unfähig das Volk im Holocaust zu retten, steht gegen einen Gott, der das Volk in die Freiheit und zu Gerechtigkeit führt. Oder, falls Israel als ein Zeichen der Erlösung irgendwie mit Gott verbunden ist, so bleibt diese Verbindung verborgen, während die christlichen Befreiungstheologen kühn den Aufbau des Reiches Gottes proklamieren. Bei genauerer Analyse jedoch stehen dem triumphalen Zug in der Befreiungstheologie vermehrt Tendenzen des Zweifels in der religiösen Sprache entgegen. Denn die Befreiung der Unterdrückten ist wie die Erfahrung in den Konzentrationslagern nicht ein oberflächliches Zeugnis für oder gegen religiöse Gewißheit, sondern ein Test für die Treue Gottes und für den menschlichen, durch Verlassenheit und Tod gezeichneten Kampf.

Den Befreiungskämpfern fehlt die theologische Sprache immer mehr. Der Spanier Joan Casañas, der seit langem in Chile lebt, beschreibt die Kluft zwischen revolutionärer Aktivität und theologischer Sprache im faszinierenden Essay *The Task of Making God Exist*. Er beginnt mit der Frage: «Aktivist, was siehst du in der Nacht?» Er zitiert ein Gespräch mit christlichen Aktivisten nach dem Sturz von Allendes Regierung 1973, kurz vor Beginn des Massakers am chilenischen Volk.

> «Wir diskutierten die Wichtigkeit der religiösen Sprache und der Ausdrucksweisen des christlichen Glaubens, welche die Chilenen, die Mehrheit von ihnen Gläubige, in den Kampf einbauten, der sich damals in ihrer Heimat abspielte. Wir kamen zum folgenden Schluß: Es besteht keine Notwendigkeit, den Menschen zu sagen, Gott sei mit ihnen, und er werde ihnen helfen, die Verschwörung der Rechten zu besiegen. Es besteht auch keine Notwendigkeit, den Leuten zu sagen, Gott sei ihr Freund und werde sie retten. Denn je mehr sich ein Volk organisiert und für den Sozialismus kämpft, umso mehr realisiert es, daß niemand außerhalb seiner Welt, nicht einmal Gott, etwas für die Befreiung des Volkes tut außer dem, was das Volk selbst unternimmt. Es wäre besser für uns, über das, was Gott ist und was er tun kann, zu schweigen.»[17]

Das Problem besteht darin, daß die meisten Theologen, einschließlich Befreiungstheologen, die Erfahrungen der Kämpfer für Gerechtigkeit in theologische Kategorien einpassen wollen, in Kategorien also, zu denen die Leute selbst keine Beziehung mehr haben. Aber die Aktivisten wollen wissen, «was wir durchleben und sehen, und was uns heute zugestoßen ist; nicht was uns als gutsein gelehrt worden ist oder was wir unter religiöser Treue zu verstehen und zu bejahen hätten.» Casañas wählt als konkretes Beispiel dafür das Bittgebet.[18]

86

«Sowohl einzelne wie auch Gruppen – in der Praxis des revolutionären Glaubens bewährt, mit wirklicher Liebe zu den Unterdrückten, die Offenheit für die Transzendenz lebend, die im Evangelium zur Sprache kommt – fühlten sich nicht wohl mit einem Gebet, in dem sie Gott um Dinge bitten, auch wenn diese Bitten Gerechtigkeit oder Kraft für ihren Kampf betreffen. ... Eine kleine alte Frau aus der christlichen Gemeinde in meiner Nachbarschaft, eine Arbeiterin, die während ihres ganzen Lebens ausgebeutet worden war, sah den Konflikt in unserer Gesellschaft sehr scharfsinnig. Sie bemerkte in einer Andacht: ‹Ja, wir haben Gott darum gebeten, er möge Gerechtigkeit kommen und Somoza gehen lassen, doch er erhörte uns nicht.› Ich glaube, diese Aussage nimmt es mit den brillantesten von Theologen geschriebenen Seiten auf, die über Gott und wie er mit uns umgeht handeln. Sie war nicht sarkastisch wie die Rationalisten, die über Gott theoretisieren, doch die Enttäuschung dieser armen, ausgebeuteten Frau war spürbar. Sie hat nichts gegen Gott, aber sie fühlt, daß Gott nicht so sein sollte, wie er normalerweise gedacht und gelehrt wird.»[19]

Casañas lehnt das Reden über die Allmacht Gottes ab, wie er auch die neueren Theorien über den gekreuzigten Gott verwirft, der sich weigert, mit Gewalt zu handeln und statt dessen mit dem Volk bis zur Befreiung leidet. Der Grund für die Ablehnung dieser theologischen Kategorie ist ähnlich wie jener für das Bittgebet: revolutionäre Aktivisten sehen diese Art von Gott nicht in der Nacht.[20]

Direktes Wissen über Gott ist, vor allem in einer ungerechten Gesellschaft, für Casañas unmöglich. Denn jene, welche die Präsenz Gottes in einer ungerechten Gesellschaft postulieren, betrachten ihn oft als deren Legitimator. Wie aber kann eine solche Sicht von Gott akzeptiert werden? Theismus wird zu einer Form von Idolatrie, zu einer Verehrung falscher Götter. In diesem Fall ist ein gewisser Atheismus notwendig als Weigerung, an einen die Unterdrückung sanktionierenden Gott zu glauben. Die Theologen aber, welche die meisten Theismen als Idolatrie betrachten, machen immer noch Einschränkungen gegenüber jenen, die Gott durch revolutionäre Aktivität suchen.

«Wenn jene, die heute für konkrete Gerechtigkeit kämpfen und sterben der Gerechtigkeit also, die vom Kapitalismus verhindert wird – nicht von Gott sprechen und ihn beispielsweise nicht als Vater erleben, so wird gedacht und gesagt selbst von den fortschrittlichsten Theologien oder pastoralen Dokumenten, daß ihnen etwas fehle. Es heißt, sie sollten evangelisiert werden, wir hätten eine Botschaft für sie, und wir wüßten etwas über Gott, das sie nicht wüßten. Es scheint mir, daß wir uns in einen schwerwiegenden Widerspruch zwischen dem Wissen aus bewußter Praxis und dem Wissen aus angelernten und religiös akzeptierten Wahrheiten hineinmanövrieren. ... Wenn viele, die selbstlos für die Befreiung des Volkes kämpfen und sterben (d.h. sich in einer optimalen Situation befinden, um Gott kennenzulernen), nicht entdeckt haben, daß Gott existiert und unser Vater ist, wäre es dann nicht möglich, daß diese Botschaft nicht so klar ist, zumindest in ihrer Formulierung, wie es uns zunächst schien? Wurde das, was viele Aktivisten nicht entdeckt haben, als sie ihr Leben für die Unterdrückten hingaben, etwa von Videla, Pinochet, Somoza oder den ihnen treu ergebenen Bischöfen entdeckt? Hat irgendein Apostel es ihnen gesagt, und sie glaubten es mit Leib und Seele? Ist es so leicht, etwas über Gott zu wissen in einer Welt, in der Ungerechtigkeit so üppig gedeiht?»[21]

Casañas beschreibt ein neues Verständnis von Treue, eine Ausweitung der Sprache und eine Schaffung von Begriffen im Kampf um Gerechtigkeit. Unter solchen Bedingungen ist die Gottesgewißheit keineswegs so sicher, wie auch die absolute Ablehnung Gottes zu hinterfragen ist. Denn für die einen verhindert die religiöse Tradition den revolutionären Kampf; andere bewundern ihr Fortdauern im Volk als eine Quelle der Stärke in Zeiten der Not, und für wieder andere vermittelt die Tradition Ansatzpunkte für einen möglichen Wiederaufbau. Casañas Standpunkt aber ist, daß jene, die jetzt kämpfen, wachsen mit den Einsichten, die ihnen im Moment zufallen, und daß der Weg der Treue durch die Tiefen der Geschichte führt.

«Da ist der kolumbianische Guerillero, der oft mit einigen seiner Kameraden den Rosenkranz betet. Und ein anderer stellt sich gegen alle religiösen Gefühle, selbst gegen eine Offenheit für Transzendenz, aus der großen Furcht heraus, er würde einem solchen Entzücken erliegen, daß ihm ein Engagement im Kampf unmöglich würde. Ein weiterer scheint kalt und unempfänglich allen nur möglichen Symbolen, der Poesie und Mystik gegenüber, paßt sich jedoch bereitwillig und ernsthaft all dem an, was die Umstände erfordern, damit die Befreiung Wirklichkeit werde. Dann gibt es den Montonero-Führer, der nach Jahren in Gefängnis und Exil am vierten Jahrestag der Ermordung Miguel Enríquez an einem Gottesdienst teilnahm und offen sagte, daß seine Flucht aus dem Gefängnis und aus Argentinien ein Geschenk Gottes gewesen sei. (Niemand wagte ihn zu fragen, was denn Miguel Enríquez Tod von Seiten Gottes war.) Ein anderer besuchte diese Messe aus taktischen Gründen nicht. Er fürchtete, seine

Anwesenheit könnte als Kompromiß mit der religiösen Sprache und der Symbolwelt interpretiert werden, für ihn eine Art von Magie. Ein anderer schließlich ging aus Solidarität hin. Er beobachtete, hörte zu und ging, wobei er bemerkte, daß dies alles nicht so schlecht gewesen sei und daß es etwas Authentisches gehabt habe. Die ungläubigen Verwandten und politischen Führer, die in der Messe gesprochen hätten, seien aber glaubwürdiger gewesen als die Priester mit ihren Predigten und Gebeten.»[22]

So wie sich Casañas wegbewegt von einem triumphalen Christentum hin zu einem, welches offen ist für die aus Kampf und Tod stammenden Einsichten, so kommt auch die jüdische Erfahrung des Holocaust ins Blickfeld. Zwar verschwand der Glaube im Holocaust nicht, doch seine Gewißheit schwand. Der Exodus und die prophetischen Traditionen stehen einem Grauen gegenüber, das alte Prinzipien und Glaubenssätze niederschmettert. Wenn Casañas beginnt mit der Frage: «Aktivist, was siehst du in der Nacht?», so stellt der Holocaust für die jüdischen Opfer eine ähnliche Frage. «Was habt ihr in der Nacht gesehen?» Ist es möglich, daß das Wiedererzählen der Nacht-Vision der Holocaust-Opfer uns befähigt, die Basis für einen Dialog mit jenen zu schaffen, die heute voll Angst und Zittern in die Finsternis starren? Könnte es sein, daß wir in der Nacht nicht allein sind, sondern daß Schwestern und Brüder in einer neuen Kontinuität des Kampfes und der Bestätigung mit uns sind? Das wäre eine retrospektive Solidarität über religiöse und geographische Grenzen hinaus, die auf eine echte, starke Solidarität in der Zukunft hinweisen könnte. Indem wir zusammen die Nacht ergründen, können wir vielleicht damit beginnen, uns eine umfassendere Tradition von Glaube und Kampf vorzustellen, die zu den vergangenen Greueltaten steht. Sie wäre kühn, da sie die Erfahrungen der Leute zur Sprache kommen läßt – frei von religiösen und politischen Zwängen, kurz es wäre eine Tradition, die die Realität der Nacht zu Wort kommen ließe.[23]

In jener Nacht, von der Casañas spricht, ist die Nacht des Holocaust stets präsent. Die Finsternis umhüllt viele Völker. Sie sind verschieden, jedes mit seiner eigenen Geschichte und Stimme, und doch sind sie auch ähnlich, verbunden durch Unterdruckung und Widerstand, Verlassenheit und Bestätigung, Gebet und Verneinung. In der Nacht indes, wenn auch nur einen Moment, sind sie eins.

Als Zeugen der Realität von Tod und Verlassenheit seien zunächst eine jüdische Mutter aus Osteuropa und dann ein Gemeindehelfer aus Guatemala zitiert.

«Als ich zu dieser Stelle kam, sahen wir nackte Leute in Reih und Glied. Doch wir hofften immer noch, dies sei bloß eine Folter. Vielleicht gibt es Hoffnung – Hoffnung zu leben. ... Man konnte die Gruppe nicht verlassen, doch ich wollte sehen, was sich auf dem kleinen Hügel tat. War da jemand am Boden? Ich drehte meinen Kopf und sah, daß drei oder vier Menschenreihen tot auf dem Boden lagen. Es waren einige Dutzend Tote. Ich möchte auch erwähnen, was meine Tochter sagte, während wir im Ghetto in der Reihe standen. Sie sagte: ‹Mutter, warum mußte ich das Sabbatkleid anziehen? Wir werden erschossen werden.› Und als wir nahe beim Schützengraben, nahe beim Grab standen, sagte sie: ‹Mutter, warum warten wir? Laß uns rennen!› Einige der jungen Leute versuchten zu rennen, doch sie wurden sofort gefaßt und auf der Stelle erschossen.

Ich hielt meine Tochter in den Armen und rannte zum Lastwagen. Da waren Mütter mit drei oder vier Kindern. Sie hielten sie in ihren Armen und rannten zum Lastwagen. Wir rannten den ganzen Weg. Einige fielen hin. Es war uns nicht erlaubt, ihnen aufzuhelfen. Sie wurden gleich erschossen, wo immer sie hinfielen. ... Als wir alle unseren Bestimmungsort erreicht hatten, waren die Leute schon vom Lastwagen heruntergestiegen und nackt. Sie standen in Reih und Glied. Meine ganze Familie war da, nackt, in Reih und Glied. Die Leute vom Lastwagen, jene, die vor uns angekommen waren. ... Als wir an der Reihe waren, wurde unser Vater geschlagen. Wir beteten. Wir baten ihn, die Kleider auszuziehen, doch er wollte seine Unterwäsche anbehalten. Er wollte nicht nackt dastehen. Dann rissen sie dem alten Mann die Kleider weg, und er wurde erschossen. Ich sah es mit meinen eigenen Augen. Und dann nahmen sie meine Mutter, und meine Tochter sagte: ‹Laß uns vor sie stehen!› Doch sie nahmen Mutter und erschossen auch sie. Dann war die Reihe an meiner Großmutter, der Mutter meines Vaters; sie war 80 Jahre alt und trug zwei Kinder auf ihren Armen. Darauf folgte die Schwester meines Vaters. Auch sie trug Kleinkinder in ihren Armen und wurde zugleich mit ihnen erschossen. ...»[24]

«Wir flohen den ganzen Tag. Wir rannten und suchten die Schlucht. Wir sammelten alle Verletzten der anderen Dörfer. Es waren viele, hauptsächlich Frauen und kleine Kinder. Wir versteckten uns in den Bergen, doch die Kleider der Frauen waren bunt, und so konnten sie uns aus den Helikoptern sehr gut sehen. Wir sahen, wie sie kreisten und uns umzingelten. Sie begannen, die Leute mit Maschinengewehren zu beschießen. Der einzige Ausweg für uns bestand darin, uns in die ziemlich steile Schlucht zu werfen. Wir rannten unentwegt zum

Berg und fielen und fielen. Die kleinen Kinder rannten allein. Sie wurden zurückgelassen und gingen unter so vielen Menschen verloren. Alle riefen ‹Mama, Mama!› Eine Frau schrie; sie schrie viel in der Quiché-Sprache. Ich verstand nicht genau, was sie sagte. Jemand sagte zu mir: ‹Sie schreit, weil ihr Kind getötet wurde.› Ich hatte das kleine Mädchen gesehen. Es war vor fünfzehn Tagen geboren worden. Die Frau hatte das Kind auf dem Rücken getragen. Sie fiel hin, als sie rannte, und fiel auf das Kind. Es war getötet. Sie sagte: ‹Gott wird mich strafen. Ich habe eine große Sünde auf mich geladen, weil ich mein Kind getötet habe.› Eine andere Frau sagte: ‹Gott ist nicht mit uns, Gott hat uns im Stich gelassen. Wir haben nichts Schlechtes getan, wir haben nicht viel verlangt. Warum läßt Gott uns jetzt im Stich?›» [25]

Gemeinschaft kann auch im Widerstand gefunden werden. Zwei nicaraguanische Bauern diskutieren ihre Entwicklung zum bewaffneten Widerstand während der Somozadiktatur; ein Kämpfer aus dem Warschauer Ghetto macht dasselbe.

«Alejandro: – Wenigstens ein Satz ist hier völlig klar: ‹Habt keine Angst vor den Menschen!› Damit ist die Angst gemeint, daß sie einem etwas antun könnten. Und wann können sie einem etwas antun? Wenn man gegen gewisse Systeme ist, gegen gewisse Ungerechtigkeiten... Jesus verbietet uns hier also ganz klar, Angst davor zu haben, die Wahrheit zu sagen, selbst wenn wir unser Leben damit aufs Spiel setzen. Für die Gerechtigkeit müssen wir alles aufs Spiel setzen. Den Körper können sie töten, aber die Sache, für die wir kämpfen, können sie nicht töten.

Ein anderer der Jungen: – Da stimme ich mit dir überein, Alejandro: Unser Regime hier in Nicaragua macht mit uns, mit dem Volk, was es will, und wir halten aus Angst den Mund und kämpfen nicht gegen diese Ungerechtigkeit. Hier wird uns gesagt, wir sollten keine Angst haben, sondern gegen alle Ungerechtigkeit kämpfen. Was macht es schon, wenn wir dabei sterben? Sie können uns den Körper nehmen, aber nicht die Seele. Ich glaube also, hier wird uns gesagt, daß wir kämpfen sollen, kämpfen und uns nicht einfach unterordnen.» [26]

Der Kämpfer aus dem Warschauer Ghetto schreibt:

«Die Zahl unserer Verluste, d.h. die Opfer von Schießereien und Feuern, in denen Männer, Frauen und Kinder umkamen, ist überaus groß. Unsere letzten Tage kommen. Doch solange wir Waffen haben, werden wir kämpfen und Widerstand leisten. Wir haben das deutsche Ultimatum zurückgewiesen, mit dem unsere Kapitulation verlangt wurde. Im Wissen, daß unser Tag gekommen ist, verlangen wir von euch, daß ihr euch erinnert, wie wir verraten wurden. Was wir erlebt haben, kann nicht in Worte gefaßt werden. Wir wissen nur eines: Was geschehen ist, hat alle unsere Träume überstiegen. Die Deutschen rannten zwei mal aus dem Ghetto. ... Ich glaube, daß große Dinge geschehen, daß das, was wir gewagt haben, von sehr großer Wichtigkeit ist. Heute abend gehen wir zur Partisanentaktik über. ... Laßt es euch gut gehen, meine Lieben. Vielleicht sehen wir uns wieder. Doch was wirklich zählt, ist, daß sich der Traum meines Lebens erfüllt hat. Jüdische Selbstverteidigung im Warschauer Ghetto ist ein Faktum, bewaffneter jüdischer Widerstand und Vergeltung sind Realität geworden. Ich war Zeuge des wunderbaren, heroischen Kampfes der jüdischen Kämpfer.»[27]

Das Gebet wird zum Akt der Bestätigung, ein Präludium zum Martyrium. Wie ein Augenzeuge berichtete, bereitete sich Shlomo Zlichovsky, ein polnischer Jude und Lehrer, ähnlich auf den Tod vor wie der salvadorianische Erzbischof Oscar Romero.

«Dann, endlich, wurden Vorbereitungen für die Erhängung getroffen. Auch ich schaute in das Gesicht von Shlomo Zlichovsky. Es lächelte mit Freude. Ich stand auf dem überfüllten Platz, mitten unter gedemütigten jüdischen Menschen. Doch plötzlich schwebte ein Geist der Ermutigung über uns. Die Galgen waren reihenweise angeordnet; unter jedem stand ein Stuhl bereit. Die Deutschen beeilten sich nicht. Es wäre ja schade, nur einen Augenblick dieses Schauspiels zu vergeuden. Doch Shlomo Zlichovsky sang immer noch und feuerte sie an: ‹Nu!› (Los, kommt!) und sprang auf den Stuhl, um seinen Kopf in die hängende Schlinge zu legen. Einige Augenblicke verstrichen. Tödliche Stille legte sich über den Marktplatz, ... eine Stille, die ihre Erlösung fand, als Shlomo Zlichovsky mit mächtiger Stimme das triumphierende *Schema Yisrael* schmetterte. Wir schwebten alle; wir waren alle außer uns. Wir schrien ... ohne Stimme; weinten ... ohne Tränen; richteten uns auf ... , ohne uns zu bewegen; und riefen alle zusammen aus tiefster Seele: ‹Schema Yisrael› (‹Höre, Israel: Der Ewige, unser Gott, der Ewige Einer› [Dtn 6,4ff]).»[28]

Romero schrieb:

«Mein Leben ist manchmal bedroht worden. Ich kann sagen: als Christ glaube ich nicht an einen Tod ohne Auferstehung. Wenn sie mich töten, werde ich auferstehn im Volk von El Salvador. ...Sollten sie so weit gehen und ihre Drohungen ausführen, so will ich Gott schon jetzt mein Blut anbieten für Gerechtigkeit und Auferstehung in El Salvador.... Ein Bischof wird sterben, aber die Kirche Gottes, das ist die Kirche des Volkes, wird nie verschwinden.»[29]

Die in der Nacht gefundene Gemeinsamkeit schwächt die Einmaligkeit des historischen Ereignisses nicht, wie sie auch nicht einen oberflächlichen Universalismus fördert. Ganze Bücher wurden über die absolute Einzigartigkeit des Holocaust geschrieben. Aber werden nicht auch die während des afrikanischen Sklavenhandels ums Leben Gebrachten in die Millionen geschätzt; ein einzigartiges Ereignis eines Massentodes, ein Holocaust von immensem Ausmaß für das afrikanische Volk damals und heute? Ist nicht für den Bauer in Guatemala, vor allem für die indianische Urbevölkerung, die kontinuierliche Abschlachtung des eigenen Volkes und die Dezimierung der Urbevölkerung auf dem ganzen amerikanischen Kontinent während Jahrhunderten, auch ein einziger Holocaust? Haben wir westlichen Juden nicht an ihm teilgenommen und von ihm profitiert? Amerika mag als sicherer Hafen für das jüdische Volk gelten. Doch ist es dies auch für die Indianer und die Schwarzen? Die Gegenwart bietet ein bestürzendes Bild: als Juden profitieren wir noch immer von einer rassistischen Gesellschaft in Amerika und bauen eine derartige Gesellschaft auch in Israel auf. Wir unterstützen in alarmierendem Ausmaß eine Politik in den USA und in Israel, die den kontinuierlichen Holocaust in Zentralamerika und in Südafrika stärkt.[30]

Die Rolle der USA bei den Greueltaten in Zentralamerika und bei der Unterstützung des Apartheidregimes in Südafrika in Vergangenheit und Gegenwart ist gut dokumentiert. Die Rolle Israels jedoch ist innerhalb der jüdischen Gemeinschaft relativ unbekannt, obwohl sie immer besser belegt ist. Solche Operationen sind oft unangekündigt und verdeckt, diktiert durch die Sachzwänge des Überlebens. Doch einige jüdische Menschen beginnen über diese Politik zu sprechen und zu schreiben. Sie sehen dieses Vorgehen als Komplizenschaft mit dem Bösen und als Verunglimpfung ihres eigenen Volkes. Wenn wir das Leiden anderer Völker in der Nacht ebenso gut sehen lernten wie unser eigenes, so müßten wir uns unseren gegenwärtigen Beitrag zu diesem Leiden ehrlich eingestehen. Und wenn es wahr ist, daß die Sprache des Exodus und der Propheten angesichts unserer Erfahrung des Holocaust hohl klingt, sind wir dann zur Suche einer neuen religiösen Sprache legitimiert, während wir gleichzeitig zum Leiden anderer beitragen?

Victor Perera, ein sephardischer Jude, der in Guatemala aufwuchs und in Israel lebte, schrieb verschiedene Artikel, in denen er das Engagement Israels in Guatemala seit 1977 genau untersuchte. Jane Hunter faßt sie in ihrem monatlichen Forschungsbericht in *Israeli Foreign Affairs* kurz zusammen. Perera berichtet lebhaft über das Leiden des guatemaltekischen Volkes: z.B. wurde eine vierköpfige Familie bei einem Verhör über Verschwundene mit einem *Uzi*-Maschinengewehr getötet. Ein Genozid an den Maya-Indianern droht diese auszulöschen. Das Hochland, in dem die meisten von ihnen leben, wird gleichsam mit einem eisernen Besen gesäubert, um die Kontamination durch die Guerilleros auszulöschen. Sein Artikel weist genau auf jenes Ziel ein, das Israel mit der Unterstützung des guatemaltekischen Regimes anstrebt.

«– Die bedeutenden Waffenlieferungen von *Galil*-Sturmgewehren, *Arava-counter-insurgency*-Flugzeugen, Panzerwagen mit dazugehöriger Ausrüstung, die die Fortsetzung der blutigen Militäraktionen ermöglichten, nachdem die Carteradministration, in der Hoffnung, die Verstösse gegen die Menschenrechte würden zurückgehen, der Militärhilfe an Guatemala ein Ende gesetzt hatte.

– Die Installation eines Computersystems, das subversive Elemente im Auge behält sowie eines Computersystems (dieses wurde hergestellt durch die bedeutende Elektronikfirma Tadiran, die auch der weißen Minderheit in Südafrika Hochsicherheitstechnologie lieferte), das den Wasser- und Stromverbrauch sowie die Telefonbenützung mißt und es auf diese Weise der Armee ermöglicht, Häuser mit hoher Aktivität aufzuspüren.

– Die Ausbildung loyaler Soldaten für General Efraín Ríos Montt (wofür Israel am US-Fernsehen herzlich gedankt wurde), als dieser die vorhergehende Militärregierung stürzte und danach den Plan Victoria 82 entwickelte.

– Die Ausbildung und Motivierung von guatemaltekischen Offizieren zum Bau der neuen Modelldörfer, die mit beauftragten Bürgerwehren zusammen eine totale Kontrolle über die Einwohner ausüben sollen. Inspiriert durch israelische Agrartechnologie und eine abgewandelte Anpassung der sozialen Organisation des israelischen Kibbuz sollen die Modelldörfer als vertikal-integrierte Fabriken für Tiefkühlkonserven funktionieren. Auf diesen staatlichen Plantagen soll die gefangene Bevölkerung Broccoli, Spargeln, Wassermelonen, und ein Dutzend anderer, für den Export lukrativer Pflanzen anbauen.»[31]

Die Beziehungen Israels zu Nicaragua sind nur wenig besser. Nach fast dreißigjähriger Unterstützung der Somoza-Dynastie (mit Waffenverkäufen bis zu deren Ende 1979) begann Israel schon 1983 die Contras zu unterstützen, die für den Tod von mehr als 12'000 nicaraguanischen Bürgern verantwortlich waren. Einige Beispiele:

– Im Juli 1983 erhielt Pastora 500 AK-47 Gewehre aus Israel via Venezuela. Diese Waffen kamen aus einem großen Versteck, das Israel 1982 im Libanon entdeckt hatte.

– FDN-Sprecher Edgar Chamorro Coronel sagte, daß seine Truppen im Oktober 1983 2'000 Gewehre, die meisten vom Typ AK-47, aus Israel bekommen hätten. Er erklärte, die Transaktion sei durch einen privaten Waffenhändler erfolgt. Chamorro unterstrich, daß nur eine einzige solche Lieferung erfolgt sei.

– Am 21. Juli 1983 enthüllten Beamte der Reagan-Administration, daß Israel auf Verlangen der USA seit kurzem Waffen aus dem Libanon nach Honduras liefere. Darunter seien Artilleriewaffen, Granatwerfer, Minen, Handgranaten und Munition.

– Am 25. April 1984 bestätigten US-Beamte in Honduras, daß die Contras Waffen aus Israel erhielten. Fünf Monate später bemerkten Beamte in Washington erneut, daß die Contras private Hilfe aus Israel und anderen Ländern bekommen hätten. Das Nachrichtenmagazin *Time* berichtete, daß «Israel über die honduranische Armee Waffen zu den Contras schmuggle», und nach dem renommierten *Latin American Weekly Report* hatte der CIA die Rechnung für alle israelischen Waffenlieferungen zur See bezahlt.

– Bob Woodward schreibt in der *Washington Post*, daß die Contras wohl auch ihre eigenen Arrangements über Waffenlieferungen mit Israel getroffen hätten.

– Die Contras profitierten zudem von Experten des israelischen Geheimdienstes, «Pensionierten oder Reservisten des israelischen Armeekommandos, ... über Strohfirmen angestellt.» Werber offerierten in Israel Spitzenlöhne von 6'500 bis 10'000 US-$ pro Monat. Ehemalige Offiziere der argentinischen Armee erhielten 5'700 US-$.[32]

Als im Mai 1985 die Hilfe der USA an die Konterrevolutionäre langsam zu Ende ging, verstärkte die israelische Regierung die materielle Unterstützung ebenso wie die militärische Beratertätigkeit.[33]

Die Beziehungen zwischen Israel und Sudafrika sind älter und weitreichender: sie umfassen die Zusammenarbeit in wirtschaftlichen, militärischen, nuklearen, wissenschaftlichen und akademischen Angelegenheiten, wie auch auf den Gebieten von Energie, Tourismus, Kultur, Sport, Transport, Landwirtschaft und Geheimdienst. Von allen Arten der Zusammenarbeit ist die militärische für Südafrika am wichtigsten.[34]

Obwohl Israel einst festhielt, es würde das Waffenembargo der UNO gegenüber Südafrika aus dem Jahr 1977 weiterhin unterstützen, ist spätestens seit 1983 seine Verletzung des Abkommens allgemein bekannt. Wie Jane Hunter dokumentiert, hat Südafrika israelische Waffen gekauft: Angriffsboote, ausgerüstet mit Schiff-Schiff-Raketen, Patrouillenboote, Kampfflugzeuge, Radarstationen, elektronische Zäune, Infiltrations-Alarmsysteme und Nachtsichtgeräte. Zudem versprach Südafrika, bei der Finanzierung von israelischen Waffensystemen zu helfen, vor allem bei der Entwicklung des *Lavi*-Kampfbombers für die Neunzigerjahre. Israelis bildeten Südafrikaner in allen Bereichen aus, vom Schiffsbau bis zur Partisanenabwehr: «Beobachter haben verblüffende Ähnlichkeiten zwischen der Technik der Israelis und der Südafrikaner festgestellt.» Die Zusammenarbeit zwischen Israel und Südafrika bei der Entwicklung von Atomwaffen ist seit einigen Jahren bekannt und geht weiter.[35]

Im Juli 1985 traf sich Shimshon Zelniker, Direktor der Abteilung für Sozialwissenschaften am *College der Labor Party,* mit dem Nobelpreisträger Bischof Desmond Tutu und anderen Schwarzenführern in Südafrika. In einem Artikel in der *Jerusalem Post* berichtete Zelniker, daß die Schwarzenführer die Zusammenarbeit Israels mit dem weißen Minderheitsregime Südafrikas heftigst kritisiert hätten. Sie hätten auch von Ähnlichkeiten zwischen der südafrikanischen Apartheid und der Sache der Palästinenser auf der West Bank und im Gaza-Streifen gesprochen. Bischof Tutu habe sich gewundert, wie Juden ein Monopol auf den Holocaust suchen könnten und sich doch gleichzeitig weigerten, die faschistische Natur der Apartheid zu verstehen.[36]

Es ist wichtig, diesen riesigen Wandel der jüdischen Perspektive zu begreifen, den Bischof Tutu in der Unterstützung Israels für das Apartheidregime konstatiert, ein Wandel, der auch für die Situation in Guatemala und Nicaragua gilt. Unglücklicherweise sind dies wohl kaum die einzigen Beispiele, die hier zu nennen wären. Die drei Hauptgründe für eine solche Politik sind im Zusammenhang mit der Wirtschaft, der Verteidigung und der immer mehr an Bedeutung gewinnenden Ersatzrolle Israels für US-Interessen zu sehen. Das ist zweifelsohne eine beachtenswerte Rückzahlung für die von den USA gewährte massive Unterstützung Israels, die sich vier Milliarden Dollars im Jahr nähert. Doch wenn das nackte Überleben als Grund für die Unterstützung Hitlers im Zweiten

Weltkrieg geltend gemacht wird oder wenn man sich, aus welchem Grund auch immer, still oder neutral verhielt, so reicht dies als Grund für eine gerechtfertigte Verurteilung. Sogar jene Amerikaner, welche die Lager befreien halfen, werden angeklagt, sich nicht aktiv genug für eine Politik zur Rettung der Juden eingesetzt zu haben. Ebenso wird aber auch die jüdische Gemeinschaft in Amerika und Palästina nicht ausgenommen vor Untersuchungen solcher Art. Und doch verfolgt die israelische Regierung mit Hilfe vieler amerikanischer Juden aus Gründen der Staatsraison eine Politik, die den Unterdrückten ganz ähnlich erscheint. Bischof Tutu sieht sofort eine Ähnlichkeit zwischen dem jüdischen Holocaust und der Apartheid. Das aber begreifen viele Mitglieder der jüdischen Gemeinschaft nicht mehr, zumindest was praktische politische und militärische Aktionen betrifft.[37]

Religiös formuliert: die Unfähigkeit, die Verbindung zwischen unseren eigenen Leiden und den Leiden anderer zu sehen, mag mit einer modernen Form des Götzendienstes zusammenhängen. Diese alte jüdische Einsicht, darin dem Exodus und den Propheten gleich, ist im zeitgenössischen Judentum langsam verschwunden, durch christliche Befreiungskämpfe wurde sie wiedergewonnen.

Götzenverehrung hat mindestens zwei Aspekte: Das Problem des kultischen Bildes von Gott und die Verehrung von anderen, falschen Göttern. Pablo Richard, ein chilenischer Bibliker und Soziologe, versteht den ersten Aspekt der Götzenverehrung als radikalen Ruf zur Befreiung, begründet in der Exodusgeschichte. Die Bejahung der Transzendenz Gottes ist gleichzeitig eine Bejahung des göttlichen Planes, das Volk zu befreien. Sich der Arbeit für Befreiung zu verweigern, ist ein Akt der Götzenverehrung und zwar nicht im Sinne der Verehrung falscher Götter, sondern Götzendienst, wie er auch als Verehrung des wahren Gottes möglich ist. «In Ex 32 offenbart Gott seine Transzendenz als Befreiungsgott und nicht als Tröster-Gott der Unterdrückten, etwa damit sie sich mit ihrer Rolle als Unterdrückte zufrieden geben. Die Verehrung eines solchen Tröster-Gottes ist Götzendienst; der Thronsitz, von wo aus er regiert bzw. wo seine Anwesenheit unter den Menschen dargestellt wird, ist das Gold; das Gold ist seinerseits Symbol der Herrschaft.» Gleichzeitig bezeichnet er den Unterdrücker auch als Götzendiener. Sowohl der unterworfene Mensch wie der Unterdrücker «sind Götzendiener, die die Offenbarung der befreienden Transzendenz Gottes entstellen und pervertieren».[38]

Die prophetische Kritik trifft den zweiten Aspekt der Götzen-verehrung: Sie weigern sich, andere Götter (also nicht den wahren Gott) anzubeten. Die falschen Götter sind Herrschaft und exzes-siver Materialismus; sie nehmen eine transzendente Qualität an, die den befreienden Gott ersetzt. Nach Richard illustriert Jes 46,1-7 dieses Verständnis. «Die zentrale Idee ist, daß die Götzendiener ihre Götzen ‹tragen› müssen, während das gläubige Volk von Jahwe getragen, mitgenommen, befreit wird.»[39]

Die Christliche Bibel übernimmt und vertieft dieses Verständ-nis der Götzenverehrung. Richard wertet die transzendente Prä-senz Gottes in den Menschen, der Natur und der Geschichte als die radikalste Kritik der Götzenverehrung. Diese transzendente und befreiende Präsenz Gottes in der Geschichte steht im Gegensatz zu allen götzendienerischen Praktiken und jeder Produktion von Götzen; denn Gottes befreiende Taten sind jetzt in der Geschichte offenbart worden. Andererseits wird Götzendienst durch die Zerstörung der Menschen und der Natur in dem Maße offenbar, wie die Menschen Götzen schaffen, die es ihnen erlauben, Macht und Werte zu manipulieren und sie gegen andere Menschen zu benutzen.[40]

Der interessanteste Aspekt bei der von Richard und anderen christlichen Befreiungstheologen geführten Diskussion über Ido-latrie ist, daß sie den Götzendienst in der Bibel mit Situationen politischer Unterdrückung verbunden finden. Die Verweigerung des Götzendienstes ist die Weigerung, Herrschaftssysteme über die menschliche Suche nach Mitgefühl und Solidarität zu stellen. Anders ausgedrückt: christliche Befreiungstheologen meinen, daß der Gott, den wir anbeten, nicht durch die Gebete definiert ist, die wir sprechen, oder durch die Worte, die gebraucht werden, um Aktivitäten in der Welt zu rechtfertigen, sondern daß die Aktivität selbst unseren Gott und unsere Verpflichtung definiert. Wenn wir uns einem Herrschaftssystem gegenübersehen, dessen Grundprin-zip eine transzendente Qualität aufweist, besteht die einzig rich-tige Reaktion darin, die Verehrung zu verweigern und nicht an diesem System teilzunehmen. So kann die Verweigerung des Göt-zendienstes als Wille zum A-Theismus verstanden werden. Die Frage des Götzendienstes muß also nicht mit der Bejahung der Transzendenz beginnen, sondern mit dem Abstandnehmen von einer falschen Transzendenz, die Unterdrückung rechtfertigt.

Götzendienst verdreht das Urteil. Mit ihm zu brechen, eröffnet die Möglichkeit zu Klarheit und Gerechtigkeit.

Ohne Zweifel haben Teile der jüdischen Gemeinschaft ihre eigenen, erst kürzlich erworbenen Götzen: Kapitalismus, Patriotismus und nationale Sicherheit. In zunehmendem Maße werden wir aufgefordert, besser an Amerika und Israel zu glauben, als uns kritisch mit den verschiedensten jüdischen Gemeinschaften zu beschäftigen. Ein leitendes Mitglied einer bedeutenden jüdischen theologischen Richtung bemerkte einmal, daß Israel ein Gott im Judentum sei – und so ist es. Deshalb ist eine vernünftige Diskussion über Israel heute so schwierig. Irving Greenbergs Verständnis von Israel als einer religiösen Kategorie trifft daher die Situation und deutet zugleich auf das Verhängnis hin. Könnte Atheismus Israel gegenüber ein Weg der Treue sein, durch welchen unsere eigene Gemeinschaft zur Rechenschaft gezogen wird? Könnte in dieser entscheidenden Zeit die Weigerung, aus Israel einen Götzen zu machen, nicht eher eine Geste der Demut und Hoffnung sein als eine unverzeihliche Sünde, auf die Exkommunikation die einzige Antwort ist?

Die Verweigerung des Götzendienstes könnte wirklich unserer Gemeinschaft Heilung statt Trennung bringen; sie könnte eine Brücke zwischen religiösen und säkularen Juden schlagen, für welche sich die Frage nach dem Glauben an Gott in die Frage nach den in freier Zustimmung gefundenen Werten eines guten und gerechten Lebens verändert hat . Die Verweigerung des Götzendienstes könnte eine Brücke zu anderen leidenden Gemeinschaften schlagen. Damit könnten wir zusammen die stärkste Aussage Greenbergs betonen, daß nach dem Holocaust «keine Aussage mehr, ob theologisch oder nicht, glaubwürdig sein kann, wenn sie nicht in der Anwesenheit der verbrennenden Kinder glaubwürdig ist.» «Verbrennende Kinder» werden auf einmal zur zentralen Kritik an ungerechter Macht und zum Weg einer neuen Form der Solidarität. Nach Greenberg bitten die Opfer die Welt vor allem, «nicht die Schaffung einer neuen Wertematrix zu erlauben, die einen neuen Genozid unterstützen könnte.» Ist dies nicht der Treffpunkt, welcher eine Öffnung anderen Kämpfen gegenüber fordert, eine Öffnung, die uns gleichzeitig zu den Tiefen unserer eigenen Geschichte ruft?[41]

5. Unterwegs zu einem Wiederaufbau jüdischen Lebens

Jahre nach der Befreiung der Lager schrieb Elie Wiesel: «Wenn Haß eine Lösung wäre, hätten die Überlebenden beim Verlassen der Lager die ganze Welt in Brand stecken müssen.» Tatsächlich lag sie schon in Schutt und Asche, und die Überlebenden erbten eine von Werten und Güte entleerte Welt. Die Sieger hatten daher Schwierigkeiten, die neue Situation zu erkennen. Hannah Arendt sah dies gut in ihrem Buch *Elemente und Ursprünge totaler Herrschaft*, als sie über das Ende der westlichen Zivilisation und die Traditionen schrieb, die diese groß gemacht und geleitet hatten. Nach Arendt fielen die jüdisch-christlichen Traditionen wie die humanistische Tradition in den Todeslagern Nazi-Deutschlands in sich zusammen: Sie scheiterten nicht nur bei der Verhinderung dieser Katastrophe, sondern trugen in mancher Hinsicht selbst zum Massenmord bei. Deshalb war ein neues Fundament für die Zivilisation notwendig. Arendt plädierte für eine bewußt geschaffene, philosophische und politische Struktur, die eine diesen Namen verdienende Zivilisation erneuern oder doch wenigstens wieder möglich machen könnte.[1]

Die Schwierigkeit eines solchen Unterfangens ist aber noch ein halbes Jahrhundert später gegenwärtig. Viele sehen die Möglichkeit eines neuen Fundaments in der Erneuerung und Transformation der gescheiterten und sich in Auflösung befindenden Traditionen. Christliche Befreiungsbewegungen wenden sich mit großem Elan und mutig dieser Frage zu. Kann, obwohl sie eine ausgesprochene Minderheit unter den Christen bilden, daran gezweifelt werden, daß sie eine Hoffnung für die Zukunft sind? Ein neues christliches Zeugnis stellt sich nicht nur seinem eigenen Hang zur Herrschaft entgegen; es schafft Verständnis für andere kämpfende Gemeinschaften und verleiht ihnen Stärke und Mut. Es ist jedoch entscheidend zu sehen, daß die christliche Erneuerung nicht einfach von innen kam, sondern dem Dialog mit leidenden Gemeinschaften, die jüdische miteingeschlossen, entwachsen ist. Die vom Judentum an der Herrschaft unmißverständlich geäußerte Kritik konnte nicht mehr länger totgeschwiegen werden. Christliche Bewegungen sind heute nur in dem Maße authentisch, als sie die Erinnerung an ihre Opfer mit sich tragen.

Wie wir gesehen haben, ist die jüdische Tradition mitbetroffen vom stürmischen Beginn der zeitgenössischen Geschichte; sie kämpft innerhalb der Dialektik von Holocaust und Ermächtigung, von Überleben und Ethik, von Exil und Erneuerung. Eine Stärke, die richtigerweise als bemerkenswert angesehen wird, ging aus der Holocaust-Welt hervor. Gleichzeitig finden wir ein tiefes Unbehagen, das oft von militanter Rhetorik und Anklage überdeckt wird. Stolz auf unsere Errungenschaften in Wirtschaft und Wissenschaft, feiern wir unsere neu gefundene militärische Tüchtigkeit. Und dennoch fühlen wir, wie uns der Boden unter unseren Füßen schwindet. So wird Zusammengehörigkeit als Ideal in sich selbst postuliert, während ihr doch ein tiefes Gefühl der Einsamkeit aufgepfropft ist. Für eine Erneuerung kämpfende Juden tun dies oft ohne die religiöse Sprache oder dann in einer, die sich kaum mit der Nacht auseinandergesetzt hat. Die religiöse Sprache der Ermächtigung ist wichtig, aber es fehlt ihr die Fähigkeit zur Kritik. Die religiöse Sprache der Erneuerung ist neoorthodox oder fragmentarisch. Sie vermag nur einen kleinen Kreis anzusprechen oder aber ist mit Vor-Holocaust-Symbolen durchsetzt, die im Blick auf unsere eigene Geschichte immer weniger adäquat sind.

Die zur Ethik aufrufenden Stimmen von Shorris und Feuerlicht sind Warnungen, die ernst genommen werden sollten. Andere politische Meinungsäußerungen (wie z.B. ziviler Ungehorsam) und feministische Kritik beziehen ethische Lehrinhalte auf die Realität des täglichen Lebens. Wieder andere Bewegungen, wie jene der christlichen Befreiung, sind hilfreich, wenn wir nur bescheiden genug sind und auf sie hören. Ganz entscheidend ist die Erkenntnis der Gemeinsamkeit der Nacht und des unschuldigen Leidens. Letztlich sind dies Ansatzpunkte für einen Wiederaufbau, der sich erst am Horizont abzeichnet: von einigen gefürchtet, von anderen erwartet, und bis jetzt namenlos.

Unsere Geschichte überliefert die Dialektik von Holocaust und Ermächtigung wie die damit verbundenen Spannungen und Auseinandersetzungen. Doch welches sind die Grenzen dieser Dialektik, die die Kräfte der Erneuerung anstreben? Ist es möglich, sich innerhalb und über die jetzt genannte dreiteilige Wirklichkeit von Holocaust, Ermächtigung und Erneuerung hinaus zu bewegen und eine klare Rhetorik auszulösen solange sie erlaubt, daß der gegenwärtige neokonservative Weg weiterbegangen und sogar beschleunigt wird? Wir haben schon gesagt, die jüdische Gemeinschaft sollte sich in Solidarität mit den Leidenden verändern. Der Wunsch nach Solidarität eliminiert die Dynamik der jüdischen Gemeinschaft nicht, sondern gibt ihr einen anderen Stellenwert. Es ist nun möglich, uns aus Isolation und liberalem Nachsinnen in eine aktive Gemeinschaft überzuführen, die ihren Weg im konkreten Handeln für Gerechtigkeit findet. Damit entsteht eine neue Orientierung, und Solidarität wird zum Schlüsselbegriff.

Solidarität ist die Bewegung von Herz, Kopf und Fuß zu den Leidenden. Solidarität ist auch ein Aufbruch zu uns selbst, obwohl sie oft als äußerlicher Weg zu anderen gesehen wird oder als etwas einem erfüllten Leben Zugefügtes. Sie ist ein Versuch, unsere eigene Menschlichkeit wiederzugewinnen, die verletzt und entfremdet ist, wenn unser Leben auf der Ausbeutung anderer beruht. Dies gilt auch für die Solidarität unserer eigenen Gemeinschaft gegenüber, denn der Aufbruch zu den anderen ist gleichzeitig auch ein Aufbruch zu den Fundamenten unserer eigenen Gemeinschaft. Negativ formuliert: Eine Person oder eine Gemeinschaft, die sich gegen die Solidarität stellt, stellt sich letztlich gegen sich selbst. Die konstantinische Synthese von Kirche und Staat ist dafür ein gutes Beispiel: sobald das Christentum zur Staatsreligion wurde, verlor es seine Seele. Die Nazis wurden zu Spiegelbildern der von ihnen erzeugten Opfer: einsam, anonym und entmenschlicht. Auf eine davon sehr unterschiedene Weise zeigt sich diese Möglichkeit in der jüdischen Gemeinschaft heute, wenn Ermächtigung die Prophetie überschattet bis sie verschwindet. Mit ihr verschwindet ein Grundstein des jüdischen Geistes.[2]

Solidarität bedeutet auch die Bereitschaft, sich mit innerem Engagement und Treue der Geschichte zu stellen. Sich der Geschichte stellen heißt, sich auf einen kritischen Dialog über ökonomische, soziale, politische und religiöse Angelegenheiten einlassen. Kurz gesagt: der kritische Dialog ist angelaufen, manchmal entschieden, dann wieder unbestimmt. Selten gibt es eine einzige Antwort; schon eher sind es eine Reihe von Fragen und Entscheidungsmöglichkeiten, die durchdacht und vollzogen werden müssen. Gelebtes Zeugnis bedeutet, innerhalb des kritischen Dialogs eine Wahl zu treffen; einen Schritt zu tun, ohne schon irgendwelche Antworten zu wissen, und einen Lebensstil im Strudel der Geschichte zu wählen. Der kritische Dialog durchdringt das gelebte Zeugnis mit einer offenen Einladung, die Suche fortzusetzen. Das gelebte Zeugnis vertieft den Dialog mit einer Wirklichkeit, die das Engagement weckt. Kritischer Dialog und gelebtes Zeugnis sind sowohl individuell als auch gemeinschaftlich. Die Gemeinschaft kann einzelne ermuntern oder entmutigen, sich der Geschichte zu stellen. Sie kann aber auch selbst mitmachen beim Prozeß des kritischen Dialogs und des gelebten Zeugnisses. Dies findet jedoch selten statt.[3]

Ob eine Person oder Gemeinschaft die Gegenwart als feindliche Umgebung, die es zu überschreiten und besiegen gilt, oder als Ort für Solidarität, Dialog und gelebtes Zeugnis betrachtet, hängt in einem hohen Maße von der Sicht der Vergangenheit ab. Durch Erinnerung und Mythos ist die Vergangenheit in der Gegenwart lebendig. Vergangene Ereignisse beeinflussen das Leben eines Volks, sofern diesen Ereignissen ein formativer Zug eigen ist. Für das jüdische Volk gehören der Holocaust und die Gründung des Staates Israel zu diesen formativen Ereignissen.

Diese zwei machtvollen Ereignisse durchbrachen die gegebene Tradition und sind selbst neue Tradition geworden. Wie der jüdische Philosoph Walter Benjamin schreibt, droht der Tradition die Gefahr, «sich zum Werkzeug der herrschenden Klasse herzugeben». Als solches beginnt sie, ihren Ansporn zur Solidarität zu verlieren. Die Ereignisse selbst kritisieren Ungerechtigkeit, Verfolgung und Mord, auch wenn die Zeit und menschliche Agenturen der Kritik ihre Schärfe nehmen. So kann man kann vielleicht akzeptieren, was man einst kritisiert hat. Benjamin kommentiert: «In jeder Epoche muß versucht werden, die Überlieferung von neuem dem Konformismus abzugewinnen, der im Begriff steht, sie zu überwältigen.»[4]

Nach Benjamin ist dies die Aufgabe des Historikers, der, erkennend daß das Bild der versklavten Vorfahren sowohl Haß wie auch einen Opfergeist zuläßt, die Vergangenheit wiederzugewinnen sucht als eine Kraft, die zur Solidarität in der Gegenwart antreibt. Er schreibt weiter: «Die Vergangenheit führt einen zeitlichen Index mit, durch den sie auf die Erlösung verwiesen wird. Es besteht eine geheime Verabredung zwischen den gewesenen Geschlechtern und unserem. Wir sind auf der Erde erwartet worden. Uns ist wie jedem Geschlecht, das vor uns war, eine *schwache* messianische Kraft mitgegeben, an welche die Vergangenheit Anspruch hat. Billig ist dieser Anspruch nicht abzufertigen.»[5] Benjamin schließt: «Nur *dem* Geschichtsschreiber wohnt die Gabe bei, im Vergangenen den Funken der Hoffnung anzufachen, der davon durchdrungen ist: *auch die Toten* werden vor dem Feind, wenn er siegt nicht sicher sein. Und dieser Feind hat zu siegen nicht aufgehört.»[6]

Die Vergangenheit hat für Benjamin durch die Weise ihrer Erinnerung in der Gegenwart zwei Möglichkeiten: entweder sie legitimiert oder sie kritisiert ungerechte Macht. Die Tendenz geht zum Konformismus. So aber wird die Vergangenheit ihrer Authentizität und dadurch wiederum die Toten ihrer Stimme beraubt. Gewisse Handlungen dienen in Wahrheit nur dazu, die Verfolger zu bestärken, obwohl die Handlungen im Interesse der Verfolgten ausgeführt werden. Aufgabe des Historikers ist es, die Stimmen der Leidenden zuzulassen, damit sie gehört werden. Von besonderer Bedeutung ist dies bei den Kindern der Opfer, die, während sie ihre unterdrückten Vorfahren verehren, dazu neigen, diese Stimmen zu ignorieren, wenn sie andere verfolgen. Die Erinnerung an die versklavten Vorfahren stürzt Traditionen des Konformismus um und gibt ihnen neue Macht. Ermächtigung ist möglich, doch müssen sich die Ermächtigten bewußt sein, daß Solidarität mit den Leidenden in der Gegenwart die einzige Verbindung mit den Leidenden der Vergangenheit darstellt. Leiden nicht zur Kenntnis zu nehmen oder sogar zu erzeugen, bedeutet, die Existenzberechtigung als Träger der Ermächtigung zu verwirken. Noch mehr Gefahren birgt die neu entstandene Solidarität: die Solidarität mit anderen Siegern. Benjamin schreibt, daß «die jeweils Herrschenden ...aber die Erben aller (sind), die je gesiegt haben», und daß, «wer immer bis zu diesem Tage den Sieg davontrug, der marschiert mit in dem Triumphzug, der die heute Herrschenden über die dahinführt, die heute am Boden liegen.» Deshalb betrachten es die Historiker als ihre Pflicht, «die Geschichte gegen den Strich zu bürsten.»[7]

Die Entdeckung des Leidens ist subversiv. Entdeckt wird es durch jene, die allgemein anerkannte Reden und Handlungen gegen den Strich bürsten. Konformismus ist der Weg des Verrats. Treue ist die an den Siegern geäußerte Kritik durch engagiertes Denken und Handeln, welche die Toten und die in der Gegenwart Sterbenden sehr ernst nimmt. Es ist dieser schwierige Kampf um Treue, der, keineswegs überraschend für Benjamin, die Theologie aufwühlt, «die kleine Pforte, durch die der Messias treten konnte».[8]

Die Wiederentdeckung der Erinnerung der Leidenden heißt, das zur Heiligkeit Erhobene zu hinterfragen. Wir sind zu Pluralismus aufgerufen, wo wir nur Monolithen sehen; wir finden neue Wege, die wir, obschon bedacht, nie begangen haben. Die Gegenwart verliert ihre einzigartige Qualität, wenn die Wahlmöglichkeiten der Vergangenheit in Betracht gezogen werden. Das Verständnis von Treue ist merklich verbessert worden, und die Möglichkeit für eine Versöhnung steigt. Versöhnung wird hier nicht nur im Bezug auf Feindschaft, sondern auch im Bezug auf uns selbst und die Gemeinschaft verstanden. Vergangene und gegenwärtige Ereignisse nehmen eine neue Gestalt an, in der Verzeihen und Demut möglich sind. Solche Erinnerungen fordern Opfer und Sieger gleichermaßen heraus, selbst wenn es scheint, als hätten sie die Plätze getauscht. Versöhnung ermöglicht Veränderung.[9]

Zwei Menschen, die die jüdische Sensibilität herausfordern, sind Etty Hillesum und Martin Buber. Als Personen, die die prägenden Ereignisse des modernen jüdischen Lebens, den Holocaust und die Gründung des Staates Israel, erlebten, unterscheiden sie sich in der Beurteilung ihrer Situation wesentlich vom heute üblichen jüdischen Konsens. Hillesum bringt eine Spiritualität mit, die für uns schwer verständlich ist. Sie ruft eine Nähe zu Gott hervor, die bedeutende Theologen unserer Gemeinschaft nahezu unmöglich finden. Hillesum scheint das Schicksal ihres Volkes als weitgehend unausweichlich zu akzeptieren oder – genauer – sie steigt zu heroischer Größe innerhalb der Parameter des Moments auf. Dennoch hören wir innerhalb und außerhalb der Grenzen ihres Lebens den bekannten Refrain «Nie mehr». Wir hören auch andere Stimmen, einschließlich die poetische und die Stimme von Gott. Hillesum schockiert mit ihrer Einfachheit, mit ihrem Glauben und mit ihrem Gebet. Buber andererseits, als Exilierter aus Deutschland und Siedler in Palästina, ist eine Stimme der Ermächtigung, obwohl in einem uns heute weniger bekannten Ton. Buber war ein bedeutender Bibelkenner, Philosoph und Erzieher. In unserem Zusammenhang ist sein klarer Einsatz für eine Annäherung an seine arabischen Nachbarn interessant. Seine Theologie stützte diese Position und war gleichzeitig skandalerregend: einer der religiösesten Juden der Welt ging selten in die Synagoge und befürwortete die Koexistenz mit der arabischen Bevölkerung, nicht aber die Herrschaft über sie.

Etty Hillesum

Etty Hillesum wurde am 15. Januar 1914 in Middleburg, Holland, geboren. Ihr Vater war dort Lehrer für Alte Sprachen. Er war ein ausgezeichneter und disziplinierter Gelehrter, der ein geordnetes Leben schätzte. Ihre Mutter dagegen, Rebecca Bernstein, war leidenschaftlich und unternehmungslustig. Sie kam in die Niederlande, nachdem sie den russischen Pogromen entflohen war. Die Ehe verlief ziemlich stürmisch. Etty und ihre Brüder, Mischa und Jaap, waren intelligent und begabt. Mischa galt als brillanter Musiker. Man hielt ihn für einen der erfolgversprechendsten Pianisten Europas. Jaap entdeckte noch als Teenager neue Vitamine und wurde später Arzt. Etty studierte zunächst Jurisprudenz in Amsterdam, wechselte dann aber zur Slavistik. Beim Ausbruch des Zweiten Weltkrieges hatte sie sich dem Studium der Psychologie zugewandt.

Holland geriet immer mehr unter deutsche Herrschaft, als sie ihr Tagebuch zu schreiben anfing. Mit der Kapitulation des Landes im Jahr 1940 begannen die Deutschen die holländischen Juden zu isolieren. Gegen den Widerstand der holländischen Bevölkerung wurden die Juden in Ghettos und Arbeitslager gepfercht. Im Frühjahr 1940 zwang man sie, den Davidstern zu tragen. Deportationen größeren Stils nahmen ihren Anfang. Westerbork, ein Durchgangslager im Osten der Niederlande, war letzter Aufenthaltsort vor dem Todeslager Auschwitz.

Im Juli 1942 fand Etty Hillesum Arbeit als Sekretärin beim Judenrat, eine auf Betreiben der Nazis ins Leben gerufene Einrichtung, die dazu diente, die Belange der Juden zu organisieren. Die Nazis erteilten Befehle und ließen den Rat entscheiden, wie er sie erfüllte. 14 Tage nach dem Arbeitsantritt meldete sie sich freiwillig, um mit der ersten Gruppe von Juden nach Westerbork zu fahren. Der Herausgeber ihrer Tagebücher, J. G. Gaarlandt, schreibt: «Sie begreift, daß für das jüdische Proletariat keine Möglichkeit zum Untertauchen besteht, und beschließt, aus Solidarität mitzugehen. Sie glaubt, ihr Leben nur dadurch rechtfertigen zu können, wenn sie Menschen in definitiver Gefahr nicht im Stich läßt und wenn sie die Talente, in deren Besitz sie sich weiß, dazu gebraucht, um ihnen Erleuchtung zu bringen.»[10]

Vom August 1942 bis zum September 1943 blieb Hillesum im

Lager von Westerbork. Sie arbeitete im lokalen Spital. Aufgrund einer Spezialbewilligung des Judenrats war sie in der Lage, gelegentlich nach Amsterdam zu reisen, wohin sie Briefe und Nachrichten überbrachte und Medikamente für das Lager beschaffen konnte. Obwohl ihre Gesundheit schlecht war, weigerte sie sich, dem Rat ihrer Freunde zu folgen und zu fliehen. Zusammen mit ihren Eltern und ihrem Bruder Mischa wurde sie am 7. September 1943 nach Auschwitz transportiert, wo sie am 30. November starb. Auch die Eltern und Mischa starben dort; ihr anderer Bruder Jaap überlebte das Lager, starb aber nach seiner Rückkehr nach Holland.[11]

Die Tagebücher von Etty Hillesum sind voll Leidenschaft und mystischer Einfachheit. Ihre Spiritualität ist eklektisch, schön und doch aufrüttelnd. Sowohl Rilke und Dostojewski wie auch die Hebräische und die Christliche Bibel sind ihre spirituellen Führer. In einer schreckenerregenden Zeit ist Hillesum offen für die Welt und furchtlos genug, deren Schätze zu ergründen. Leiden und Schönheit stehen nebeneinander und regen zum Nachdenken über Leben und Schicksal an. Immer läßt sie sich vom Mitgefühl leiten, auch wenn dies mehr und mehr im Feuer erprobt wird.

Das Zeugnis eines solchen Lebens ist beeindruckend. Am 20. Juli 1942 schrieb Hillesum über die Brutalität der Nazis:

«Unbarmherzig, unbarmherzig. Aber um so barmherziger müssen wir innerlich sein, das ist das einzige, um das sich mein Gebet heute morgen in der Frühe drehte:

Mein Gott, diese Zeiten sind zu hart für so zerbrechliche Menschen wie ich. Ich weiß, daß danach wieder andere, humanere Zeiten kommen werden. Ich möchte so gern am Leben bleiben, um all die Menschlichkeit, die ich trotz allem, was ich täglich mitmache, in mir bewahre, in diese neue Zeiten hinüber zu retten. Es ist die einzige Möglichkeit, die neue Zeit vorzubereiten, indem wir sie schon jetzt in uns vorbereiten. Irgenwie fühle ich mich innerlich ganz leicht, ohne jede Erbitterung, ich spüre soviel Kraft und Liebe in mir. Ich würde gern am Leben bleiben, um die neue Zeit vorbereiten zu helfen und das Unzerstörbare in mir für die neue Zeit aufzubewahren, die sicherlich kommen wird. Sie kommt ja täglich näher, ich spüre es doch. So etwa lautete heute morgen mein Gebet. Ich kniete spontan auf die harte Kokosmatte im Badezimmer nieder, und die Tränen strömten mir über das Gesicht.

Das Gebet hat mir, glaube ich, Kraft für den ganzen Tag gegeben.»[12]

Durch die Umstände ihrer Zeit bestimmt vertiefen sich ihre Gebete. Drei Monate vor dem Tod schrieb sie am 18. August 1943 in Westerbork:

«Mein Leben ist zu einem ununterbrochenen Zwiegespräch mit dir, mein Gott, geworden, zu einem einzigen großen Zwiegespräch. Wenn ich in einer Ecke des Lagers stehe, die Füße auf deiner Erde, das Gesicht zu deinem Himmel erhoben, dann laufen mir manchmal die Tränen über das Gesicht, entsprungen aus einer inneren Bewegtheit und Dankbarkeit, die nach einem Ausweg sucht. Auch abends, wenn ich im Bett liege und in dir ruhe, mein Gott, rinnen mir manchmal die Tränen der Dankbarkeit übers Gesicht, und das ist mein Gebet. Ich bin sehr müde, schon seit einigen Tagen, aber auch das wird wieder vorbeigehen, alles verläuft nach einem eigenen, tieferen Rhythmus, und man müßte die Menschen lehren, auf diesen Rhythmus zu horchen, es ist das Wichtigste, was ein Mensch in diesem Leben zu lernen hat. Ich kämpfe nicht gegen dich, mein Gott, mein Leben ist ein großes Zwiegespräch mit dir. Vielleicht werde ich nie eine große Schriftstellerin werden, wie ich es eigentlich vorhabe, aber ich fühle mich tief in dir geborgen, mein Gott. Ich möchte zwar manchmal kleine Weisheiten und vibrierende kleine Geschichten in Worte prägen, aber ich komme immer wieder bald auf ein und dasselbe Wort zurück: Gott, darin ist alles enthalten, und dann brauche ich all das andere nicht mehr zu sagen.»[13]

Hillesums Gebete sind voll von Fragen. Gott mag machtlos sein, dem jüdischen Volk zu helfen, doch können die Juden Gott helfen? Hier wird ein mystisches Element zentral. Der Tagebucheintrag vom 12. Juli 1942 beginnt mit dieser Meditation:

«Es sind schlimme Zeiten, mein Gott. Heute nacht geschah es zum erstenmal, daß ich mit brennenden Augen schlaflos im Dunkeln lag und viele Bilder menschlichen Leides an mir vorbeizogen. Ich verspreche dir etwas, Gott, nur eine Kleinigkeit: ich will meine Sorgen um die Zukunft nicht als beschwerende Gewichte an den jeweiligen Tag hängen, aber dazu braucht man eine gewisse Übung. Jeder Tag ist für sich selbst genug. Ich will dir helfen, Gott, daß du mich nicht verläßt, aber ich kann mich von vornherein für nichts verbürgen. Nur dies eine wird mir immer deutlicher: daß du uns nicht helfen kannst, sondern daß wir dir helfen müssen, und dadurch helfen wir uns letzten Endes selbst. Es ist das einzige, auf das es ankommt: ein Stück von dir in uns selbst zu retten, Gott. Und vielleicht können wir mithelfen, dich in den gequälten Herzen der anderen Menschen auferstehen zu lassen. Ja, mein Gott, an den Umständen scheinst auch du nicht viel ändern zu können, sie gehören nun mal zu diesem Leben. Ich fordere keine Rechenschaft von dir, du wirst uns später zur Rechenschaft ziehen. Und mit fast jedem Herzschlag wird mir klarer, daß du uns nicht helfen kannst, sondern daß wir uns helfen müssen und deinen Wohnsitz in unserem Inneren bis zum Letzten verteidigen müssen.»[14]

Hätte sich Hillesum von ihrem Volk zurückgezogen, so würden diese Gebete, selbst ihr Dialog mit Gott, leer, ja arrogant tönen. Ihre Macht erhalten sie von der Verpflichtung, für die sie ihr Leben hingab. Für sie war es einfach, treu zu sein.

«Ich lebe täglich in einer harten Ungewißheit, die für meine Person jeden Augenblick zur Gewißheit werden kann, wie sie schon für viele, allzu viele Menschen zur Gewißheit geworden ist. Ich lege mir bis in die kleinsten Einzelheiten Rechenschaft über alles ab, und ich glaube, daß ich bei meinen inneren ‹Auseinandersetzungen› mit beiden Füßen auf dem härtesten Boden der härtesten Realität bleibe. Meine Ergebung ist keine Resignation oder Willenlosigkeit. Es ist immer noch Raum darin für die elementare moralische Entrüstung über ein Regime, das so mit den Menschen umgeht. Aber die Ereignisse, die uns überrollen, sind zu gewaltig und dämonisch, als daß man darauf mit persönlichem Groll und Erbitterung reagieren könnte. Das käme mir kindisch vor und wäre diesem ‹schicksalhaften› Geschehen nicht angemessen.

Die Leute regen sich oft darüber auf, wenn ich sage: Es ist doch nicht entscheidend, ob ich gehe oder ein anderer, entscheidend ist doch nur die Tatsache, daß soviel Tausende gehen müssen. Und es ist keineswegs so, daß ich mit einem gelassenen Lächeln geradezu in meinen Untergang hineinrenne, nein, so ist es auch nicht. Es ist ein Gefühl des Unabwendbaren, ein Sich-Abfinden mit dem Unabwendbaren in dem Wissen, daß uns in letzter Instanz nichts genommen werden kann. Ich will nicht aus einer Art Masochismus um jeden Preis mitgehen und aus meiner Daseinsform herausgerissen werden, aber ich weiß, daß ich mich keineswegs wohl fühlen würde, wenn mir erspart bliebe, was so viele erdulden müssen. Man sagt zu mir: Jemand wie du ist verpflichtet, sich in Sicherheit zu bringen, du hast im Leben später noch viel zu tun, du hast noch soviel zu geben. Was immer ich zu geben habe, das kann ich überall geben, wo ich bin, hier im Freundeskreis oder irgendwo anders in einem Konzentrationslager. Es wäre eine sonderbare Selbstüberschätzung, mich für zu wertvoll zu halten, um in einem gemeinsamen ‹Massenschicksal› mit den anderen unterzugehen.»[15]

Viele Juden können diese Gebete nach Auschwitz nicht mehr sprechen. Doch sie wurden auf dem Weg nach Auschwitz und zweifelsohne auch im Lager selbst gebetet. Um nicht mißverstanden zu werden: Hillesums Ansichten sind störend: ist ihr Gott der Gott des Exodus oder der Gott Rilkes? Sie zitiert Passagen aus der Christlichen Bibel. Obwohl sie selbst die eine der andern nicht vorzieht, mögen Christen, die ihre Tagebücher lesen, eine verborgene Jüngerin Jesu finden. Ihr Leben gibt jedoch weit mehr her als diese nach hinten gewandten Probleme.

Daß Hillesum das Leiden ihres Volkes als gerechtfertigt oder als göttlich verordnet betrachtet hätte, dafür lassen sich bei ihr keine Hinweise finden. Dagegen findet sich ein Bewußtsein, daß Treue im Leiden die Möglichkeit eines neuen Zeitalters eröffnet. Die Barbarei ist überwältigend: am Menschlichen festzuhalten, Schönheit zu erkennen, weiterhin zu beten, bedeutet, mit der Verwandlung von Mühsal in Güte zu beginnen. Für Hillesum gehen die Juden nicht wie Lämmer zur Schlachtbank, wie es heute oft gesagt wird. Stattdessen finden wir ein offenes Zeugnis gegen die Erniedrigung und Möglichkeit des Menschlichen. Das Schicksal des jüdischen Volkes, schon beschlossen von außer Rand und Band geratenen Mächten, hat eine nur durch die Erfahrung des Leidens zugänglich gemachte innere Bedeutung. Märtyrertum ohne Bitterkeit geschieht mit einem Engagement, welches landläufiges Verstehen übersteigt. Ihr Volk zu begleiten, das Gebet fortzusetzen, den Geschichten ihrer Landsleute zuzuhören, heißt, dem letzten Triumph des Nazitums mit jeder Faser ihres Seins zu widerstehen. Widerstand bis zum Tod ist die Vorbereitung einer Zukunft ohne das Nazitum.[16]

Mitten in Leid und Engagement begreift Hillesum die Schönheit der Schöpfung und die Güte des Lebens. Das Königreich des Todes besteht weiter, ist jedoch durchsetzt von der Heiligkeit der Schöpfung. Ist dies ein Widerspruch oder ein Paradox, das von Heilung zeugt und Ebenen des Verstehens eröffnet, die sich jenseits einer zu rechtfertigenden inneren und äußeren Verhärtung befinden?

Das Überleben als Volk findet in den Tagebüchern keine Erwähnung. Vielleicht setzt Hillesum es voraus. Ihrer Ansicht noch weiter entfernt scheint die Ermächtigung zu sein. Heißt das, daß sie den Ernst der Lage für die Juden weltweit nicht sah, oder konnte sie sich eine erstarkte jüdische Präsenz in Palästina vorstellen? Wie auch immer die Antwort lauten mag, ihr zentrales Thema ist das Zeugnis, nicht die Ermächtigung. Können wir heute ohne Zögern oder Scham über diese Betonung sprechen, als ob ihre Sicht naiv oder gar gefährlich wäre? Sehr schwierig ist schließlich auch Hillesums

Gespür für Verzeihung, das ihrer Weigerung, selbst den Feind zu hassen, zugrundeliegt. Ihre Solidarität mit dem jüdischen Volk dehnt sich auf all jene aus, die Gefangene eines entmenschlichenden Systems sind, das in Wirklichkeit auch die Sieger mordet. Der lange Tagebucheintrag vom 21. März 1941 ist angesichts ihres bevorstehenden Todes ebenso bemerkenswert wie umstritten.

«Was für eine bizarre neue Landschaft, so voll unheimlicher Faszination, doch eine, die wir schließlich lieben könnten. Wir Menschen verursachen furchtbare Bedingungen, doch genau weil wir sie verursachen, lernen wir, uns ihnen schnell anzupassen. Nur wenn wir so werden, daß wir uns ihnen nicht mehr anpassen können, nur wenn wir uns, tief in unserem Innersten, gegen jede Art des Bösen wenden, werden wir in der Lage sein, dem ein Ende zu setzen. Brennend abstürzende Flugzeuge haben immer noch eine unheimliche Faszination für uns, sogar ästhetisch, obwohl wir genau wissen, daß dabei Menschen umkommen. Solange dies passiert, während in uns nichts protestiert, solange werden wir Wege der Anpassung finden, und der Schrecken wird sich fortsetzen. Heißt das, daß ich nie traurig bin, mich nie auflehne, immer klein beigebe und das Leben liebe, was auch immer sich ereignet? Nein, gewiß nicht. Ich glaube, daß ich von sovielen Sorgen und traurigen Umständen Kenntnis habe und sie teile, wie es einem Menschen nur möglich ist; doch ich hänge nicht an ihnen, ich verlängere solche Momente der Agonie nicht. Sie gehen – wie das Leben selbst – als breiter, ewiger Strom durch mich hindurch. Sie werden Teil dieses Stromes, und das Leben geht weiter. So behalte ich meine Stärke; ich halte mich nicht mit flüchtigen Sorgen und Widerwärtigkeiten auf. Sollten wir uns dann nicht von Zeit zu Zeit der kosmischen Traurigkeit öffnen? Eines Tages werde ich sicher in der Lage sein, zu Ilse Blumenthal zu sagen: ‹Ja, das Leben ist wunderbar, und ich schätze es von neuem am Ende jedes einzelnen Tages, obwohl ich weiß, daß die Söhne von Müttern, und du bist eine solche Mutter, in Konzentrationslagern umgebracht werden. Und du mußt fähig sein, deine Sorgen zu tragen: auch wenn sie dich zu erdrücken scheinen, kannst du wieder aufstehen, denn Menschen sind so stark. Deine Sorgen müssen ein integraler Bestandteil deiner selbst werden, Teil deines Körpers, deiner Seele. Du darfst nicht vor ihnen fliehen, du als erwachsener Mensch mußt sie tragen. Erleichtere deine Gefühle nicht durch Haß, versuche nicht, dich an allen deutschen Müttern zu rächen, denn auch sie sorgen sich um ihre geschlagenen und toten Söhne. Räume deinen Sorgen all den Platz in dir ein, der notwendig ist; denn wenn jeder seinen Kummer ehrlich und mutig trägt, werden die Nöte dahinschwinden, die jetzt die Welt erfüllen. Doch wenn du deinen Sorgen nicht einen adäquaten Raum gibst, wenn dich stattdessen Haß und Rachegelüste erfüllen, aus denen neue Sorgen entstehen, dann werden die Nöte der Welt nie aufhören, sondern sich im Gegenteil vervielfältigen. Wenn du hingegen den Sorgen den Raum gibst, der ihrem kleinen Ursprung zusteht, dann kannst du wirklich sagen: Das Leben ist wunderbar und reich. So wunderbar und reich, daß man an die Existenz Gottes glauben muß.›»[17]

An Hillesums Leben wird hier erinnert, nicht weil es für das jüdische Volk paradigmatisch war oder sein sollte, sondern weil es als Zeugnis ungewöhnlich bleibt. Wie Wiesel erklärt, fanden die jüdischen Überlebenden im Haß keine Lösung. Ebenso wahr indes ist auch, daß der Weg zu Gott und die Möglichkeit des Verzeihens schwierig, wenn nicht sogar unmöglich waren. Wie können wir einem Gott vertrauen, der uns nicht aus den Todeslagern befreite oder befreien konnte? Wie nur können wir jenen verzeihen, welche die Lager mit eigenen Händen erbauten und dies oft mit einer nicht zu begreifenden Freude taten? Gewiß, hier gibt es keine Antworten, nur den Willen, den verschiedenen Stimmen in ihrer Authentizität Gehör zu schenken. Hillesums Stimme ist eine einsame Stimme. Sicher aber ist es nicht die einzige Stimme an den Grenzen unseres Verstehens des Holocaust.

Martin Buber

Martin Buber war eine andere solche Stimme an der Peripherie jüdischen Bewußtseins und Aktivität, obwohl er von einem gewissen Punkt an für die jüdische Gemeinschaft als absolut zentral betrachtet werden muß. Er wurde 1878 in einer wohlhabenden österreichischen Familie geboren. Spätestens 1930 war er als jüdischer Theologe und Gelehrter in ganz Europa bekannt. Als die Nazizeit begann, wurde Buber zu einem ausgesprochenen Gegner Hitlers und emigrierte schließlich 1938 nach Palästina. In erster Linie war diese Abreise durch das Nazitum erzwungen, obwohl Buber der Zionismus nicht neu war. Seit den ersten Dezennien dieses Jahrhunderts erkannte er die Notwendigkeit einer Wiederbelebung der jüdischen Kultur im Stammland des jüdischen Volkes. Sein Zionismus verfügte jedoch über einen außergewöhnlichen Vorbehalt: der Erfolg der jüdischen Rückkehr nach Palästina sollte an den Beziehungen mit den Arabern gemessen werden. Palästina sollte sowohl von den Rückkehrern wie auch von den dort Lebenden geteilt werden.[18]

Immer wieder wird die jüdische Rückkehr in Bubers Werk zum Thema. Ein Beispiel ist seine Aussage im März 1946 vor der Anglo-amerikanischen Untersuchungskommission, die das britische Mandat untersuchen sollte. Speziell interessierte die Lage der jüdischen Überlebenden des Holocaust und die Möglichkeit der Immigration nach Palästina. Buber beginnt, indem er den modernen politischen Zionismus mit der Geburt des jüdischen Volkes in Verbindung bringt. Seiner Ansicht nach motivierte und intensivierte der Antisemitismus den modernen politischen Zionismus, er verursachte ihn jedoch nicht. Zionismus bestätigte die einzigartige Verbindung eines Volkes mit einem Land. Das jüdische Volk wurde durch die Macht einer Tradition geschaffen, die auf der an das Volk in der Wüste ergangenen Verheißung beruht, daß es das Land Kanaan als Erbbesitz bekommen werde. Nach Buber war diese Tradition insofern entscheidend für die Geschichte der Menschheit, als sie dem «neuen Volk» eine Aufgabe stellte, die es nur als Volk erfüllen konnte, nämlich in Kanaan ein vorbildliches, ein «gerechtes» Gemeinwesen zu begründen. Später interpretierten die Propheten diese Aufgabe so, daß sie die Gemeinschaft verpflichteten, soziale und politische Gerechtigkeit in die Welt hinauszutragen. Dadurch wurde die fruchtbarste und gleichzeitig paradoxeste aller menschlichen Ideen, die messianische, der Menschheit geschenkt.

«Sie stellte das Volk Israel in die Mitte einer Arbeit am Kommen des Reiches Gottes auf Erden, als einer Arbeit, an der alle Völker teilnehmen sollten. Sie befahl jeder Generation, mit ihren Kräften und Mitteln an der heutigen Zukunft zu bauen ... Aber für das Volk, aus dem sie einst hervorgegangen war, ist diese Idee zu einer Kraft von ganz eigentümlicher Vitalität erwachsen. Aus dem Lande der Verheißung vertrieben, ist dieses Volk fast zwei Jahrtausende lang durch die Zuversicht der Wiederkehr der Erfüllung der Verheißung, der Verwirklichung der Idee am Leben erhalten geblieben. Es wäre zu wenig, hier von einer Kontinuität des Gefühles zu reden: unter Umständen, die bei jedem anderen Volke längst zur völligen Auflösung hätten führen müssen, hat der innere Zusammenhang mit einem Land, der Glaube an die verheißene Wiedervereinigung mit ihm diesem Volk immer wieder Blut und Mark erneuert.»[19]

Aus dieser Analyse ergeben sich die drei für Buber unabdingbaren Postulate des Zionismus. Das erste ist die «Freiheit des Bodenerwerbs in einem Ausmaße, das eine erneuerte Verbundenheit mit der Urproduktion gewährleistet, von der das jüdische Volk Jahrtausende abgetrennt war, eine erneuerte Verbundenheit mit ihr, aus der allein selbständige geistige und soziale Produktivität entsteht.» Das Zweite ist ein mächtiger Zustrom von Siedlern, insbesondere von jungen, um «das Werk des Aufbaus immer neu zu beleben und es vor Gefahren der Stockung, Isolierung und Levantisierung» zu bewahren. Das Dritte ist die Selbständigkeit der jüdischen Gemeinschaft in der Bestimmung ihrer Lebensformen und Institutionen «und Sicherung ihrer unbehinderten Entwicklung als Gemeinschaft».[20]

Doch waren diese Forderungen für Buber mit Verpflichtungen verbunden: Gerechtigkeit für die Gemeinschaft und innerhalb der Gemeinschaft soll so ausgeübt werden, ohne daß damit Rechte irgend einer anderer Gemeinschaft bedroht werden. Selbständigkeit der einen soll nicht auf Kosten einer fremden Selbständigkeit erzielt werden. «Jüdische Siedlungen dürfen keine arabischen Bauern vertreiben; die jüdische Immigration darf nicht zur Folge haben, daß sich der politische Status der gegenwärtigen Bewohner verschlechtert und muß weiterhin deren wirtschaftliche Bedingungen verbessern.» Ziel eines erneuerten jüdischen Volkes in Palästina war in den Augen Bubers ein doppeltes: mit den Einwohnern des Landes in Frieden zu leben und mit den Palästinensern bei der Öffnung und Entwicklung des Landes zusammenzuarbeiten. Er schrieb: «Eine solche Zusammenarbeit ist eine unerläßliche Bedingung für den dauernden Erfolg des großen Werkes, die Erlösung dieses Landes.»[21]

Buber sah die kooperative Basis als Raum sowohl für das jüdische wie auch für das palästinensische Volk. Obwohl dies Autonomie nötig machte, war die Forderung nach einem jüdischen Staat oder einer jüdischen Mehrheit weniger wichtig.

«Wir brauchen für dieses Land so viele Juden, wie es wirtschaftlich verkraften kann, aber nicht, um eine Mehrheit gegen eine Minderheit aufzubauen. Wir brauchen sie, weil sehr große Kräfte notwendig sind, um diese noch nie dagewesene Arbeit zu tun. Wir brauchen für dieses Land eine solide, kraftvolle, autonome Gemeinschaft, doch nicht, um einen Staat zu haben; wir brauchen sie, um Israel und Eretz Israel zur höchstmöglichen Produktivität zu bringen. Die neue Situation und ihre Probleme erfordern neue Lösungen, die jenseits der gängigen Möglichkeiten der üblichen politischen Kategorien liegen. Eine international garantierte Übereinkunft zwischen den beiden Gemeinschaften ist erforderlich, die die gemeinsamen und die nicht gemeinsamen Interessensphären und Aktivitäten der Partner definiert und die gegenseitige Respektierung dieser spezifischen Sphären garantiert.[22]

Früh schon sah Buber innerhalb des Zionismus zwei entgegengesetzte Tendenzen, die den beiden verschiedenen Interpretationen des Konzepts der nationalen Wiedergeburt entsprechen. Die erste verstand die nationale Wiedergeburt als Absicht, das wahre Israel wiederherzustellen, in dem Geist und Leben nicht mehr länger getrennt wären wie in der Diaspora. Sie würden im alten Heimatland Israels zusammenkommen. Die zweite Tendenz sah die Wiedergeburt als Normalisierung mit der Notwendigkeit von Land, einer Sprache und Selbständigkeit, so wie sie jede Nation braucht. Diese zweite Interpretation beweist für Buber zwar ein Interesse an der Erlangung jener für die Nationalität notwendigen Güter, doch versagte sie im Nachdenken über wichtigen Fragen: Wie werden die Menschen in diesem Land miteinander leben? Was werden sie in der erneuerten hebräischen Sprache zueinander sagen? Wie werden sich in der Selbständigkeit die Beziehungen zur restlichen Menschheit gestalten? Zwei sich widerstreitende Tendenzen wurden aus alter Zeit geerbt: «das mächtige Bewußtsein der Aufgabe, im ganzen Volksleben, nach innen und nach außen, Wahrheit und Gerechtigkeit zu erfüllen und damit der Menschenwelt Vorbild und Anleitung zu werden, und das natürliche, nur allzu natürliche Verlangen, ‹wie alle Völker› zu sein». Wie Buber sagt, ist es den alten Hebräern nie gelungen, eine normale Nation zu werden. Zwei Wochen nach der Unabhängigkeitserklärung im Mai 1948 meinte er: «In dieser Stunde scheint es ihnen in einem furchtbaren Maße zu gelingen.»[23]

Buber setzte seinen Protest bis zu seinem Tod im Jahr 1965 gegen den israelischen Nationalismus fort. Auch wenn er mit seinen Hoffnungen und Enttäuschungen nie allein war, so muß er dennoch als ein Exilierter in dem von ihm miterbauten Land gesehen werden. Seine föderalistischen und binationalen Vorschläge stießen auf taube Ohren. Auch am Ende seines Lebens verstand und beachtete man seine Vision des religiösen Sozialismus immer noch kaum. Obwohl oppositionelle Minderheiten innerhalb Israels die Kritik an der Politik der Regierung fortsetzten, ist der vom Staat

Israel eingeschlagene Weg ziemlich anders als derjenige, den Buber vorgeschlagen hat. Seine Einsichten werden als utopisch, als unhaltbar und gar als gefährlich für den modernen Staat abgetan. Die Sicherheit Israels steht über und gegen die Interessen der Palästinenser, und seit dem Sechstagekrieg wurden neue Territorien erworben. Unvermindert geht die Normalisierung weiter: die Rüstungsindustrie schwingt sich zum Hauptverdiener ausländischer Währung auf; die außenpolitischen Verwicklungen im Nahen Osten und anderswo würden Buber durch ihren Umfang und ihren Zynismus erschrecken.[24]

Bubers Ideen fordern die moderne jüdische Gemeinschaft auf vielerlei Arten heraus. Für ihn ist die Rückkehr nach Palästina ein spiritueller Akt, eine religiöse Kategorie, deren Essenz eher Erneuerung als Überleben ist. Erneuerung ereignet sich in Beziehung zur Geschichte, zum Land und zum Volk, welches das Land geerbt hat. Autonomie zeigt sich an in der Authentizität und der Fähigkeit, in Beziehung zu treten, statt alles im Alleingang zu tun. Erneuerung stellt sich als Wiedergeburt jüdischen Zeugnisses und jüdischer Werte dar: Überleben ohne Zeugnis kann nur als Scheitern verstanden werden.

Bubers Denken wirft jedoch auch viele Fragen auf. So setzte er das Recht der Juden voraus, in Palästina eine unabhängige Macht zu werden. War dies aber in der historischen Situation ohne Staat und damit einhergehender Militarisierung möglich? Freundschaft und Zusammenarbeit beruhen auf gegenseitigem Geben und Nehmen. Doch verfügten zu diesem Zeitpunkt beide Seiten, die Juden und die Palästinenser, überhaupt über die inneren Mittel, miteinander in Beziehung zu treten? Die meisten Zionisten waren säkulare Juden und sahen in der Religion ein Bollwerk gegen den Fortschritt. Hätte Bubers religiöser Sozialismus einem Volk entsprochen, das sich in den Bereichen der Wirtschaft und der Politik wieder etablieren wollte? Aber auch die Einwohner Palästinas stellten Fragen: War nicht Bubers Bewußtsein von der jüdischen Sendung eine eigentliche Fortsetzung des europäischen Kolonialismus, wenn auch in einer netteren Art? Obwohl weniger stark als die meisten anderen Siedler, behielt Buber gegenüber den arabischen Nachbarn eine paternalistische Haltung bei, und sein Verständnis von Entwicklung, obwohl sozialistisch und dezentral, war immer noch mehr europäisch als levantinisch.

Der schwierige Weg von Hillesum und Buber

Wie bei Hillesum verbleiben die Fragen, und die Antworten dazu sind weniger wichtig. Die Erinnerung an Martin Buber ‹bürstet die neuere jüdische Geschichte gegen den Strich›. Er steht für eine noch nicht getroffene Wahl und für einen aus den Augen verlorenen Weg. Kann sein Verständnis überhaupt in der heutigen jüdischen Gemeinschaft zur Sprache kommen, oder ist sein Leben eine so gefährliche Erinnerung, daß es besser außer acht gelassen wird? Dennoch: er steht für die Möglichkeit einer Versöhnung mit den Palästinensern gleichermaßen wie mit unserer eigenen Geschichte. Er fordert eine grundlegende Abkehr von der Herrschaft hin zur Beziehung. Dies würde Frieden mit dem palästinensischen Volk und gleichzeitig eine Wiederherstellung des jüdischen Zeugnisses in Israel und Palästina bedeuten. Bubers Stimme geht jedoch weit über den Nahen Osten hinaus. Würden seine Ansichten, wie auch diejenigen von Hillesum, nicht eine Neubewertung jüdischer Sichtweisen auch in Nordamerika erfordern?

Bubers Verständnis von Ermächtigung, zutiefst mit dem Gedanken der Solidarität verknüpft, ist an die Realität Gottes gebunden. Dieser Punkt ist der am meisten herausfordernde. Nach Bubers Meinung benennt die Tradition Gott zu leicht, indem sie objektiviert, was geheimnisvoll und namenlos ist. Er versucht daher in seinen Vor-Holocaust-Schriften für das jüdische Volk eine existentielle Beziehung durch die Erforschung von Subjektivität und Natur aufzubauen. Gott offenbart sich einer Person durch die Geschichte, sowohl dem Einzelnen wie der Gemeinschaft. Gott fordert *teschûva*, Reue und Innenschau, Hinwendung zum Nächsten und zur Natur. Der Mensch reagiert mit Entscheidung und Tat, die die *teschûva* sichtbar machen. Vor uns liegt ein Weg, und es ist an uns, ob wir ihn wählen. Selbst wenn wir uns in anderer Richtung bewegen, bleibt die Wahlmöglichkeit bestehen. Dieser Weg bedeutet eine Form der Solidarität gegenüber der Schöpfung und der Geschichte; der Ort der Treue wird zu einem «geheimnisvollen Ansatz zu Nähe.»[25]

Die Nach-Holocaust-Theologie von Buber ist weniger überzeugt als seine frühere Theologie, obwohl sich die Grundlinien gleich bleiben. Die Schwierigkeit zu glauben, ist verständlich. Den Glauben erzwingen zu wollen, ist unehrlich. Der Weg von Vertrauen und Solidarität bleibt bestehen, und aufrichtige Aktivität kann einmal mehr den Kern des jüdischen Lebens freilegen. Denn wer hat Gott verbannt, wenn nicht die Menschen selbst?

«So ist die Natur dieser Stunde. Doch wie weiter? Es ist moderner Aberglaube, daß der Charakter eines Zeitalters schicksalhaft das nächste bestimme. Man läßt sich vorschreiben, was möglich und – folglich – erlaubt ist. Man kann sicher nicht gegen den Strom schwimmen, sagt man. Doch vielleicht kann man mit einem neuen Strom schwimmen, dessen Quelle noch verborgen ist? Anders gesagt, die Ich-Du-Beziehung ist in den Katakomben verschwunden – wer kann sagen, mit wieviel mehr Kraft sie wieder hervorkommen wird? Wer kann sagen, wann die Ich-Es-Beziehung wieder an ihren alten, bloß unterstützenden Platz und in ihre alte Aktivität eingesetzt wird?

Die wichtigsten Ereignisse in der Geschichte dieser fleischgewordenen Möglichkeit, genannt Mensch, sind die gelegentlich stattfindenden Anfänge neuer Epochen, bestimmt durch Kräfte, die früher noch nicht sichtbar waren oder nicht beachtet wurden. Natürlich ist jedes Zeitalter eine Fortsetzung des vorhergehenden, doch Fortsetzung kann Bestätigung oder Widerlegung sein.

Etwas findet in der Tiefe statt, das bis anhin keinen Namen braucht. Morgen schon kann es geschehen, daß es über die Köpfe der irdischen Herrscher von den Höhen leuchtet. Die Verfinsterung von Gottes Licht ist kein Erlöschen; schon morgen kann das, was sich dazwischen geschoben hat, wieder verschwinden.»[26]

Kann die Wiederherstellung von Vertrauen möglicherweise bewirken, daß die schwierigen Nach-Holocaust-Fragen in einem Geist des Suchens und der Gemeinschaft noch einmal gestellt werden? Die von Frauen und Männern unserer Zeit gemachte Erfahrung von der Dunkelheit Gottes ist eine Realität, die, wenn nicht zur Kenntnis genommen, eine Fortsetzung des Blutbades zuläßt. Könnte Solidarität eine Antwort auf diese Dunkelheit sein, sodaß eines Tages die Frage nach Gott in einer anderen, relevanteren Weise gestellt werden könnte?

Zweifelsohne ist der von Hillesum und Buber vorgeschlagene Weg der Solidarität schwierig. Dies vor allem deshalb, weil die Lehren aus der jüdischen Geschichte dagegen sprechen. Nach dem Holocaust und dem Kampf, eine autonome Präsenz in Palästina anzustreben, gilt Vertrauen oft als naiv und gefährlich. Doch Hillesum und Buber warnen uns vor Haß und Isolation, da diese zu Bitterkeit ohne Trost und schlußendlich zum Überleben ohne Zeugnis führen. Die Tatsache, daß es während des Holocaust und der Gründung des Staates Israel Juden gab, die beteten und kämpften, die widersprachen und vertrauten, erinnert uns daran, daß Großzügigkeit oft an den am wenigsten erwarteten Orten auftaucht – wenn wir am unsichersten sind – und daß, paradoxerweise, die Verhärtung erfolgt, sobald die Gemeinschaft Macht erlangt. Sicherlich sind die Forderungen innerhalb der Ermächtigung unterschiedlich, doch die *raison d'être* der Ermächtigung, die sich im Kampf und in der Großzügigkeit der versklavten Vorfahren findet, droht verloren zu gehen. Hillesum und Buber lassen an die Herausforderung von Walter Benjamin denken, die Tradition vor der Konformität zur Macht zu retten, einer Macht, die zum Instrument der herrschenden Klasse wird. Sie behaupten, daß die Bewegung von einer Unterdrückung zur nächsten allen Gründen entgegen bedeute, die eigene Geschichte zu vergessen und schließlich sich selbst als Volk zu verunglimpfen.

Wir brauchen heute dringend eine neue Sichtweise. Daher beginnt der Wiederaufbau des jüdischen Lebens mit dem Vergessenen und Marginalisierten, mit den nicht gestellten Fragen und den erwarteten Antworten. Hillesum und Buber verkörpern diese neue Sichtweise, weil sie Teile unseres Erbes in sich tragen, das in der Gegenwart dahinsiecht. Sie verkörpern eine Sprache des Herzens, die mitten in der jüdischen Geschichte geformt wurde; eine Sprache, in der zu sprechen heute beinahe Angst macht. Wenn jedoch wahr ist, daß der Weg zurück mit dem Blut unserer Vorfahren getränkt ist, dann ist eine Zukunft ohne die Möglichkeit Gottes und der Versöhnung wirklich schal. Könnten Hillesum, Buber und die vielen ihnen ähnlichen anderen nicht, wie Benjamin gesagt hat, «die schwache messianische Kraft» liefern, deren wir so dringend bedürften und durch die ein erneuertes jüdisches Leben entstehen könnte?

6. Vom Holocaust zur Solidarität

Entwurf einer jüdischen Theologie der Befreiung

Jüdische Theologie entsteht aus der Erfahrung des Volkes und ist für sie verantwortlich. Ihre Funktion ist dreifach. Es geht ihr darum, signifikante Momente in der jüdischen Geschichte festzuhalten, Richtung und Wege in der Gegenwart zu zeigen und jene für die Gestaltung der Zukunft des jüdischen Volkes nötigen Mittel bereitzustellen. Die Gegenwart vereinigt in sich die Vergangenheit als Führerin und Zeugin. Erinnerung dient als Anker für diejenigen, die vor uns gestorben sind, und als kritische Gedächtnisstütze für den schwierigen Pfad der Treue. Zukunft taucht da auf, wo sich Erinnerung und zeitgenössische Wahl miteinander verbinden, manchmal aufgezwungen, dann wieder frei. Die Vergangenheit kann uns festnageln wie sie uns auch freisetzen kann. Wenn wir uns einmal im Klaren darüber sind, woher wir kommen und wer wir sind, dann läßt diese Verwurzelung zu, daß wir Unbekanntes erforschen, neu überdenken und vorwärts schreiten, auch wenn die Zeit voller Gefahren ist.

Die aus der Erfahrung des Holocaust entstandene Theologie ist sehr wichtig. Wie Elie Wiesel, Richard Rubenstein und Emil Fackenheim setzt Irving Greenberg den Holocaust zurecht neben den Exodus und die rabbinische Interpretation mit ihrer Integrationskraft und ihrer Ehrlichkeit. Viele, vielleicht die Mehrheit der Juden, zögen es vor, wenn der schmerzliche Holocaust unbenannt bliebe und der Abgrund aus dem Gesichtsfeld verschwände. In ähnlicher Weise standen anfänglich orthodoxe- und Reform-Juden wie auch nicht wenige Juden konservativer Richtung zum Staat Israel in Opposition. Bis zum Sechstagekrieg im Jahre 1967 betrachteten die nordamerikanischen Juden Israel als Spendeobjekt. Sie fühlten sich mit den Juden dort als Juden verbunden, waren jedoch weit von jenem unkritischen Konsens entfernt, der heute üblich ist. Noch präsentierten jüdische Theologen die Geschichte Israels als wesentlich für die Erneuerung jüdischen Lebens. Als Theologen widersetzten sie sich der frommen Atmosphäre des Gebets und der guten Taten. Stattdessen sprachen sie öffentlich von der Notwendigkeit der Ermächtigung als einer religiösen Antwort auf die Zerstörung.[1]

Unterwegs aber verlor der Ausdruck jüdischer Betroffenheit an Schärfe. Vielleicht weil die Holocaust-Theologie Antworten fand und sie zu formulieren verstand. Vielleicht wartet die Holocaust-Theologie auf eine neue Theologie, um ihr edles Werk fortzuführen. Die Holocaust-Theologen waren eine kühne Generation; sie wurden kritisiert und verehrt. Ihr Vermächtnis dauert an. Sie kamen nicht aus den jüdischen Macht- und Einflußzentren heraus, sondern aus der Peripherie des organisierten jüdischen Lebens. Sie überrumpelten das jüdische Establishment und stellten es auf den Kopf. Heute braucht es eine neue Generation jüdischer TheologInnen. Getragen von der Hoffnung in die Bewegungen ethischer Betroffenheit und Erneuerung und informiert durch das Zeugnis von Hillesum und Buber, müssen sie, wie die Holocaust-Theologen, aus der Peripherie des jüdischen Lebens aufsteigen, um Meinungen in Frage zu stellen, die wenig Abweichungen erlauben.[2]

Die Herausforderung einer neuen Theologie

Obwohl sich nicht definitiv darlegen läßt, welche Art von Theologie entstehen wird, verdienen doch einige der Hauptthemen, die in der Diskussion über das zeitgenössische jüdische Leben aufgetaucht sind, erwähnt zu werden. Sie helfen bei der Bestimmung der Parameter für eine jüdische Theologie. Dadurch mag auch größere Klarheit in die Zukunft der jüdischen Gemeinschaft des ausgehenden zwanzigsten Jahrhunderts kommen.

1. Eine moderne jüdische Theologie empfindet die Spannung zwischen Partikularität und Universalität als selbstkritische Stimme, die der Tiefe jüdischer Tradition entspringt und der Welt zu dienen sucht. Obwohl in ihren Kategorien und in ihrer Sprache

eindeutig jüdisch, ist sie doch großzügig gegenüber anderen religiösen und humanistischen Gemeinschaften.

2. Eine jüdische Theologie muß eingestehen, daß eine aufrichtige Beteuerung nur durch kritischen Diskurs und verantwortliche Tätigkeit im Lichte historischer Ereignisse erzielt werden kann. Sie muß versuchen, in der Geschichte präsent zu sein, statt Isolation oder Transzendenz vorzutäuschen.

3. Eine jüdische Theologie hat ihre Inklusivität (z.B. religiöse und weltliche Juden, Frauen und Männer) und die Suche nach einer Erneuerung des Gemeinschaftslebens mitten im Holocaust und in der Ermächtigung zu betonen.Sie weigert sich auch zu schweigen, allem Druck zum Trotz, der von politischer und religiös-neokonservativer Seite zugunsten eines Moratoriums der Kritik an der jüdischen Gemeinschaft erzeugt wird.

4. Eine jüdische Theologie hat keine andere Wahl als das Überleben des jüdischen Volkes mit der Bewahrung seiner Botschaft von der Gemeinschaft abzuwägen. Sie ist genötigt zu behaupten, daß Überleben und Bewahrung des Kerns der Botschaft letztlich ein und dasselbe sind: es gibt kein sinnvolles Überleben ohne die Vertiefung des Zeugnisses, das seine Werte der Welt anbietet.

5. Eine jüdische Theologie erfordert die Wiederbelebung des jüdischen Zeugnisses gegen den Götzendienst als Vermächtnis für das Leben in seiner privaten und öffentlichen Dimension, als das wesentliche Band der Juden überall und als die grundlegende Verbindung zu religiösen und humanistischen Gemeinschaften guten Willens in der ganzen Welt.

6. Eine jüdische Theologie muß in ihrem Kern ein Ruf nach Umkehr (*teschûva*) sein, Verpflichtung und Solidarität in Schmerz und Möglichkeit. Ebenso ist sie ein kritisches Verständnis für die von uns geschaffene Geschichte, und der Mut, den es braucht, um deren Lauf zu ändern.

Für eine jüdische Befreiungstheologie sind die Wiederbelebung der Prophetie und das Streben nach Befreiung entscheidend. Obwohl Prophetie und Befreiung Qualitäten sind, die ganz am Anfang der jüdischen Gemeinschaft stehen, zeigt unsere Diskussion, daß es sie in unserer stürmischen Zeit wiederzuentdecken gilt. Die Themen der Prophetie und der Befreiung stellen sich gegen die Dialektik von Holocaust und Ermächtigung, indem sie die bereits gegenwärtigen Themen von Erneuerung und Solidarität vertiefen.

Prophetische jüdische Theologie oder eine jüdische Befreiungstheologie versucht, die verborgenen und teilweise zensurierten Bewegungen jüdischen Lebens ans Licht zu bringen. Sie versucht, die Opposition jener zu artikulieren, die sich nicht zu äußern wagen oder dazu nicht fähig sind. Schließlich versucht eine jüdische Befreiungstheologie, im Verbund mit anderen, ungleiche Hoffnungen und Ziele in die Mitte jüdischen Lebens einzuweben. Kann eine jüdische Befreiungstheologie zu einem Katalysator werden, der die Lähmung überwindet, mit der die heutige jüdische Gemeinschaft konfrontiert ist? Kann sie noch einmal jene schon «beantworteten» Fragen stellen? Gelingt es ihr, in Stein gemeißelte Gesichtspunkte und Denkmäler, die jetzt, oft auf Kosten unserer Werte und des Lebens von anderen, errichtet und verehrt werden, in Frage zu stellen? Kann dies geschehen, nicht um die jüdische Gemeinschaft herabzusetzen oder sie in Verzweiflung zu stürzen, sondern um tiefste Solidarität mit ihr, mit unserer Geschichte und mit unserer Zukunft zu empfinden?[3]

Obwohl eine jüdische Befreiungstheologie am Rande jüdischen Lebens ihren Anfang nimmt, trägt sie dennoch eine Vergangenheit und eine Gegenwart mit sich. Die Stimmen des Exodus und der Propheten, die Stimmen der Märtyrer, die den Tod betend auf sich nahmen wie auch der anderen, die das Gebet verweigerten, die Stimmen derjenigen, die mit den Waffen widerstanden wie auch jener, welche mit dem geschriebenen Wort Widerstand leisteten, all diese Stimmen sind vor uns. Die Holocaust-Theologen und die Erneuerungsbewegung in Nordamerika wie in Israel sind mit uns. Und in der Nacht, wenn wir ihre Tiefe ergründen, sind die Menschen von Guatemala, Nicaragua, El Salvador und aus dem kämpfenden Südafrika ebenfalls bei uns. So könnte es eines Tages sein. Wäre es möglich, daß wir in unserem Kampf nicht allein, sondern daß wir in einer weiteren Tradition von Glaube und Kampf sind; in einer Tradition, die jetzt dem Zeugnis jeder Gemeinschaft Antrieb verleiht und es mit anderen kämpfenden Gemeinschaften in einem gemeinsamen Befreiungskampf zu teilen versucht.[4]

Und doch werden wir immer wieder daran erinnert, daß es, obwohl unser eigener Weg zur Solidarität undeutlich geworden ist, viele gibt, – selbst unter jenen, die für Gerechtigkeit kämpfen – welche die Juden fürchten und eine Abneigung gegen sie haben. Die Generation der Nazis lebt weiter; die kürzlich erfolgten Enthüllungen über die Nazi-Vergangenheit des ehemaligen UNO-Generalsekretärs Kurt Waldheim, seine Mitgliedschaft in der NSDAP sowie seine Verbindung mit Grausamkeiten ist nur eine von vielen Warnungen für das jüdische Volk. Fortschrittliche Katholiken begrüßen zwar Juden als Individuen, verlangen oft aber, daß sie ihre jüdische Besonderheit bei der Türe zurücklassen sollten. Man muß nicht weit gehen, um jenen jungen katholischen Priester zu finden, der sein Leben für einen Bauern in El Salvador hingeben würde und gleichzeitig aus seinem Antisemitismus keinen Hehl macht; oder um an einer Party Gespräche über dreckige, atheistische Juden zu hören. Obwohl Louis Farakhan, der Führer der *Black Muslims*, zurecht viele mit seinen antisemitischen Hetzreden erschreckt, so ist doch eher der Ton, nicht aber der Inhalt einzigartig. Und was ist, wenn z.B. eine integre und aus wirklicher Besorgnis geäußerte jüdische Kritik an Israel dazu gebraucht wird, alte Vorurteile gegen das eigene Volk zu verstärken? Oder wenn die Kritik am jüdischen Reichtum jene immer noch anhaltenden Behauptungen untermauert, die Juden strebten die Kontrolle über die Weltwirtschaft an? Was sagen Juden, welche die Solidarität mit leidenden Menschen suchen, wenn christliche Befreiungsanhänger um eine Erklärung bitten (in jener freundlich interessierten Art, die annimmt, daß Juden dank ihrem Erbe das Insiderwissen hätten wie wenn sie aufgrund ihres Erbes den Durchblick hätten), wie es denn zur Kontrolle der Medien durch die Juden gekommen sei? Die Doppelmoral geht unangefochten weiter: Ariel Sharon ist ein Symbol für faschistischen Militarismus und wird als Jude identifiziert. Doch identifiziert man Harry Truman als Christen, ihn, der den Atombombenabwurf auf Hiroshima und Nagasaki anordnete? Und was ist mit Richard Nixon oder Ronald Reagan? Normalerweise heißt es bei ihnen «amerikanischer Präsident». Wird ihnen aber einmal das Attribut Christ zugeschrieben, dann nur um zu zeigen, daß es mit dem authentischen Christentum unvereinbar ist. Sollte unsere Analyse nicht etwas Ähnliches bezüglich Sharons Jude-Sein verlangen dürfen? Wären wir in der Lage zuzugeben, daß eine solche Perversion unserer Werte – wie sie durch Ariel Sharon gezeigt wird – in unserer Gemeinschaft entstand?[5]

Eine jüdische Befreiungstheologie muß darauf bestehen, daß der Antisemitismus überlebt hat und daß daher bei jeder sich bietenden Gelegenheit eine Auseinandersetzung mit ihm unumgänglich ist. Sie lehnt es aber auch ab, den Antisemitismus als ideologische Waffe zu gebrauchen, um Angst zu verbreiten und legitime Kritik zu unterbinden. Der Slogan «Nie wieder!» begründet zu oft die Absage, zu vertrauen und etwas zu riskieren. Er macht uns auch blind für die Tatsache, daß wir mit unserer Behandlung der Palästinenser und Araber, die schließlich auch Semiten sind, einen eigenen Antisemitismus genährt haben. Es scheint fast so, daß der eigentliche Antisemitismus von heute weder in der UNO noch in der jüdischen Kritik an Israel sondern in der jüdischen Gemeinschaft zu finden ist, in der das Cliché von den ungewaschenen, unwissenden und terroristischen Arabern bis zum Geht-nicht-Mehr wiederholt wird. Falls der Wille des palästinensischen Volkes, die Besetzung der West Bank und des Gaza-Streifens nicht zu akzeptieren, als irgendwie antisemitisch qualifiziert wird, dann könnte man auch sagen, die Weigerung Israels, die PLO anzuerkennen und mit ihr zu verhandeln, sei dasselbe.[6]

Dies trifft auch für die Schwarzen in den USA zu. Ungeachtet unserer Geschichte und ihrer Interpretation besteht kein Zweifel, wer im modernen amerikanischen Leben auf der untersten Stufe der sozialen Leiter steht. Wir können, obwohl es in der schwarzen Gemeinschaft Nordamerikas anerkanntermaßen einen Antisemitismus gibt, das häßliche Faktum nicht abstreiten, daß der Rassismus schwarze Nordamerikaner marginalisiert. Nur allzuviele Juden lassen sich durch die Stellungnahme eines Schwarzenführers von der eigenen sozialen Verantwortung lossprechen und blind machen für die Vorteile, die wir aus einer rassistischen Gesellschaft ziehen. Antisemitismus wird zum Schild, der die schwierigen Fragen von uns fernhält. Eine jüdische Befreiungstheologie muß das Faktum des Antisemitismus so drehen, daß eine Reflexion und eine sozial-kritische Analyse herausgefordert wird.

Wenn der Antisemitismus als Herausforderung für die jüdische Gemeinschaft gesehen wird, dann werden die von den Christen zu seiner Überwindung unternommenen Anstrengungen hilfreich. In dieser Beziehung wären viele Christen zu nennen, doch stehen feministische Theologinnen im Vordergrund. Sowohl Rosemary Radford Ruether als auch Elisabeth Schüssler Fiorenza vermitteln eine provokative Analyse über den Aufschwung des Antisemitismus. Sie untersuchen die Geschichte des Patriarchats, um herauszufinden, ob der Antisemitismus eine Funktion patriarchalen Bewußtseins und patriarchaler Struktur sei oder nicht. Auch mahnen

sie die moderne feministische Bewegung zur Vorsicht, da die Trennung von Christen und Juden eine patriarchale Störung im Leben
der Frauen sei, die Einheit bräuchten, um den gemeinsamen Feind
zu bekämpfen.[7]

Endlich muß eine jüdische Befreiungstheologie die christliche
Gemeinschaft miteinbeziehen und die Möglichkeit eines christlichen Zeugnisses zugestehen, das trotz antijüdischer Vergangenheit und Komplizenschaft mit mancher Form von Herrschaft sich
selbst zu erneuern und zu verändern versucht. Zuallererst indes
haben wir miteinander in der Sprache des Herzens und des Ver-
standes zu sprechen. Ist es möglich, daß wir eines Tages sowohl
unsere Verschiedenheiten wie auch unsere Gemeinsamkeiten
annehmen können? Dies könnte eine äußerst radikale Solidarität
aller sein, wie es auch sehr heilend wäre. Denn das Judentum
verhalf einem Christentum zur Geburt, das nicht nur seine Vorfahren vergaß, sondern sie auch noch zu vernichten suchte. Dieses
tragische Auseinandergehen fügte dem jüdischen Volk unglaubliche Gewalt zu; eine Gewalt, die sich auf Themen und Personen
innerhalb unserer Tradition auswirkt, sodaß sie bis heute totgeschwiegen werden. Gleichzeitig verwarf man das jüdische Fundament der JüngerInnen Jesu. Die unberechenbare und oft tragische Geschichte der Christenheit weist auf die Notwendigkeit
der Christen hin, ihr hebräisches Erbe einzufordern. Könnte der
Holocaust zum Katalysator werden bei der Heilung der Gebrochenheit, an der beide Gemeinschaften nahezu 2'000 Jahre lang
gelitten haben? Neuere Arbeiten jüdischer Autoren weisen auf
eine solche Möglichkeit im Bereich des Glaubens hin. Eine jüdische Befreiungstheologie muß einen solchen Weg prüfen, auch in
den Bereichen des sozialen und politischen Lebens.[8]

Die Frage der Ermächtigung ist an und für sich nicht schwierig;
problematisch ist ihre Art und Weise. Eine jüdische Befreiungs-
theologie bejaht Ermächtigung unter der Bedingung, daß ebenso
die Ermächtigung anderer bejaht wird. Der Staat Israel ist im
Nahen Osten aufgrund seiner Autonomie und Stärke fest etabliert.
Was not tut, ist die Geschichte der Ermächtigung Israels; eine
Geschichte, welche die dem palästinensischen Volk zugefügten
Ungerechtigkeiten miteinschließt.

Gegenstück einer autonomen Präsenz zu Israel ist Palästina.
Eine jüdische Befreiungstheologie beginnt von Israel und Palästina gleichzeitig zu sprechen. Daß Israel ein Staat ist, hat weniger mit

religiösen Prinzipien als vielmehr mit der nationalen Organisation der modernen Welt zu tun. Das palästinensische Volk verdient ebenfalls einen Staat. Israel sollte an dessen Geburt teilhaben, indem es ihn anerkennt und bei Bedarf auch materielle Unterstützung liefert. Eine jüdische Befreiungstheologie ist diesbezüglich eindeutig: Dem palästinensischen Volk wurde tiefes Unrecht getan bei der Schaffung des Staates Israel und durch die Besetzung von Gebieten. So wie wir unsere Ermächtigung feiern, haben wir auch unsere Fehler zu bereuen und sofort von ihnen zu lassen. Wenn dies heute geschieht, so können wir in 100 Jahren vielleicht von einer Föderation zwischen Israel und Palästina sprechen und darüber, wie ein tragischer Konflikt zum Wohle beider Gemeinschaften geheilt wurde.

Eine jüdische Befreiungstheologie hat auch die jüdische Ermächtigung in den USA zu hinterfragen. Wie bereits erwähnt, stützt sich die jüdische Gemeinschaft auf Garantien der USA bezüglich der Sicherheit Israels. Selten jedoch kommen die Kosten dieser Garantie zur Sprache. Zu oft führt das *quid pro quo* zu unkritischer Unterstützung der US-Militärmacht und ihrer Interventionsbereitschaft in der ganzen Welt. Unsere Ethik spornt uns zur Solidarität an. Unsere Realpolitik dagegen sieht in den Armen hier und in der Dritten Welt die Bedrohung eines zu unseren Gunsten arbeitenden Systems. Doch was geschieht, wenn der US-Militarismus und die Interventionstätigkeit weitergehen und den Teufelskreis der Armut für den größten Teil der Weltbevölkerung noch verstärken? Sogar liberale Positionen jüdischer Organisationen verfügen kaum über realistische Einschätzungen einer solchen Situation. Auch die liberale *Agenda*, in ihrer Zeit einst wichtig, gibt sich zunehmend vage und rhetorisch. Sie hegt mehr oder weniger nur noch die Hoffnung, wir möchten möglichst ungestört bleiben.[9]

Der vage liberale Dialog, der Ethik verpflichtet, geht trotz des unethischen Handelns von Israel weiter. Wir nehmen daran teil, um unseren eigenen Reichtum zu schützen. Daß Juden den Reichtum in Nordamerika gemacht haben, ist kaum der Rede wert, obwohl es hier viele arme Juden gibt, von denen sowohl Juden wie Nicht-Juden nicht sprechen wollen. Verarmte Juden sind Teil unserer Vergangenheit, die wir begraben wollen, da sie an das Ghetto erinnern, dem wir eben entronnen sind. Müssen wir zugeben, daß wir, obwohl es von Museen und theatralischen Feierlichkeiten unserer jüngsten Vergangenheit nur so wimmelt, uns unseres am Rande gelebten Lebens schämen? Eines von der Gesellschaft nicht zur Kenntnis genommenen Lebens, das weder mit Geld noch mit Status belohnt worden ist?

Norman Podhoretz, ein führender jüdischer Neokonservativer, wachte eines Morgens auf und merkte, daß es besser wäre, reich als arm, mächtig als schwach zu sein. In gewisser Weise war das eher ein kollektives Erwachen als nur die Eingebung eines Einzelnen. Wenige würden sich mit dieser allgemeinen Fragestellung beschäftigen, wenn es dazu keine Alternative gäbe, nämlich: daß es besser wäre, alle hätten Zugang zu den Gütern des Lebens und alle würden ermächtigt sein, an den Entscheidungsprozessen der Gesellschaft gleichberechtigt teilzuhaben. Dieses Ziel jedoch läßt sich nur erreichen, wenn verstanden wird, wie Reichtum zustande kommt und wie durch sein Zustandekommen andere in ihren Rechten beschnitten werden. In unserer Gesellschaft erfordert Macht die Schwäche der anderen und lebt davon. Demokratie mag der Schlüsselbegriff sein, Realität aber ist die Oligarchie. Kapitalismus, so wie er praktiziert wird, bedeutet Wohlstand für wenige, dagegen bedeutet er für viele Arbeitslosigkeit und Armut. Meistens sind wir als Juden uns dessen nur schwach durch die Zeitungen und das Fernsehen bewußt. Doch die Informierten unter uns wissen, daß wir auf dem Rücken eines Tigers reiten. Eine jüdische Befreiungstheologie verlangt, daß die liberale und unseren Wohlstand unterstützende Analyse vertieft werde durch eine befreiende wirtschaftliche und politische Kritik. Diese wurde paradoxerweise von säkularen Juden vorbereitet, ausgearbeitet und verbreitet.[10]

Gelebtes Judentum in einer Nach-Holocaust-Welt

Eine jüdische Befreiungstheologie ist auch eine Aufforderung an jene Juden, die sich nicht mehr mit der jüdischen Gemeinschaft identifizieren. Im 19. und 20. Jahrhundert verließen säkulare Juden ihrer Ideale und ihres Aktivsimus wegen freiwillig oder unter

Zwang ihre Gemeinschaften. Ihre Kritik an wirtschaftlicher und politischer Macht trägt das jüdische ethische Ideal auch ohne religiöse Sprache weiter. Obwohl es durchaus fortschrittliche religiöse Juden gab, ließ die Kritik an der Religion und am Kapitalismus manchen kaum eine andere Wahl, als mit der Gemeinschaft zu brechen. Viele linke Juden wurden angesichts der Religion und Wirtschaft ihrer Zeit a-theistisch. Erst heute erkennen wir das durch sie repräsentierte, spezielle Paradox: viele von jenen, die den Gott des Status quo ablehnten, trugen auf verschiedene Weise das Kernzeugnis des jüdischen Lebens weiter. Und viele von denen, die leidenschaftlich beten, nahmen die Götzen des modernen Lebens an. Wahr ist aber auch, daß sich einige religiöse Juden aktiv für Gerechtigkeit einsetzten wie ebenso wahr ist, daß einige, die ausbrachen, neue Götzen erwarben, sei es nun ein monolithischer Säkularismus oder allzuoft ein Marxismus stalinistischer Prägung.

Dieser Bruch, für seine Zeit vielleicht unausweichlich, dient heute kaum jemandem mehr. Der religiöse Jude braucht die säkulare und sozialistische Kritik, um wirklich ganz Jude zu sein, und der säkulare Jude profitiert von Idealen und Symbolen einer verwelkten Sprache. Denn was sind religiöse Juden anderes als solche, die die Welt ihres Glaubens wegen verändern? Und was sind säkulare jüdische Linke, wenn nicht praktizierende Juden ohne Portefeuille? Die Trennung zwischen Religiösen und Säkularen wirft, wie auch der mögliche Dialog, eine wichtige Frage auf, die eine jüdische Befreiungstheologie nicht umgehen kann: Wer ist inmitten von Holocaust und Ermächtigung überhaupt praktizierender Jude?

Die Holocaust-Theologen verstehen einen heutigen Juden als einen, der sich an den Holocaust erinnert und am Überleben und an der Ermächtigung des jüdischen Volkes teilnimmt. Sekundär, wenn auch wichtig, ist das Thema der Einhaltung des Ethischen. Wie wir bereits gesehen haben, stellt eine jüdische Befreiungstheologie dagegen die Ethik wieder ganz an den Anfang, versehen mit der zusätzlichen Dynamik von Solidarität und Erinnerung an noch unbegangene Wege. Holocaust-Theologen verstehen unter einem praktizierenden Juden nicht mehr so sehr einen, der an Ritualen teilnimmt und das Gesetz hält, sondern als einen, der sich liebevoll um die Erinnerung, das Überleben und die Ermächtigung sorgt. Eine jüdische Befreiungstheologie fügt dieser Definition ein kritisches und aktives Streben nach Gerechtigkeit und Frieden hinzu.

Doch die meisten Juden, ob orthodox oder überzeugt säkular, akzeptieren die gestrigen Definitionen weiterhin. Wie oft treffen wir säkulare Juden, die ihr Leben für Gerechtigkeit hingeben, sich aber von der «Religiosität» entfremdet fühlen, und dann wieder orthodoxe Juden, die zur Ungerechtigkeit beitragen und sich doch selbstgerecht religiös fühlen. Heute müssen wir den Begriff des praktizierenden Juden neu definieren, wenn er überhaupt noch aussagekräftig sein soll.[11]

Mit aller Deutlichkeit gilt es festzuhalten, daß die Identifizierung mit dem Staat Israel an und für sich keinem religiösen Akt entspricht. Das Gegenteil ist wahr: die Weigerung, den Staat Israel als zentral für die jüdische Spiritualität zu sehen, ist an und für sich keine die Exkommunikation erfordernde Übertretung. In der Perspektive der Befreiung qualifiziert ein praktizierender Jude den Staat Israel weder als zentral noch als peripher; er sieht in ihm eher einen notwendigen, keineswegs aber fehlerlosen Versuch, eine autonome jüdische Präsenz im Nahen Osten zu schaffen. Das jüdische Volk kann in der dortigen Region auf eine kontinuierliche Präsenz von mehr als 5'000 Jahren zurückblicken, und die moderne Geschichte hat eine Rückkehr ermöglicht. Doch eine jüdische Befreiungsperspektive wehrt sich gegen die Meinung, die jüdische Geschichte drehe sich um eine Rückkehr ins Land Israel wie auch dagegen, daß Israel die wichtigste jüdische Gemeinschaft sei. Jüdische Menschen leben in Israel und verdienen somit Solidarität der jüdischen Mitbürger in Nordamerika und anderswo und umgekehrt.[12]

Die Gleichsetzung von Zionismus mit Judentum ist alles andere als angebracht. Zionisten sind jene, die sich in Israel niedergelassen haben. Doch gibt es dort auch Nicht-Zionisten. Jene außerhalb Israels, die Israel als Zentrum jüdischer Identität betrachten, sind eher «Israelisten» oder «Israel-Identifizierte» als Zionisten. Mehr Israelis wandern aus Israel aus als Diasporajuden nach Israel einwandern. Israelis, die aus Israel auswandern, sind dort geborene, aber anderswo lebende Juden und deshalb keine Zionisten mehr. Die große Mehrheit des jüdischen Volkes mag zwar «Israel-identifiziert» sein, *per definitionem* sind sie aber etwas anderes als Zionisten. Solidarität mit dem eigenen Volk erschöpft sich kaum in der eigenen Position zum Zionismus und zu Israel, obwohl man uns dies verschiedentlich weismachen wollte. Es wurde soviel Energie und Emotionalität darauf verschwendet, Zionismus mit Judentum gleichzusetzen, daß eine verständliche Angst besteht, wenn etwa gar eine Anpassung vorgeschlagen wird. Was aber, wenn Israel als Staat zu existieren aufhörte, sei es unfreiwillig durch militärische Gewalt oder freiwillig durch Zusammenschluß mit der palästinensischen Gemeinschaft? Würden das Judentum und das jüdische Volk untergehen, oder würden die Energien jüdischen Widerstandes und jüdischer Hoffnung neu kanalisiert? Das jüdische Volk existierte vor dem Staat Israel und wird weiterleben, auch wenn der Nationalstaat schon lange zu existieren aufgehört hat.[13]

Notwendigerweise mit dem jüdischen Volk verbunden ist ein praktizierender Jude dazu berufen, sich für eine umfassendere Tradition von Glaube und Kampf zu engagieren. Der ökumenische Dialog, wie er im letzten Vierteljahrhundert definiert wurde, hat seine Bedeutung wie seine Grenzen. Für viele Juden bedeutet ein solcher Dialog Zeitverlust und Irrtum, als ob das Gespräch die Orthodoxie kompromittierte und der «Feind» stets derselbe bleiben würde. Jene, die in Schmerz und Erwartung ausharren, schaffen eine wichtige Brücke des Verständnisses und sogar des Mitgefühls. Doch heute müssen wir die Grenzen des ökumenischen Dialoges verstehen und wissen, wohin er führt. Die umfassendere Tradition von Glauben und Kampf spielt sich in einem völlig anderen Kontext ab als es der Kontext der traditionellen jüdischen und christlichen Institutionen ist. Zu oft klammern sich diese Makler der Macht an die Macht, indem sie für den Status quo eintreten. Im Klartext bedeutet dies, daß sie eintreten für Herrschaft und Unterdrückung. Es gibt keinen Zweifel, daß die von jüdischer Seite in den Dialog implizit oder explizit eingebrachte Theologie eine Holocaust-Theologie ist, die sich auf die Ermächtigung und die Unterstützung Israels konzentriert. Christliche Dialogpartner müssen, um glaubwürdig zu sein, zunächst und vor allem ihre ganze Zustimmung signalisieren, denn jegliches Schwanken wird als Antisemitismus ausgelegt. Die Haltung Israel gegenüber bestimmt, wer zum Dialog zugelassen und wer von ihm ausgeschlossen wird, so wie dies im Ansatz der Perlmutters bereits beschrieben wurde. Doch wohin kann ein solcher Dialog führen, wenn sich das Hauptanliegen einfach von den christlichen Versuchen der Judenbekehrung zu den jüdischen Bemühungen verschob, die Christen zum Zionismus zu bekehren? Stattdessen brauchen wir doch alle einen kritischen Partner, der vergangene Übertretungen bereut und auch kritisch denken darf. Wie schmerzhaft und paradox es auch für manche scheinen mag, die jüdische Gemeinschaft kann die Frage Israels auf lange Sicht nicht allein angehen: kopfnickende Männer und Frauen als Partner helfen einer Gemeinschaft wenig, welche auf Sicherheit und auf Kritik angewiesen ist. Wahre AnhängerInnen der jüdischen Befreiungsbewegung glauben, daß Palästina und die Unterstützung eines durch die PLO gestalteten palästinensischen Staates Bestandteil jeder Diskussion über Israel sein müssen und somit auch Teil des ökumenischen Dialogs.[14]

Eine jüdische Befreiungstheologie ermutigt zum Dialog mit anderen Befreiungstheologien und Gemeinschaften in Demut und Solidarität. Bisher stammen die wenigen bestehenden Kontakte von linken Juden ohne jüdische Identifikation oder von Leitern jüdischer Institutionen und von Intellektuellen, die christlichen Theologen oft Vorträge über deren fehlerreiche exegetische Methoden und das Wiedererwachen des christlichen Triumphalismus zu halten versuchen. Der Hauptpunkt dabei scheint, daß die jüdische Gemeinschaft den theologischen und politischen Wechsel fürchtet, den die Perspektive der Befreiung erzeugt. Aber verfehlen wir damit nicht den entscheidenden Punkt ihres Kampfes? Jenen Punkt nämlich, daß sie für die Leidenden sprechen. Dies sollte den Weg zwischen unserer jüdischen Gemeinschaft und den Befreiungstheologen ebnen. Unsere Überlebensangst indes scheint eine tiefere Angst zu überdecken: es ist die Feststellung, daß wir je länger je weniger mit unserem eigenen Zeugnis in Berührung sind. Statt machtlosen Völkern zahlreiche und nur relativ befugte Vorträge über die Wichtigkeit einer unkritischen Unterstützung Israels zu halten, wäre es vielleicht an der Zeit, zu schweigen und sich die schmerzhaften, bewegenden und manchmal widersprüchlichen Geschichten der Unterseite anzuhören. Anders als beim Lehren könnten wir durch das Zuhören entdecken, wie wir im steigenden Maße Komplizen ihres Leides sind. Gleichzeitig könnten wir Wege zur Solidarität finden, die für sie und für uns wichtig sind.

Eine jüdische Befreiungstheologie anerkennt, daß sich die Welt verändert hat, und daß wir durch die bloße Anwendung von Vor-Holocaust und Holocaust Kategorien auf die moderne Welt Augen und Ohren vor dem Schmerz und den Möglichkeiten der Gegenwart verschließen. Durch die Erfahrung unserer eigenen Geschichte finden wir Einblick in die aktuellen Kämpfe. Wenn wir von der Geschichte trotzdem überwältigt sind und versuchen, andere zu überwältigen, wird unser Gedächtnis zu einem Ort des Zorns und der Isolation, eher zu einem unempfindlichen Instrument als zu einer sorgfältig gepflegten Erinnerung. Wie Walter Benjamin richtig sagte, kann uns die Erinnerung an unsere versklavten Vorfahren entweder versklaven oder freisetzen. Der Exodus als Beispiel mag hier paradoxerweise hilfreich sein. Denn die Erinnerung an die vergangene Sklaverei kann zur Rückkehr in die Sklaverei in Gestalt der Freiheit ermuntern. Eine bekannte Realität ist schlußendlich besser als eine unbekannte. Jene, die eine Rückkehr nach Ägypten anstrebten, verweigerten sich dem Risiko der Wüste, eine gewiß verständliche Position. Doch die Freiheit war anderswo, jenseits des Bekannten. Neue Muster von Leben und Kult sollten im Schmerz und im Kampf der Befreiung entwickelt werden.

Wie riskant und problematisch dies auch ist, wir werden heute in die Wüste gerufen; doch dieser Ruf ist ein Versprechen für Befreiung. Gepeinigt durch die Geschichte, können wir nicht mehr länger Befreiung als den Schutz des allmächtigen Gottes ansehen, der tagsüber über uns schwebt und uns nachts führt, oder einfach als die Suche nach Ermächtigung für unser Volk in Nordamerika und Israel. In der Gegenwart verbrennender Kinder, sei es nun in Polen oder im Libanon, können wir uns eine solche Unschuld schlecht leisten. Als Volk im ständigen Exil, fern von Jerusalem, ein Zustand, der unsere wehklagenden Gebete prägte, kehren wir heute zurück, um die Gebete für eine neue Generation von Exilierten, die wir selbst geschaffen haben, zu formulieren. Die Feier unseres Auszugs aus Ägypten, das Pesach-Fest, enthält wiederum Lehrreiches: wir beklagen den Verlust von ägyptischem Blut, vergossen für unsere Befreiung, und gemahnt, uns an unserem höchsten Feiertag an die Fremden in unserer Mitte zu erinnern. Waren wir doch auch einmal Fremde in einem fremden Land. Die Haggada bittet uns, noch einen Schritt weiterzugehen und uns vorzustellen, wir selbst seien in der Sklaverei. Die Feier der Freiheit wird durch unsere eigene Unterdrückung behindert. Die Warnung ist doppelt: Ermächtigung ist mit Blut besudelt, und selbst das Blut des Unterdrückers wird beklagt. Zudem ist Ermächtigung durch ihre Begründung und Rechtfertigung immer mit Formen der Unterdrückung konfrontiert, in die einzutreten wir versucht sind. Ermächtigung ist weder endgültig noch eindeutig: sie ist eine Stufe zur Solidarität mit sich selbst und anderen und enthält ihre eigene

Kritik, vorgetragen nicht von den Siegern, sondern von Sklaven von gestern und heute. Es ist verständlich, daß wir Ermächtigung oft mit Befreiung verwechseln: sie ist bequem und erfüllt ihren Zweck. Doch haben wir ebenso gesehen, daß Ermächtigung eines Volkes andere ins Exil zwingen kann.

Die Stimmen von Kritik und Erneuerung innerhalb der Ermächtigung – sie sind bereit, sich der Nacht zu stellen und Bündnisse der Solidarität zu schließen – schreiten auf dem Weg der Befreiung innerhalb der heutigen jüdischen Gemeinschaft, obwohl man sie kaum feiert oder zur Kenntnis nimmt. Wie in anderen Gemeinschaften ist der Weg der Befreiung wenig begangen. Die große Mehrheit macht weiter, als ob die Sieger das letzte Wort hätten. Daß die Opfer, einmal mächtig, sich wie die Sieger benehmen, gegen die sie sich einst aufgelehnt hatten, ist ein trauriges, jedoch nicht einmaliges Faktum der Geschichte. Daß die Sicherheit der Sieger nur einen Schritt von der Not der Opfer entfernt ist, wird selten verstanden, auch wenn die Sieger selbst erst kaum den Feuern entronnen sind. Zynismus liegt sowohl in der Macht als auch in der Verzweiflung, und vielleicht sind diese zwei in einem Zyklus verbunden, dem man unmöglich entrinnen kann. Die Stimmen des Exils verkörpern somit einen Idealismus, den man – so die Meinung vieler – am besten am Rande läßt.

Die Hoffnung auf Befreiung jedoch bleibt. Die fünftausendjährige Geschichte, mit den Kapiteln von Holocaust und Ermächtigung, vermittelt ein einzigartiges Fundament, auf dem wir eine Zukunft bauen können. Die Prophetie, wie der Glaube selbst, einmal schwach, dann wieder stark, wartet auf ihre Wiederentdeckung durch jenes Volk, das sie der Welt überlieferte. Die neue Dringlichkeit, verkörpert durch die «verbrennenden Kinder» aller Völker, ruft uns mit verblüffender Eindringlichkeit zu ihrer Wiederentdeckung auf. Wie in jedem Zeitalter der Geschichte ist die Welt auf dieses Zeugnis angewiesen und, an einem Wendepunkt unserer eigenen Geschichte, bedürfen auch wir seiner. Eine jüdische Befreiungstheologie versucht, sich bei der Wiederentdeckung der Prophetie anderen anzuschließen in der Hoffnung, daß wir das werden können, wozu wir zu sein berufen sind.

Nachwort

Intifada und die Zukunft des jüdischen Volkes

Nach Dezember 1987, als die zwanzigjährige Besetzung der West Bank und des Gaza-Streifens in einen richtigen Bürgerkrieg ausartete, erwachte die jüdische Gemeinschaft Nordamerikas und Israels abrupt. Wellen der Wut ergossen sich über den Verrat unseres ethischen Zeugnisses, und man verlangte das Ende der Besetzung. Michael Lerner, Herausgeber der fortschrittlichen jüdischen Zeitschrift *Tikkun*, resümierte diese Gefühle in einem Editorial mit dem Titel *Die Besetzung: Unmoralisch und dumm.* In einer leidenschaftlichen und unmißverständlichen Sprache ermahnte er Israel: «Hört auf zu schlagen! Hört auf, Knochen zu brechen; hört auf damit, Leute nachts in ihren Wohnungen zu überfallen; hört auf, Nahrung als Waffe zu gebrauchen; hört auf zu behaupten, ihr könntet den Kampf eines ganzen Volkes mit Gewehren, Prahlen und Macht beantworten. Gebt öffentlich zu, daß die Palästinenser dasselbe Selbstbestimmungsrecht wie wir Juden haben, und handelt eine Lösung mit ihren Vertretern aus!»[1]

In gewisser Weise gehen Lerner und viele andere Juden auf eine Position zu, die vor der Intifada undenkbar gewesen wäre: Solidarität mit dem palästinensischen Volk. Und der Aufstand ruft uns die von Johann Baptist Metz zitierten Gedanken über den christlichen und jüdischen Aufbruch nach dem Holocaust wieder ins Gedächtnis: «Wir Christen kommen niemals mehr hinter Auschwitz zurück; über Auschwitz hinaus aber kommen wir, genau besehen, nicht mehr allein, sondern nur noch mit den Opfern von Auschwitz.» Im Licht des Aufstandes erhalten diese Worte eine neue Bedeutung. Sie beziehen sich auf den gemeinsamen Aufbruch von Juden und Palästinensern. Für Juden mag die Herausforderung so lauten: «Wir Juden kommen niemals mehr hinter die Ermächtigung zurück; über die Ermächtigung hinaus aber kommen wir, genau besehen, nicht mehr allein, sondern nur noch mit den Opfern der Ermächtigung.»[2]

Die das jüdische Volk in Israel und in der ganzen Welt beschäftigenden Fragen sind somit: Verhandlungen über die Grenzen, Anerkennung der PLO, Einstellung der Enteignungen von menschlichen, Land- und Wasser-Ressourcen in den besetzten Gebieten, das öffentliche Eingeständnis von Folter und Mord seitens der Israelis, um nur einige zu nennen. Schließlich sind im israelisch-palästinensischen Konflikt die Bereiche von Politik, Militär und Wirtschaft involviert, während gleichzeitig die grundlegendsten theologischen Voraussetzungen des Nach-Holocaust-Judentums angegangen sind. Denn ohne die implizite und explizite Theologie unserer Gemeinschaft anzugehen, wird jede Anpassung der politischen, militärischen und wirtschaftlichen Grenzen eine oberflächliche Momentaufnahme sein, die bei der nächsten Gelegenheit verletzt werden wird. Sicher sind politische Vereinbarungen von irgendwelcher Bedeutung in Israel und Palästina ohne Antrieb zur Solidarität aufgrund der Eigenart des Konflikts nicht möglich.

Die in der heutigen jüdischen Gemeinschaft normative Holocaust-Theologie ist nicht im Stande, diesen Weg der Solidarität zu artikulieren. Das hat der Aufstand zur Genüge gezeigt. Aber auch die bekanntesten jüdischen Sprecher, von denen einige selbst an ihrer Entwicklung beteiligt waren und andere sich innerhalb des von ihr gesetzten Rahmens bewegen, können nicht klar über dieses wichtigste Problem sprechen. Es gibt viele Gründe für diese Unfähigkeit, das Thema der Solidarität genau anzugehen. Die aus der Reflexion über die Todeslager hervorgegangene Holocaust-Theologie stellt das jüdische Volk hilflos und leidend dar, wie wir es ja auch waren. Sie spricht nicht und kann nicht von dem Volk sprechen, das wir heute sind und morgen sein werden – mächtig und oft repressiv. Richtigerweise setzt sich die Holocaust-Theologie für die Notwendigkeit ein, ermächtigt zu sein; was ihr aber fehlt sind der Rahmen und die Fähigkeit zur Analyse, um die Kosten der Ermächtigung zu ergründen. Mit großer Eloquenz spricht die Holocaust-Theologie vom Kampf um Menschenwürde in den Todeslagern und stellt radikal die Frage nach Gott sowie nach dem jüdischen Überleben. Zur Ethik eines jüdischen Staates, der Atomwaffen besitzt und autoritären Staaten Waffen und militärische Ausbildungshilfe liefert, der Land enteignet und Menschen foltert, die der israelischen Besatzung Widerstand leisten, zu all dem hat sie praktisch nichts zu sagen.[3]

Obwohl diese Informationen leicht zugänglich und von der Weltöffentlichkeit als beweiskräftig anerkannt und obwohl sie von Juden in Israel und in den USA beschrieben oder selbst entdeckt worden sind, weigern sich Holocaust-Theologen oft, sie zu akzeptieren. Es scheint, wie wenn der Hinweis, daß Juden eine solche Politik unterstützen könnten, verräterischer ist als die Politik selbst und Grund genug für einen Ausschluß aus der Gemeinschaft böte. Aufgrund der Macht der Holocaust-Theologie in bedeutenden jüdischen Institutionen, in den Medien und im organisierten jüdisch religiösen Leben werden diese Tatsachen aus dem jüdischen Diskurs verbannt, als ob sie sich gar nicht ereignet hätten, weil unmöglich ist, daß Juden so etwas tun. Mit solch tiefer Ignoranz reagiert eine auf ihr Wissen und ihre Intelligenz stolze Gemeinschaft auf das Verhalten des eigenen Volkes.[4]

Deshalb muß die Dialektik von Holocaust und Ermächtigung, wie sie in der Holocaust-Theologie zum Ausdruck kommt, mehr denn je mit dem dynamischen und gefährlichen Element der Solidarität konfrontiert werden. Solidarität wird oft als ein in guter Absicht erfolgendes Zugehen auf andere Gemeinschaften verstanden. Gleichzeitig fordert sie jedoch eine Erforschung der eigenen Gemeinschaft. Um solidarisch zu sein, bedarf es der Kenntnis des anderen und zudem auch eine bessere Kenntnis seiner selbst. Wenn wir die nationalen Ziele des palästinensischen Volkes anerkennen, so ist das nur ein Schritt auf dem Weg zur noch schwierigeren und kritischeren Frage, wie sich die israelische Politik auf diese Ziele eingelassen hat. Wenn wir den Kampf der südafrikanischen Schwarzen unterstützen, müssen die Beziehungen zwischen Israel und der südafrikanischen Regierung eingehender und dauernder Untersuchung unterstellt werden. Was wir heute haben, ist eine mächtige und fehlerbehaftete jüdische Gemeinschaft, die etwas anderes geworden ist als das von der Welt verlassene, unschuldige Opfer.[5]

Eine immer größer werdende Zahl von Juden beginnt wegen der Intifada zu verstehen, daß sich unsere historische Situation in den letzten zwei Dekaden radikal verändert hat, und daß uns etwas Schreckliches, ja Tragisches, zustößt. Mit welchen Worten drücken wir solch qualvolle Gefühle aus? Fühlen wir uns mit diesen Gefühlen allein, sodaß sie besser unausgesprochen bleiben? Und einmal ausgesprochen, verdammen uns solche Worte nicht als Verräter, oder versehen sie uns mit dem Attribut «sich selbst hassender Jude»? Oder fordert das Aussprechen des Unaussprechbaren die Gemeinschaft dazu heraus, das Schweigen und die Lähmung, die uns zu überwältigen drohen, zu durchbrechen? Können jene unter uns, welche die Palästinenser kennen und mit ihnen fühlen, reden, ohne bezichtigt zu werden, sie würden die Grundlagen für einen zweiten Holocaust schaffen? Ist es unser Auftrag, den Teufelskreis von Tod und Vernichtung zu durchbrechen?[6]

Dieser Herausforderung sieht sich das jüdische Volk gegenüber. Damit geht auch die Aufgabe der Schaffung einer neuen jüdischen Theologie einher, die sich mit der Geschichte, die wir gestalten und unseren Kindern überliefern wollen, verträgt. Wenn alles gesagt und getan ist, könnte es dann sein, daß wir mächtig sind, wo wir einst schwach waren; daß wir unbesiegbar sind, wo wir einst verwundbar waren? Oder wären wir eher in der Lage zu sagen, daß die notwendige und fehlerbehaftete Macht, die wir schufen, nur ein Werkzeug war, um uns über die Ermächtigung hinaus auf Befreiung hin zu bewegen. Eine Befreiung, die all die für Gerechtigkeit Kämpfenden umfaßt, selbst jene, die wir einst als Feinde kannten? Und daß unsere Macht, wenn sie in Solidarität mit anderen ausgeübt wird, einen Heilungsprozeß in der Welt bewirken kann, welcher auch unsere Jahrtausende alten Wunden zu heilen begänne?

Neue Erneuerungsbewegungen innerhalb der jüdischen Gemeinschaft, die sich während des Aufstandes entwickelt oder ausgebreitet haben, weisen den Weg zu dieser Theologie. In Israel schafft das aus Israelis und Palästinensern gebildete *Committee Confronting the Iron Fist* Dialogsituationen und organisiert Demonstrationen mit dem Ziel, die Besetzung zu beenden. Die erste Publikation trug den provokativen Titel *Wir wollen frei sein in unserem Heimatland*. Mitglieder der Antikriegsbewegung *Yesch Gvûl* (*Hier ist eine Grenze*), gebildet aus Israelis, die den Kriegsdienst im Libanon verweigerten und heute den Dienst in der West Bank und im Gaza-Streifen verweigern, sind mutig in ihrer Bereitschaft, nein zur Unterdrückung anderer zu sagen, selbst auf Kosten ihrer eigenen Freiheit. Die Bewegung *Women in Black* besteht aus israelischen Frauen, die in Trauerkleidung Mahnwachen halten, und *Women Against Occupation* adoptieren palästinensische Frauen, politische Gefangene und Inhaftierte. Diese wie noch viele andere jüdische Gruppen protestieren gegen die Besetzung und solidarisieren sich mit dem palästinensischen Widerstand.[7]

Seit dem Beginn des Aufstandes äußern sich die nordamerikanischen Juden vermehrt zum Kampf um Gerechtigkeit im Nahen Osten. Die *New Jewish Agenda*, eine aus säkularen und religiösen Juden bestehende Bewegung, engagiert sich weiterhin für die Sicherheit Israels wie auch für die gerechte Forderung nach einem Staat für die Palästinenser. Das fortschrittliche jüdische Magazin *Tikkun* setzt sich an vorderster Front der Diskussion für ein neues Verständnis der israelisch-palästinensischen Situation ein. Auch jüdische Intellektuelle wie Arthur Hertzberg und Irving Howe sowie Institutionen (darunter auch die *Union of American Hebrew Congregations*) drückten ihr Entsetzen über die israelische Politik in den besetzten Gebieten aus.[8]

Was diese Einzelpersonen und Bewegungen verkörpern, ist die Suche nach einem theologischen Rahmen, der Solidarität fördert statt sie zu behindern. Es ist, als ob sich ein lange unterdrücktes Unbehagen an die Oberfläche drängt und die einst als angemessen betrachteten Sprache und Symbole durchbricht. Natürlich besteht das Risiko, daß die Krise, ohne einen grundlegenden Wandel zu bewirken, vorübergeht. Die Sprache der Solidarität wird wieder weichen, und die bekannteren Muster werden sich verstärken. Ferner trifft zu, daß selbst die genannten Bewegungen in ihren Zielsetzungen und Visionen oft begrenzt sind und, wenn nötig, zweideutig reden, um innerhalb der jüdischen Gemeinschaft glaubwürdig zu bleiben.

Doch der Wechsel ist unvermeidlich und die Aufgabe klar. Der theologische Rahmen, den wir gestalten müssen, ist kaum ein Ausgangspunkt. Freilich ist er eine Erneuerung jener Themen, die im Herzen unserer Tradition liegen. Es sind dies der Exodus und die Prophetie, in der heutigen Welt interpretiert. Eine jüdische Befreiungstheologie ist unsere älteste Theologie, unser großes Geschenk an die Welt, das dann und wann verkümmerte, nur um durch unsere eigene Gemeinschaft und andere Gemeinschaften auf der Welt wiederentdeckt zu werden. Eine jüdische Befreiungstheologie konfrontiert Holocaust und Ermächtigung mit der Dynamik der Solidarität, indem sie eine Brücke zu anderen schlägt wie sie auch unseren eigenen Machtmißbrauch kritisiert. Durch die Verbindung mit all jenen, die sich für Gerechtigkeit einsetzen, wird eine jüdische Befreiungstheologie auf lange Sicht unsere Isolation und Verlassenheit mindern. Sie wird somit einen überaus notwendigen Heilungsprozeß für die Zukunft der jüdischen Gemeinschaft in Gang setzen.

Wenn es zutrifft, daß wir nicht hinter die Ermächtigung zurückgehen können, so wissen wir jetzt auch, daß wir allein nicht vorwärts gehen können. Könnte es sein, daß die Gesichter, die wir sehen, jene des palästinensischen Volkes sind, und daß in diesen Gesichtern irgendwie die Zukunft des jüdischen Volkes liegt? Dies ist der Grund, warum eine Zwei-Staaten-Lösung nur der Beginn eines langen und komplizierten Prozesses ist; eines Prozesses, der politischen Kompromiß und theologischen Wandel verlangt, was schlecht vorstellbar ist. Wird unsere Theologie indes nicht herausgefordert und transformiert, dann werden die politischen Lösungen auch oberflächlich und nicht von Dauer sein. Eine politische Lösung mag als Ansporn für diese theologische Aufgabe dienen; eine theologische Bewegung kann eine politische Lösung fördern. Doch eine politische Lösung ohne theologische Transformation bewahrt die Tragödie, damit sie sich wiederholt.

Damit stehen wir wohl vor dem schwersten Problem: Denn unter der Annahme, daß in den Gesichtern der Palästinenser die Zukunft dessen liegt, was es bedeutet, Jude zu sein, so ist im Zentrum des Kampfes, als Jude heute treu zu sein, das Leiden und die Befreiung des palästinensischen Volkes.

Hier betreten wir das schwierigste Feld. Vorausgesetzt wird, daß die Zukunft der jüdischen Identität im Angesicht der Palästinenser liegt. Im Zentrum des Kampfes um Treue befinden sich für einen zeitgenössischen Juden das Leiden und die Befreiung des palästinensischen Volkes. Trotz des Aufstandes findet ein solcher Gedanke in jüdischen theologischen Kreisen kaum Beachtung. An einem gewissen Punkt ist dennoch eine wesentliche Integration von Juden und Palästinensern im größeren Kontext des politischen, kulturellen und religiösen Lebens unerläßlich für eine jüdische Zukunft. Doch dies setzt ein grundlegendes Bekenntnis und Reue gegenüber den vergangenen und gegenwärtigen Übertretungen als möglich voraus und deckt ein kritisches Verständnis unserer Geschichte auf.

Die Besetzung ist vorbei

Seit dem Beginn der Intifada schreckten uns Berichte über Miß-
handlungen und Tod palästinensischer Menschen auf. Meist handelt es sich dabei um Jugendliche aus den besetzten Gebieten. Dies
wirft eine befremdende und beunruhigende Frage auf: Wird der
Aufstand noch Thema sein, wenn keine Palästinenser mehr sterben – zumindest für nordamerikanische Juden und Christen? Ein
schrecklicher Gedanke schließt sich an: Für die Sache der Palästinenser ist es überaus wichtig, daß sie in einem immer noch
größeren Ausmaß weitersterben, wenn wir verstehen sollen, daß
die Besetzung, wie wir sie gekannt haben, vorbei ist. Unfähig,
diesen Schluß zu akzeptieren, befragte ich Palästinenser und Kir-
chenvertreter, die von der West Bank und aus dem Gaza-Streifen
zurückkehrten. Alle denken dasselbe. Es ist wahr, und die Führer
der Palästinenser wie die Basis verstehen dieses tragische Faktum:
die Intifada hängt vom andauernden Sterben der Kinder ab.

Können jüdische Israelis jedoch *ad infinitum* fortfahren, palästinensische Kinder zu schlagen und umzubringen? Können nordamerikanische Juden weiterhin so schreckliche Taten unterstützen? Können Christen, speziell jene, welche den Antijudaismus
der christlichen Vergangenheit bereut und Israel als integralen
Bestandteil jüdischer Erfahrung bejaht haben, im Schweigen verharren, wenn es um den Aufstand und die israelische Brutalität
geht? Oder hoffen wir alle, daß irgendetwas die Situation auflöst,
daß nicht mehr davon berichtet wird oder daß sie ganz einfach
verschwindet? Eines scheint klar: die Bereitschaft der Palästinenser, Folter und Tod zu ertragen, und die Bereitschaft Israels,
solche Akte der Brutalität zu begehen, deuten auf die schwierigste
aller Situationen hin, die manche am liebsten ignorieren würden –
daß einige Grundfragen des Nach-Holocaust-Lebens von Juden
und Christen radikal und unerbittlich aufgedeckt werden.

Wenn es zutrifft, daß die Besetzung der Gebiete tatsächlich
vorbei und daß aus der Besetzung Aufstand und Bürgerkrieg
geworden sind, dann hat auch die theologische Unterstützung der
Besetzung durch Juden und Christen aufzuhören. Das Zentrum
beider Theologien in ihrer unkritischen Unterstützung Israels
wurde zerstört. Die Intifada ist eine Krise an manchen Fronten. In
ihrem tiefsten Grund aber ist sie eine theologische Krise. Wie jede

Krise bietet der Aufstand sowohl Tragödie als auch Chance. Die palästinensischen Kinder zwingen uns, nochmals nachzudenken und Ignoranz, Halbwahrheiten und Lügen zu durchbrechen, damit die Wahrheit trotz gebrochener Knochen und zerbrochener Leben an den Tag kommt. Aber werden wir im sicheren und bequemen Nordamerika die Hartnäckigkeit und den Mut aufbringen, den die palästinensischen Kinder in den Straßen des Gaza-Streifens und der West Bank haben? Oder werden uns die unvermeidlichen Bezichtigungen von jüdischem Selbsthaß und christlichem Antijudaismus abschrecken? Sind wir bereit, als je eigene Gemeinschaften unsere theologischen Voraussetzungen im Dialog miteinander zu prüfen, oder werden wir versuchen, die Frage stillschweigend zu übergehen?

Es ist keineswegs eine Übertreibung zu sagen, daß die Intifada die Zukunft des Judentums äußerst hart und unablässig fordert. Die Tragödie des Holocaust ist gut dokumentiert und unserem Bewußtsein unauslöschlich eingeprägt: wir wissen, wer wir waren. Wissen wir jedoch, was aus uns geworden ist? Die zeitgenössische jüdische Theologie hilft uns, unser Leiden zu begreifen. Daß wir heute über Macht verfügen, nimmt sie aber kaum zur Kenntnis. Eine Theologie, die im Spannungsfeld von Holocaust und Ermächtigung verbleibt, spricht zwar beredt für die Opfer von Treblinka und Auschwitz, Sabra und Shatila aber verschweigt sie. Sie bewundert den Aufstand im Warschauer Ghetto, hat aber kein Verständnis für den Aufstand der Ghetto-Bewohner auf der anderen Seite der israelischen Macht. Jüdische Theologen bestehen darauf, daß Folter und Mord an jüdischen Kindern beklagt und ihrer in jüdischem Ritual und Glauben gedacht werde. Jetzt aber müßte die Möglichkeit durchgedacht werden, daß auch Juden palästinensische Kinder gefoltert und getötet haben. Die Holocaust-Theologie erzählt die Geschichte des jüdischen Volkes in Schönheit und Leid. Doch sie versagt, die gegenwärtige Geschichte des palästinensischen Volkes als zu ihrer eigenen Geschichte gehörig zu betrachten. Diese Theologie spricht zwar davon, wer wir waren, hilft uns aber nicht beim Versuch zu verstehen, wer wir geworden sind.

Juden, die die Gegenwart zu begreifen versuchen, werden sich selbst zum Widerspruch, während sich andere schlicht den Tatsachen des heutigen jüdischen Lebens verweigern. Ein Dilemma scheint auf: das Wissen um jüdische Übertretungen verfügt über keinen Rahmen, in dem es artikuliert und aus dem heraus gehandelt werden könnte. Ignoranz (wenn auch eher vorgezogen als absolut) besteht darauf, daß das Geschehene unmöglich ist: Folter und Mord sind in Tat und Wahrheit nie geschehen, und Juden sind zu solchen Dingen überhaupt nicht fähig. Juden, die sich dessen bewußt wurden, haben nur wenige Orte, an die sie sich theologisch wenden können. Die Ignoranten werden immer streitbarer in ihrem Beharren und ihrer Wut. Mittlerweile setzt sich die Holocaust-Theologie trotz wachsender Uneinigkeit als normative Kraft in der jüdischen Gemeinschaft fort. Sie warnt oppositionelle Juden, daß sie sich der Exkommunikation näherten, und verstärkt weiterhin die Ignoranz vieler Juden; diese wird damit gleichsam zur theologischen Vorbedingung für die Gemeindemitgliedschaft.

Je mächtiger wir werden, desto mehr verstärken Angst, Zorn und ein immer tiefer werdendes Gefühl der Isolation den neokonservativen Trend. Alle in der jüdischen Gemeinschaft Arbeitenden bekommen unmittelbar zu spüren, welch zumeist unkontrollierbaren emotionalen Grad die Kritik an Israel erzeugt. Beschuldigt zu werden, den Kontext für einen zweiten Holocaust zu schaffen, ist ebenso ein Gemeinplatz wie die Anklagen von Verrat und Selbsthaß. Doch auf einer tieferen Ebene nimmt man eine Gemeinschaft wahr, die, aus den Todeslagern hervorgegangen, keine andere Lösung sieht, als bis zum bitteren Ende zu kämpfen. Es ist, als ob die ganze Welt immer noch gegen uns wäre und der nächste Zug nach Osteuropa abfahren würde. Ja, es ist, als ob die Todeslager immer noch bereit wären, uns nach einem halben Jahrhundert wieder aufzunehmen. Deshalb ist, obwohl die ganze Welt Yassir Arafat als Gemäßigten versteht, kein anderer Name für die jüdische Gemeinschaft so eng mit jenem von Adolf Hitler verknüpft. Deshalb klassifizierte Premierminister Shamir die Pläne, ein Schiff mit palästinensischen Flüchtlingen in Israel vor Anker gehen zu lassen, als Versuch, den Staat Israel zu unterminieren und als Kriegsakt.[9]

Jahre nach der Befreiung der Lager schrieb Elie Wiesel: «Wenn Haß eine Lösung wäre, hätten die Überlebenden beim Verlassen der Lager die ganze Welt in Brand stecken müssen.» Mit der atomaren Macht Israels, verbunden mit dem Gefühl von Isolation und Wut, bleibt Wiesels Aussage sicher eher eine Hoffnung als eine beschlossene Lösung. Ist zuviel behauptet, daß jede Theologie, die den absoluten Unterschied zwischen dem Warschauer Ghetto und

Tel Aviv, zwischen Hitler und Arafat nicht versteht, eine Theologie ist, die das legitimiert, wovor Wiesel warnte?

Jene Christen, die sich mit dem jüdischen Volk solidarisierten, sind in einem ähnlichen Dilemma. Die Straße zur Solidarität wurde sowohl durch die christliche Erneuerung, speziell im Bezug auf die Hebräische Bibel, wie auch durch die Holocaust-Theologie geebnet. Das Verständnis der Schönheit und des Leids des jüdischen Volkes wie der Ruf nach christlicher Reue und Veränderung bereiteten die Gemeinschaft kaum auf eine Konfrontation mit der Macht Israels vor. Wie reagieren die Christen nun, nachdem die unentbehrliche Bedeutung Israels über Jahre hinweg als Notwendigkeit für das christliche Bekenntnis im Dialog hervorgehoben und jedes Wort gegen Israel als antijüdisch taxiert wurde? Auch hier, christlicher Zionismus, sei er nun fundamentalistisch oder liberal, ist stets präsent. Über welchen Rahmen verfügen die Christen, um die Geschichte des Staates Israel zu erforschen, den Aufstand zu verstehen und nach den Kosten der Ermächtigung zu fragen? Können christliche Theologen eine Solidarität mit dem jüdischen Volk als kritische Solidarität zur Sprache bringen, einer Solidarität also, die die Leiden und die Macht des jüdischen Volkes zur Kenntnis nimmt? Können sich christliche Theologien im Geiste einer kritischen Solidarität dem Leiden des palästinensischen Volkes öffnen als legitimer Imperativ des heutigen christlichen Selbstverständnisses?

Der Aufstand treibt christliche Theologen stets von Neuem, ihre Theologie zu überdenken und sich jenseits eines gefürchteten Schweigens oder einer paternalistischen Umarmung zu bewegen. In vermehrtem Maße, speziell in der Arbeit der feministischen Theologin Rosemary Radford Ruether, wird eine kritische Solidarität gefordert. Als Freundin des jüdischen Volkes mahnt sie zur Aufmerksamkeit gegenüber Haltungen und im Verhalten, welche nur ins Unglück führen können. Den christlichen Antijudaismus bereuen und die Ermächtigung fördern sind heute nur dann echt, wenn in ihrem Kontext auch die legitimen Rechte des palästinensischen Volkes anerkannt werden.[10]

Gewiß, der palästinensische Kampf um einen eigenen Staat ist mehr als die Aussicht auf politische Verhandlungen und Kompromiß. Juden und Christen vermittelt er grundlegendes theologisches Material, das den unvermeidlichen – wenn auch lang erlittenen – politischen Lösungen Tiefe verleiht. Zwar kann sich auch ohne diese theologische Komponente eine politische Lösung ergeben oder auch nicht. Doch die Lehren des Konflikts würden sicher verloren gehen, und demzufolge würde eine rein politische Lösung eher zur Oberflächlichkeit und Kurzfristigkeit als zu Tiefe und Dauer tendieren. Eine politische Lösung ohne eine theologische Transformation bewahrt die Tragödie, damit sie sich wiederholt. Auch würde eine wichtige Gelegenheit verloren gehen, um gegenwärtige Theologien auf Theologien der Solidarität hin zu überschreiten, die ein neues Zeitalter der ökumenischen Zusammenarbeit einleiten könnten. Wäre es also möglich, daß der Kampf des palästinensischen Volkes – der Kampf um Treue – ein Schlüssel für den jüdischen und christlichen Kampf um Treue in der heutigen Welt ist?

Folter und Tod palästinensischer Kinder verlangen eine Theologie, welche die Ermächtigung als einen notwendigen und fehlerhaften Aufbruch zur Befreiung sieht. Sie erinnert uns daran, daß Macht an sich, selbst zum Überleben, wenn sie nicht ethisch geleitet wird und ohne ein starkes Bewußtsein für Solidarität mit den für die Gerechtigkeit Kämpfenden, in einer Tragödie endet. Heute stellt das palästinensische Volk die Grundfrage zur jüdischen Ermächtigung: Kann das jüdische Volk in Israel, ja können Juden in der ganzen Welt, befreit werden ohne die Befreiung des palästinensischen Volkes? Wenn diese Frage der Palästinenser einmal begriffen ist, kann die Besetzung nicht mehr weiter andauern. Was bleibt, ist die Aufgabe, einen theologischen Rahmen zu errichten, durch den der Folter und dem Mord ihre Legitimität abgesprochen wird. Es bleibt auch die Aufgabe nach einer Theologie der Befreiung, die Solidarität als den Kern jüdischer und christlicher Identität begreift.

Ein neuer theologischer Rahmen

Die Entwicklung eines theologischen Rahmens ist von entscheidender Bedeutung, um Folter und Mord ihre Legitimität abzusprechen. Dies beinhaltet auch die Abschaffung von Theologien, die eine Unzahl von Besetzungen fördern, darunter – obwohl nicht darauf beschränkt – jene des palästinensischen Volkes. So konzentrieren wir uns auf die israelische Besetzung als Durchbruch für die jüdische Theologie. Der theologische Rahmen, der die Besetzung legitimiert, zwingt bei genauerer Betrachtung Juden dazu, auch bei anderen Fragen Positionen einzunehmen, die in Frage gestellt, ja sogar verabscheut würden, wenn der Rahmen anders wäre. Wenn unsere Theologie die Besetzung nicht unterstützen würde, dann veränderte sich auch die Vorstellung von Gerechtigkeit und Frieden. Demzufolge wenden wir uns wieder der Aussage zu, daß die Intifada Höhepunkt und Möglichkeit zugleich ist, wenn wir nur den Moment ergreifen wollen.

Eine wesentliche Aufgabe jüdischer Theologie besteht darin, dem Staat Israel die Absolutheit abzusprechen. Israel als eine wichtige jüdische Gemeinschaft mit einem historischen Fundament und einer Entwicklung unter anderen jüdischen Gemeinschaften zu betrachten, ist die theologische Untermauerung dessen, was das jüdische Volk vorgelebt hat: den Fortbestand verschiedener jüdischer Gemeinschaften außerhalb des Staates. So wird der erlösende Aspekt jüdischen Überlebens nach dem Holocaust in einer weit breiteren Umgebung gefunden als im Staat Israel allein. Er muß zudem eher kritisch angegangen werden, damit er nicht in eine bedingungslose Unterstützung eines Staates mündet, in dem die Mehrheit der Juden nicht daheim ist. Israel die Absolutheit abzusprechen bedeutet nicht, es fallen zu lassen. Stattdessen erfordert dies eine neue, reifere Beziehung. Juden können sich nicht immer für zwei Heimatländer einsetzen. Zudem führen der Streß der Verteidigungspolitik, die von anderen gestaltet wird, die Kritik ohne die Möglichkeit eines direkten Einflusses, die finanzielle Unterstützung und das Schuldbewußtsein, nicht in Israel zu leben, längerfristig zu einer absoluten Überforderung. Mit diesem neuen Verständnis nehmen die Verpflichtungen zwischen den jüdischen Gemeinschaften eine Gegenseitigkeit an, die ein kritisches Bewußtsein für die zentrale Bedeutung unserer ethischen Tradition als der Zukunft unserer Gemeinschaft einschließt. Deshalb geht die gegenwärtige und jede zukünftige Krise über die Forderung nach unkritischer Unterstützung oder Abwendung von Israel hinaus, hin zu einer kritischen Solidarität mit Verantwortlichkeiten und Pflichten für alle Seiten.[11]

Eine zweite, parallele Aufgabe besteht darin, sich mit dem Holocaust in seinem historischen Kontext auseinanderzusetzen und ihn danach nicht mehr auf Probleme des modernen jüdischen Lebens anzuwenden. Die dauernde Verwendung des Holocaust im Bezug auf Israel ist eine Fehlbeurteilung, welche die ganz andere Situation des Vor- und Nach-Holocaust-Judentums zu verstehen verunmöglicht. Das europäische Judentum der Vor-Holocaust-Zeit verfügte weder über einen Staat noch über eine Armee; es war dem Angriff der Nazis wehrlos ausgeliefert. Israel aber ist ein hochgerüsteter Staat. Die europäischen Juden der Vor-Holocaust-Zeit lebten unter einer Bevölkerung, deren Haltung ihnen gegenüber von Toleranz bis Haß reichte. Das Judentum der Nach-Holocaust-Zeit, mit seinen Bevölkerungskonzentrationen in Frankreich, Großbritannien, Kanada und in den USA, lebt in Ländern, in denen antijüdische Reaktionen selten vorkommen und politisch nicht unterstützt werden. Die Juden der Vor-Holocaust-Zeit lebten unter Christen, die als Gruppe wenig Grund hatten, christlichen Antijudaismus zu hinterfragen. Die Juden der Nach-Holocaust-Zeit leben unter Christen, die sich wiederholt in öffentlichen Stellungnahmen, Schriften, sogar mit rituellen Bekräftigungen für das jüdische Volk ausgesprochen wie sie auch die christliche Schuld an der antijüdischen Vergangenheit bekannt haben. Der Unterschied zwischen Vor- und Nach-Holocaust-Juden ließe sich noch auf vielen anderen Ebenen zeigen, was indes nicht heißen soll, daß der Antijudaismus zu existieren aufgehört hätte. Das Paradoxe liegt darin, daß der heute für die Juden zu leben gefährlichste Ort der Staat Israel ist; viel gefährlicher mindestens als es die jüdischen Zentren Europas und Nordamerikas sind. Darauf weisen viele jüdische Schreiber hin.

Aber auch im Bezug auf Israel ist die Anwendung der Holocaust-Sprache alles andere als angebracht. Seit 1967 wurde Israel in zwei Kriege verwickelt und hat beide gewonnen ohne Verluste in der Zivilbevölkerung außerhalb des Schlachtfeldes. Die große Angst, Israel könnte einmal einen Krieg verlieren und die Zivilbevölkerung der Ausrottung anheimfallen, die Angst vor einem zweiten Holocaust also, wird immer und immer wieder heraufbeschworen. Umso wichtiger ist die Feststellung an diesem Ort, daß Israel unvermeidbar eines Tages einen Krieg verlieren und der Möglichkeit seiner Ausrottung gegenüberstehen wird, sofern es seine heutige Politik weiterverfolgt. Keine Nation ist für alle Zeiten unbesiegbar, kein Reich existiert ohne Bestimmung, eines Tages zu verschwinden, kein Land, welches nicht an bestimmten

Punkten seiner Geschichte vernichtend verliert und unendlich leidet. Kann unsere gegenwärtige Theologie Israel von der Realität wechselnder Allianzen, militärischer Strategien und politischen Lebens ausnehmen? Der einzige Weg, eine militärische Niederlage zu verhindern, besteht darin, Frieden zu schließen, solange man stark ist. Natürlich gibt es auch so keinen absoluten Schutz gegen eine militärische Niederlage, wie es keinen absoluten Schutz gegen Verfolgung gibt. Doch sollte es zu einer militärischen Niederlage kommen und die Zivilbevölkerung angegriffen werden, wird das Resultat, obwohl tragisch, kein zweiter Holocaust sein. Auch würde es keineswegs das Ende des jüdischen Volkes bedeuten, wie viele Holocaust-Theologen immer wieder spekulieren. Es wäre ein schreckliches Ereignis, zu schrecklich, um davon zu sprechen. Vielleicht sind auch die Unterschiede zwischen dem Holocaust und jeder zukünftigen, militärischen Niederlage Israels zu offensichtlich um nachzuforschen. Sie bräuchten auch kaum erforscht zu werden, sofern unsere moderne Theologie in diesem äußerst wichtigen Punkt nicht so verwirrt wäre.

Dem Staat Israel die Absolutheit abzusprechen und das historische Ereignis des Holocaust von der Situation des modernen Judentums zu unterscheiden, ist notwendig für die dritte Aufgabe der jüdischen Theologie: die Neudefinition jüdischer Identität. Dies ist eine unglaublich schwierige und komplexe Aufgabe, deren Parameter hier nur kurz umrissen werden können. Doch ist dieser Bereich insofern äußerst entscheidend, als er die wesentliche Frage aufwirft, mit der sich jede Generation konfrontiert sieht: Was bedeutet es, in der heutigen Welt jüdisch zu sein?

Die Holocaust-Theologie, deren Zentrum der Holocaust und der Staat Israel bilden, ist unbestreitbar die normative Theologie der heutigen jüdischen Gemeinschaft. Die während annähernd 2'000 Jahren maßgebende rabbinische Theologie versuchte anfänglich so weiterzumachen, als ob weder der Holocaust noch der Staat Israel zentral für das jüdische Volk wären. Das Reformjudentum, der interessante, manchmal auch oberflächliche Versuch im 19. Jahrhundert, mit dem modernen Leben zu Rande zu kommen, versuchte ebenfalls, die prägenden Ereignisse unserer Zeit zu umgehen. Doch nach dem Holocaust und vor allem nach dem Sechstagekrieg von 1967 wurden die beiden theologischen Gebäude durch eine tieferliegende Holocaust-Theologie verändert. Auch haben sich säkulare Juden, oft im Verbund mit fortschrittlicher Politik und Ökonomie, an einem neuen Rahmen der Interpretation versucht. Obwohl nicht explizit religiös, wurde um ihre Hilfe seitens der Holocaust-Theologen dringend gebeten, um den Staat Israel als wichtigsten Aspekt der Zugehörigkeit zum jüdischen Volk aufzubauen. Sowohl jene, die an die jüdische Eigenart glaubten wie auch die anderen, die eine universellere Identifikation suchten, haben ihre jüdische Identität vermehrt vom Bezugsrahmen Holocaust-Israel abgeleitet. Es gibt kaum Grund zu glauben, daß einer der erwähnten Rahmen, sei er orthodox, reform oder säkular-humanistisch, je zu seiner Vor-Holocaust- oder Vor-Israel-Positionen zurückkehren könnte.

Wir können nur nach vorn gehen, indem wir den Holocaust und Israel als wichtige Teile jüdischer Identität bejahen, während wir darauf bestehen, daß sie niemals die ganze Summe der jüdischen Identität ausmachen und es auch in Zukunft nicht ausmachen werden. Wichtig ist hier, sich der Dynamik von Holocaust und Israel zu bedienen und sie auf neue Weise zu verstehen. In beiden Ereignissen findet sich unter anderem eine tieferliegende Thematik der Solidarität, die jedoch unsere Wut und unsere Isolation begraben hatten. Dies schließt Solidarität mit unserem eigenen Volk wie auch mit anderen ein, die sich schon mit uns solidarisiert haben. Es ist daher bei der Neuentdeckung unserer Geschichte wichtig zu sehen, daß es selbst in Zeiten großer Gefahr jüdische Solidarität mit anderen gegeben hat. Dies betrifft sowohl frühe Siedler wie Intellektuelle, die an der Erneuerung der jüdischen Gemeinschaft in Palästina mitgewirkt haben. Darunter sind so bekannte Leute wie Albert Einstein, Hannah Arendt und viele andere.[12]

Selbst während des Holocaust gab es Stimmen wie z.B. Etty Hillesum. Sie argumentierte, daß ihr Leiden einer Welt zur Geburt verhelfen sollte, in der Gegenseitigkeit und Solidarität selbstverständlich sind, sodaß niemand mehr leiden müßte. Auch als sie ihr Volk freiwillig nach Auschwitz begleitete, war sie kaum eine Person, die wie ein Lamm zur Schlachtbank geführt wurde. Sie entschied sich vielmehr für ein Schicksal, das ein Akt der Solidarität mit ihrem Volk und der Welt war. Ist es möglich, daß die, welche sich für Menschenwürde einsetzten, wo es am schwierigsten war, ebenso wie diejenigen, die für die Versöhnung mit dem palästinensischen Volk plädieren und dies trotz des Risikos heute noch tun, jene Zukunft darstellen, die einzig es wert ist, unseren

Kindern bereitet zu werden? Indem wir unsere Würde und Solidarität betonen, anerkennen wir die Ereignisse von Holocaust und Israel als prägend in positiver und kritischer Weise. So bitten sie uns abermals, die Welt zu umschließen in der Hoffnung, daß unser Überleben für unser Volk und die Welt eine Veränderung ermöglicht.

Der Schlüssel zu einer neuen jüdischen Identität bleibt problematisch, außer wir verstehen, daß, wenn Israel die Absolutheit abgesprochen, wenn zwischen dem Holocaust und heutiger Situation differenziert und wenn die Geschichte der Solidarität innerhalb und außerhalb unserer Tradition wiederentdeckt ist, dies zu einer kritischen Konfrontation mit der eigenen Ermächtigung führt. Unser Überleben zu feiern, ist das eine. Jedoch zu realisieren, daß unsere Ermächtigung zuviel kostet, ist das andere. Können wir am vierzigsten Jahrestag der Gründung des Staates Israel einsehen, daß die gegenwärtige politische und religiöse Sensibilität nur zu einem Desaster führen kann? Können wir offen darüber reden, daß die Frage der Ermächtigung mehr umfaßt als einen exklusiven jüdischen Staat und daß andere Optionen, darunter Autonomie und Föderation, wichtig beim Nachdenken über den fünfzigsten Jahrestag Israels sein könnten? Können wir offen zur Sprache bringen, daß wir als amerikanische Juden von der amerikanischen Außenpolitik nicht mehr verlangen können, eine gegen das Herz der jüdischen Ethik verstossende Politik zu unterstützen? Können wir in gutem Glauben und Vertrauen an Christen, Palästinenser und Menschen guten Willens in der ganzen Welt appellieren, uns bei der Beendigung der Besetzung zu helfen? Und können wir, wenn wir den Ruf nicht beachten, uns zum Einhalt zwingen um unserer selbst willen?

Deswegen ist der Ort, den wir erreicht haben, jenseits von der Versicherung zur Loyalität und privater Kritik, die seit vielen Jahren stark zugenommen hat. Der Aufstand fordert die Macht der israelischen Regierung und das Herz des jüdischen Volkes heraus. Doch die Macht, zu verletzen und Tod zu bringen, bleibt bestehen. Deshalb bleibt die Macht, unsere Geschichte zu ändern, unser Erbe neu zu definieren und Änderungen an der Identität anzubringen in den Händen jener, die die Besetzung fortsetzen möchten. Und mit der Besetzung geht eine Unzahl von politischen Vorgehensweisen in der ganzen Welt einher, die jenen nur zur

Schande gereichen können, welche die Opfer des Holocaust zum legitimen Terror anhalten.

Mit der Intifada haben wir unsere Unschuld verloren. Eine jüdische Befreiungstheologie muß mit diesem Verlust beginnen. Ein schwaches und hilfloses Volk kam zu Macht, die überrascht und uns jetzt traurig macht. Ein auf die Seite geschobenes Volk kehrt in die Geschichte der Nationen zurück, nicht so sehr als Leuchtfeuer sondern als Söldner, der auf Kosten anderer lebt und dabei seine Absicht aufgibt. Die gebieterische Stimme vom Sinai und von Auschwitz bittet uns zu kämpfen, um das ethische Zeugnis des jüdischen Volkes wiederzugewinnen.

Anmerkungen

1. Ein erschütterndes Zeugnis

1 Dieses Kapitel ist eine erweiterte und revidierte Analyse der Theologie, die eine Antwort auf das Holocaust-Ereignis gibt. Meine Gedanken zu diesem Thema erschienen zunächst als Notes Toward a Jewish Theology of Liberation, in: Doing Theology in the United States 1, Frühling/Sommer 1985, S. 5-17

2 District Court of Jerusalem, Kriminalfall No. 46/61. Der Staatsanwalt der Regierung von Israel gegen Adolph Eichmann. Prozeßaufzeichnungen, No. 30, S. L1, M1, M2, N1

3 Richard L. Rubenstein, The Cunning of History: Mass Death and the American Future, New York, Harper and Row 1975, S. 4/5. Obwohl die lange und schreckliche Geschichte des christlichen Antisemitismus gut dokumentiert ist, ist eine kurze Untersuchung einiger seiner Auswüchse, wie sie vom jüdischen Holocaust-Historiker Raul Hilberg beschrieben werden, aufschlußreich. In seinem monumentalen Werk, *Die Vernichtung der europäischen Juden*, Berlin 1982, zeigt Hilberg die Ähnlichkeiten zwischen dem frühen und mittelalterlichen Kirchenrecht und der Nazi-Gesetzgebung auf:
1. Verbot der Ehe und des geschlechtlichen Verkehrs zwischen Christen und Juden (Synode von Elvira 306). Gesetz zum Schutze des deutschen Blutes und der deutschen Ehre, 15. Sept. 1935 (RGB1 I, 1146).
2. Verbot der gemeinsamen Speiseeinnahme von Juden und Christen (Synode von Elvira, 306)
Juden ist die Benutzung von Speisewagen untersagt (Verkehrsminister an Innenminister, 30. Dezember 1939, NG-3995).
3. Juden ist es nicht erlaubt, öffentliche Ämter zu bekleiden (Synode von Clermont, 535). Gesetz zur Wiederherstellung des Berufsbeamtentums, 7. April 1933, (RGBl I, 175)
4. Juden ist es nicht erlaubt, christliche Knechte, Mägde oder Sklaven zu halten (3. Synode von Orléans, 538). Gesetz zum Schutze des deutschen Blutes und der deutschen Ehre, 15. Sept. 1935, (RGB1 I, 1146).
5. Juden ist es nicht erlaubt, sich während der Karwoche auf den Straßen zu zeigen (3. Synode von Orléans 538). Polizeiverordnung zur Ermächtigung der Lokalbehörden, Juden an bestimmten Tagen (d.h. an Nazi-Feiertagen) von den Straßen zu verbannen, 28. Nov. 1938 (RGB1 I, 1676).
6. Verbrennung des Talmud und anderer jüdischer Schriften (12. Synode von Toledo, 681). Bücherverbrennungen in Nazideutschland.
7. Christen ist es untersagt, jüdische Ärzte zu Rate zu ziehen (Trullanische Synode 692). 4. Verordnung zum Reichsbürgergesetz vom 25. Juli 1938 (RGB1 I, 969).

8. Christen ist es nicht erlaubt, bei Juden zu wohnen (Synode von Narbonne, 1050). Anordnung Görings vom 28. Dez. 1938, wonach Juden in bestimmten Häusern zu konzentrieren seien (Bormann an Rosenberg, 17. Januar 1939, PS-69).
9. Juden müssen gleich Christen den Kirchenzehnt entrichten (Synode von Gerona, 1078). Die «Sozialausgleichsabgabe» vom 24. Dez. 1940, wonach Juden als Ausgleich für die den Nazis auferlegten Parteispenden eine besondere Einkommenssteuer zu entrichten haben (RGB1 I, 1666).
10. Juden dürfen Christen nicht anklagen und können nicht Zeugen gegen Christen sein (3. Lateranisches Konzil, 1179, Kanon 26). Vorschlag der Parteikanzlei, Juden die Erhebung von Zivilklagen zu verbieten, 9. Sept. 1942 (Bormann an Justizministerium, 9. Sept. 1942, NG-151).
11. Juden ist es verboten, ihre zum Christentum übergetretenen Glaubensbrüder zu enterben (3. Lateranisches Konzil, 1179). Ermächtigung des Justizministeriums, Testamente, die das «gesunde Volksempfinden» beleidigen, für nichtig zu erklären, 31. Juli 1938 (RGB1 I, 973).
12. Juden müssen ein Unterscheidungszeichen an ihrer Kleidung tragen (4. Lateranisches Konzil, 1215. Als Vorbild diente ein Erlaß des Kalifen Omar II.,634-44, wonach Christen blaue und Juden gelbe Gürtel zu tragen hatten). Verordnung vom 1. Sept. 1941 (RGB1 I 547).
13. Verbot des Synagogenbaus (Konzil von Oxford, 1222). Zerstörung von Synagogen im gesamten Reich am 10. Nov. 1938 (Heydrich an Göring, 11. Nov. 1938, PS-3058).
14. Juden dürfen nur in Judenvierteln wohnen (Synode von Breslau 1267). Heydrich-Befehl vom 21. Sept. 1939, (PS-3363).
15. Juden dürfen keine akademischen Grade erwerben (Konzil von Basel, 1434, XIX. Sitzung). Gesetz gegen die Überfüllung deutscher Schulen und Hochschulen vom 25. April 1933, (RGB1 I, 225).

Der Antisemitismus war jedoch während dieser Zeit nicht auf die römisch-katholische Kirche beschränkt; er durchdrang auch das Gedankengut und die Lehrinhalte der protestantischen Reformatoren. Dies zeigt sich sehr deutlich in den Schriften Martin Luthers. In seinem Buch *Von den Juden und ihren Lügen* skizzierte er die Grundzüge dessen, was sich später zum Nazi-Gedankengut über die Juden entwickelte: «Hieraus sihestu nu wol, wie sie das fünfft gebot Gottes verstehen und halten, Nemlich, das sie dürstige blut Hunde und Mörder sind der ganzen Christenheit mit vollem willen, nu mehr denn 1400. iar her, und werens wol lieber mit der that. Wie sie denn offtmals drüber verbrand sind, das sie beschüldigt gewest, als hetten sie Wasser und Brün vergifftet, Kinder gestolen, zepfrimet und zu hechelt, damit sie an der Christen blut jr mütlin heimlich kületen.... Nu sihe, welch eine feine, dicke, fette Lügen das ist, da sie klagen, sie seien bey uns gefangen. Es sind uber 1400. iar, das Jerusalem zerstöret ist, und wir Christen zu der zeit schier 300. iar lang von den Jüden gemartert und verfolget sind in aller Welt (wie droben gesagt), Das wir wol möchten klagen, sie hetten uns Christen zu der zeit gefangen und getödtet, wie es die helle warheit ist. Dazu wissen wir noch heutiges tages nicht, welcher

Teufel sie her in unser Land bracht hat. Wir haben sie zu Jerusalem nicht geholet.» (Martin Luther, Von den Juden und ihren Lügen, in ders., Werke (Weimarer Ausgabe), 53. Band, Weimar 1920, S. 520.) Luthers Portrait der Juden als potentielle Weltenherrscher, als Erzverbrecher, als Mörder an Christen und am gesamten Christentum, als Plage, Pestilenz und reines Unglück wurde von den Nazis übernommen. So sollte nach Hilberg die Judenverfolgung durch die Nazis in der Kontinuität der christlichen Verfolgung gesehen werden, eine Kontinuität, die im Dritten Reich zum logischen Ende geführt wurde. Wie Hilberg sagt, gab es seit dem 4. Jahrhundert drei Varianten antijüdischer Politik: Bekehrung, Vertreibung und Auslöschung. Er schreibt: «Die Missionare des Christentums erklärten einst: Ihr habt kein Recht, als Juden unter uns zu leben. Die nachfolgenden weltlichen Herrscher verkündeten: Ihr habt kein Recht, unter uns zu leben. Die deutschen Nazis schließlich verfügten: Ihr habt kein Recht, zu leben....Der Prozeß begann mit dem Versuch, den Juden den christlichen Glauben aufzunötigen. Er wurde fortgesetzt, indem die Opfer ins Exil gezwungen wurden. Er endete schließlich damit, daß man die Juden in den Tod schickte. Die deutschen Nazis brachen also nicht mit der Vergangenheit; sie bauten auf ihr auf. Sie begannen nicht, sie vollendeten eine Entwicklung.» (Hilberg, Die Vernichtung, S. 13)

4   Irving Abella und Harold Troper, None Is Too Many, Toronto, Lester und Orpen Dennys 1983, S. V. Anschließend an die Diskussion der schlimmen Ergebnisse von England, Argentinien, Brasilien, Australien und der USA bezüglich der jüdischen Flüchtlinge schreiben die Autoren: «Bezüglich Kanada: Zwischen 1933 und 1945 fand Kanada innerhalb seiner Grenzen Platz für weniger als 5'000 Juden; nach dem Krieg bis zur Gründung des Staates Israel 1948 nahm es 8'000 zusätzlich auf. Diese Zahl ist klar die niedrigste aller Staaten, welche Flüchtlinge aufnahmen.» (S. VI) Zur Resonanz in den USA siehe David S. Wyman, Das unerwünschte Volk: Amerika und die Vernichtung der europäischen Juden; Ismaning bei München 1986.
5   Alexander Donat, The Holocaust Kingdom: A Memoir; New York, Rinehart 1965, S. 9
6   Elie Wiesel, Jude heute; Wien 1987, S. 19f
7   ebenda, S. 27
8   Elie Wiesel, Die Nacht, Gütersloh 1980, S. 50
9   Robert McAfee Brown, Elie Wiesel: Messenger to All Humanity, Notre Dame, University of Notre Dame Press 1983, S. 54 und Wiesel, Die Nacht, S.89
10 Wiesel, Die Nacht, S. 8
11 Elie Wiesel, Massenvernichtung als literarische Inspiration, in: Eugen Kogon/ Johann Baptist Metz (hg.), Gott nach Auschwitz. Dimensionen des Massenmords am jüdischen Volk, Freiburg/Basel/Wien 1979, S. 21-50, Zit. S. 43
12 Elie Wiesel, Die Pforten des Waldes, München/Esslingen 1966, S. 5
13 Rubenstein, Cunning of History, S. 68-77. Siehe auch Rubenstein, Radical Theology and Contemporary Judaism, New York, Bobbs-Merrill 1966
14 ebenda, S. 70-71
15 ebenda, S. 71-73. Vgl. auch die detaillierte Arbeit über die jüdische Führung

in dieser schwierigen Zeit von Isaiah Trunk, Judenrat: The Jewish Councils in Eastern Europe Under Nazi-Occupation, New York, Stein and Day 1977

16 ebenda, S. 2

17 ebenda, S. 2, 92-94

18 ebenda, S. 91. Rubenstein schreibt: «Zeigt nicht der Holocaust, daß es absolut keine Grenzen für Erniedrigung und Angriffe gibt, welche die Manager und Techniker der Gewalt denjenigen Männern und Frauen zufügen können, die nicht über die Kraft für einen wirksamen Widerstand verfügen? Wenn es ein Gesetz gibt, das Gewalt straffrei läßt, hat es dann noch eine Bedeutung für das menschliche Verhalten? ... Traurig müssen wir festhalten, daß wir in einer funktional gottlosen Welt leben und daß Menschenrechte und Menschenwürde von der Gemeinschaft abhängig sind, die sie ihren Mitgliedern garantiert oder verweigert.» S. 90/91

19 Emil Fackenheim, God's Presence in History: Jewish Affirmations and Philosophical Reflections, New York, New York Press 1970, S. 81

20 ebenda, S. 84, s. auch S. 87: «Ein Jude muß vom Kreuz heruntersteigen und so nicht nur seine alte Ablehnung einer alten christlichen Sicht ständig wiederholen, sondern auch die durch die Zeit verdichtete jüdische Erhöhung des Märtyrertums aufschieben. Denn nach Auschwitz ist das jüdische Leben geheiligter als der jüdische Tod, wäre er selbst zur Heiligung des göttlichen Namens. Der säkulare, linke israelische Journalist Amos Kenan schreibt: ‹Nach den Todeslagern bleibt uns nur ein höchster Wert: die Existenz.›»

21 Emil Fackenheim, To Mend the World: Foundations of Future Jewish Thought, New York, Schocken Books 1982, S. 25; Pelagia Lewinska, zitiert ebenda S. 25/26. Detailliertere Angaben über den Kampf um Treue innerhalb der Holocaustwelt finden sich bei. Marc H. Ellis, Faithfulness in an Age of Holocaust, Amity, New York, Amity House 1986

22 Fackenheim, God's Presence, S. 86. Vgl. auch Fackenheim, Mend the World.

23 Irving Greenberg, Cloud of Smoke, Pillar of Fire: Judaism, Christianity and Modernity After the Holocaust, in: Auschwitz, Beginning of a New Era? Hg. Eva Fleischner, New York, KTAV 1977, S. 9-19

24 ebenda, S. 28/29. Greenberg schreibt weiter: «Die Modernität nährte den exzessiven Rationalismus und die utilitaristischen Beziehungen, welche den Bedarf und die Empfänglichkeit für totalitäre Massenbewegungen und den Niedergang des moralischen Urteils schufen. Die moderne Großstadt stützte die Betonung einer wertfreien Wissenschaft und Objektivität, was nie dagewesene Macht zur Folge hatte, aber deren moralische Grenzen schwächte. ... Im Licht von Auschwitz ist die moderne Zivilisation des 20. Jahrhunderts diesen Transfer unserer letzten Loyalität nicht wert.» S. 28

25 ebenda, S. 27

26 ebenda, S. 32

27 ebenda, S. 22

28 Ein wunderschönes Beispiel von Christen, die Juden Asyl gewährten, findet sich in Philip Hallie, ...Daß nicht unschuldig Blut vergossen werde. Die Geschichte des Dorfes Le Chambon und wie dort Gutes geschah, Neukirchen 1990[3]. Vgl. auch Nechama Tec, When Light Pierced the Darkness: Christian

158

Rescue of Jews in Nazi-Occupied Poland, New York, Oxford University Press 1986. Die Geschichte jener, die nicht alles tun wollten, was notwendig gewesen wäre, ist aufgezeichnet in: John F. Morley, Vatican Diplomacy and the Jews During the Holocaust 1939-1943, New York, KTAV 1980. Morley schreibt: «Die Schlussfolgerung ist unumgänglich, daß die Diplomatie des Vatikans gegenüber dem jüdischen Volk während des Holocaust versagt hat. Es wurde nicht alles getan, was möglich gewesen wäre, um den Juden zu helfen. Die vatikanische Diplomatie scheiterte auch selbst: da sie die Bedürfnisse der Juden negierte und sich in Zurückhaltung statt in menschlichem Engagement übte, beging sie Verrat an ihren eigenen Idealen. Die Nuntii, die Staatssekretäre und vor allem der Papst selbst teilen sich die Verantwortung für dieses doppelte Scheitern.» S. 209

29 Johann Baptist Metz, Jenseits bürgerlicher Religion. Reden über die Zukunft des Christentums, Forum Politische Theologie 1, München/Mainz 1980, S. 31. Wie wir sehen werden, kann dieses Diktum, wenn es auf Christen und Juden angewendet wird, den Weg zu einer neuen Form von Solidarität aufzeigen.

2. Die Kosten der Ermächtigung

1 Irving Greenberg, The Third Great Cycle in Jewish History, Perspectives, New York, National Jewish Resource Center 1981

2 ebenda, S. 3-6

3 ebenda, S. 6

4 ebenda, S. 8

5 ebenda, S. 9

6 ebenda, S. 15

7 ebenda, S. 18

8 ebenda, S. 21

9 ebenda, S. 22f

10 ebenda, S. 25

11 ebenda, S. 25, 26. Was den Gebrauch unmoralischer Strategien zur Erreichung moralischer Ziele betrifft, schreibt Greenberg: «Das Annehmen der Schuld, die solchem Handeln inhärent ist, verlangt nach Leuten von außerordentlicher emotioneller Breite und starkem Orientierungsvermögen sowohl in Bezug auf absolute Normen wie auch auf relative Forderungen, sowohl im Bezug auf das Gericht wie auch auf die Barmherzigkeit.» Greenberg fürchtet «eine moralisch tötende Aufrustung» und die Möglichkeit der Götzenverehrung, wenn es dem Judentum nicht gelingt, Kritik zu üben, selbst im Bejahen des Staates Israel. (S. 25)

12 ebenda, S. 24

13 ebenda, S. 27, 28

14 ebenda, S. 28. Siehe auch Irving Greenberg, On the Third Era in Jewish History: Power and Politics, in: Perspectives, New York, National Jewish Resource Center 1980, S. 18, 19

15 Greenberg, Third Era, S. 6

16 Irving Greenberg, Power and Peace, in: Perspectives 1, Dezember 1985, S. 3,5

17 Greenberg, Third Cycle, S. 28

18 ebenda, S. 32

19 ebenda, S. 33

20 ebenda, S. 40

21 Vgl. Abraham Heschel, Die Prophetie, Krakow 1936. Martin Buber, Der Glaube der Propheten, 1984 (2. verb. Auflage)

22 Dieses Verständnis bringt Irving Greenberg dazu, in einem Aufsatz über die Lehren aus Ronald Reagans Besuch in Bitburg im Mai 1985 zu schreiben: «Im großen Ganzen war Ronald Reagans Leistung, was die Erinnerung an den Holocaust betrifft, sehr gut. Er ist Ehrenvorsitzender der Kampagne zur Schaffung einer nationalen Gedächtnisstätte. Er hat im Weißen Haus Gedächtnisanlässe abgehalten und sich für die Notwendigkeit des Erinnerns stark gemacht. Seine Unterstützung für Israel – für das einzigartige jüdische Engagement, damit sich der Holocaust nicht wiederholt, für den Hafen, in dem die meisten Überlebenden eine neue Existenz aufbauen konnten – ist exemplarisch. Unsere Kritik dieser speziellen Fehlinterpretation darf nicht dazu verwendet werden, das insgesamt positive Bild zu verfälschen. Und wir werden wieder mit ihm arbeiten müssen.» Vgl. Greenberg, Some Lessons from Bitburg, in: Perspectives, Mai 1985, S. 4. Dies ist eine Parallele zu Elie Wiesels Analyse von Reagan als «einem weisen und mitfühlenden Mann», was die Erinnerung an den Holocaust und seine Unterstützung Israels betrifft. Für Richard Rubensteins Bekenntnis, den seine eigene Analyse des Holocaust zu einer konservativen Position führte, vgl. The Cunning of History: Mass Death and the American Future, New York, Harper and Row 1975, S. 95-97

23 Nathan Perlmutter und Ruth Ann Perlmutter, The Real Anti-Semitism in America, New York, Arbor House 1982, S. 107. Eine ähnliche Weltsicht teilt Irving Kristol, The Political Dilemma of American Jews, Commentary 67, Juli 1984, S. 23-29

24 ebenda, S. 110-111

25 ebenda, S. 186

26 ebenda, S. 156, 157

27 ebenda, S. 170-171. Die *Holyland Fellowship of Christians and Jews*, gegründet von Rabbi Yechiel Eckstein, versucht, die Bande zwischen fundamentalistischen Christen und der jüdischen Gemeinschaft primär für die christliche Unterstützung des Staates Israel zu stärken. Unter ihren Gönnern sind Ronald Reagan, Jack Kemp, konservativer Abgeordneter des Repräsentantenhauses aus New York, Pat Robertson vom *Christian Broadcasting Network* und Thomas Dine, geschäftsführender Direktor von AIPAC. Vgl. Holyland Fellowship Bulletin 1, Februar 1986, S. 1-5

28 Earl Shorris, Jews Without Mercy: A Lament, Garden City, New York, Doubleday 1982, S. 57-59

29 ebenda, S. 12-15

30 ebenda, S. 60

31 Roberta Strauss Feuerlicht, The Fate of the Jews: A People Torn Between Israeli Power and Jewish Ethics, New York, Times Books 1983, S. 5

32 ebenda, S. 185-187. Feuerlicht schreibt: «Historisch gesehen ist die Beziehung zwischen Juden und Schwarzen in Amerika keine gleichberechtigte gewesen. Juden waren Händler und Meister, Schwarze waren Ware, Sklaven und Bedienstete. In Amerika gibt es keinen Hinweis auf die Existenz eines Schwarzen, der mit Juden handelte oder solche besaß; ich bezweifle auch, daß es schwarze Hausfrauen gibt, die über ein jüdisches Mädchen verfügen, das einmal in der Woche zum Putzen kommt. Wo Schwarze greifbar waren, verrichteten weder Juden noch Weiße Dreckarbeit.» S. 186-187

33 ebenda, S. 203-205

34 ebenda, S. 220, 245

35 ebenda, S. 260. Rabbi Balfour Brickner bestätigt einige dieser Gefühle über die Besetzung der West Bank, wenn er schreibt: «Viele von uns erleben eine Besorgnis, die an Angst grenzt.» Vgl. Brickner, The West Bank: Right, Rights and Wrongs, in: The Jews Spectator, Winter 1983, 48, S. 22-24.

36 ebenda, S. 251. Zu einem israelisch-palästinensischen Dialog, der dieses neue Gleichgewicht zu zerstören versucht, vgl. Uri Avnery und Hanna Siniora, A Middle East Peace is Possible, in: The Nation 242, 5. April 1986, S. 473, 487-489

37 ebenda, S. 258, 259. Die Verluste im Libanonkrieg waren enorm. Alexander Cockburn schreibt: «Seit den frühen Siebzigerjahren bombardierte Israel systematisch palästinensische Flüchtlingslager im Süden Libanons, in Beirut und so weit nördlich wie Tripolis. Sie töteten viele Tausend von Menschen. Während des Sommers 1982 tötete die israelische Armee, vorsichtig geschätzt, ca. 19'000 Menschen im Libanon, meist Palästinenser.» Vgl. Cockburn, More Swill From Marty, in: The Nation 242, 15. März 1986, S. 295

38 ebenda, S. 287

39 Die Details und die Dokumentation über das israelische Engagement in Südafrika, Guatemala, El Salvador und Nicaragua finden sich im 4. Kapitel

3. Jüdische Erneuerungsbewegungen

1 Mein Dank geht an Matthew Lamb. Er hat als erster in einer privaten Diskussion die Dialektik von Herrschaft und Gemeinschaft erwähnt.

2 Neuere Bücher über die Thematik der jüdischen Erneuerungsbewegungen: Howard M. Sachar, Diaspora: An Inquiry into the Contemporary Jewish World, New York, Harper and Row 1985 und Charles E. Silberman, A Certain People: American Jews and Their Lives Today, New York, Summit Books 1985. Unglücklicherweise stärken, ja feiern diese beiden Bücher den neo-konservativen Trend in der jüdischen Gemeinschaft.

3 Siehe Janet Aviad, Return to Judaism: Religious Renewal in Israel, Chicago, University of Chicago Press 1983

4 ebenda, S. 1-12

5 Arthur Waskows theologische Hauptwerke sind: Godwrestling, New York, Schocken 1978, und These Holy Sparks: The Rebirth of the Jewish People, New York, Harper and Row 1983

6 Waskow, Holy Sparks, S. 11. Waskow war mit seinen Gefühlen nicht allein. «Überall in Amerika, aus verschiedenen Gründen, mit unterschiedlichen Biographien, begannen jüdische Menschen in jenen Momenten der Sechzigerjahre einige dieser Funken zu sammeln. Für einige war es im Jahr 1967 die große Angst um den Fortbestand des Staates Israel; andere freuten sich einige Wochen später unglaublich, als Juden wieder an der Klagemauer beten konnten; wieder andere empörten sich über ein Amerika, das in Vietnam in Richtung eines Völkermordes trieb; andere fühlten sich von der schwarzen Musik angezogen, vom östlichen Mystizismus oder von einem Lebensweg, der reicher war als der in den amerikanischen Massenmedien angepriesene. Insgesamt war es ein Augenblick, in dem ein Funke aus der Vergangenheit der jüdischen Gemeinschaft auf einen anderen Funken aus der eigenen, zukunftsorientierten Gegenwart traf. Ein Bedürfnis nach wachsendem Leben – ein Bedürfnis nach Ekstase oder nach Gemeinschaft, nach einer Basis, auf der gekämpft, oder nach einem Raum, in dem geruht werden kann – fand mit einem erinnerten Wort, einer Melodie, einem Bild aus dem Schatzhaus jüdischer Erfahrung zusammen.» S. 14

7 Für das Bild des «Ringens» vgl. Waskow, Godwrestling, S. 1-22

8 Zu Waskows Versuch, den Holocaust und Israel in der Kontinuität jüdischer Tradition zu sehen, vgl. Waskow, Godwrestling, S. 128-150. Während dies ein kreativer Versuch ist, die Gemeinschaft einen Schritt weiter zu bringen, denke ich, daß Greenberg recht hat und Waskow unrecht: der Holocaust und Israel sind Ereignisse, die die rabbinische Tradition überwältigen.

9 Waskow, Holy Sparks, S. 77-78. Für eine detaillierte Analyse der *Chavûra*-Bewegung vgl. Bernard Reisman, The Chavurah: A Contemporary Jewish Experience, New York, Union of American Hebrew Congregations 1977

10 Waskow, Godwrestling, S. 113-116

11 ebenda, S. 121f

12 New Jewish Agenda National Platform, 28. November 1982, S. 1

13 Auszüge aus dem Aktionsprogramm der *Agenda* geben einen Eindruck der Bewegung: «Rassismus: Die *New Jewish Agenda* lehnt strikte institutionellen wie individuellen Rassismus ab. Unser gegenwärtiger Kampf gegen Rassismus innerhalb und außerhalb der jüdischen Gemeinschaft wurzelt im eigenen Erleben rassistischer Borniertheit, in unserer traditionellen Verpflichtung für soziale Gerechtigkeit und in unserem Bewußtsein, daß jede Trennung von Völkern allen schadet.

Wir sind auch besorgt über die Diskriminierung und die Bildung von Stereotypen, was Araber und arabischstämmige Amerikaner betrifft; eine Entwicklung, die in den USA weit verbreitet ist. Der arabisch-israelische Konflikt zwingt uns nicht, diese negative Sicht der Araber und des Islam anzunehmen.

Lesbische und homosexuelle Juden: Die *New Jewish Agenda* unterstützt den Kampf von Lesben und Homosexuellen, ihr Leben in Freiheit und Würde zu leben. Wir bejahen dies in einer Zeit, da sich die politische Rechte im Aufwind befindet und anti-homosexuelle Angriffe zunehmen. Die Sündenbockrolle der lesbischen Frauen und homosexuellen Männer öffnet den Weg

162

für die Unterdrückung aller Minderheiten, inklusive der Juden. Damit unterstreichen wir die Tatsache, daß Lesben und Homosexuelle zu den ersten und den am brutalsten behandelten Opfern des Holocaust zählten.

Israel, die Palästinenser und die arabischen Nachbarn: Nach Jahrzehnten von Haß und Blutvergießen ist klar, daß es im Nahen Osten keinen Frieden geben kann, ohne eine politische Lösung des Konfliktes zwischen Israelis, Palästinensern und den arabischen Staaten. Für viele Juden ist Israel die Erfüllung ihres Traumes nach einer unabhängigen Heimat, eines Refugiums nach Jahrhunderten der Verfolgung in vielen Ländern. Aber auch die Palästinenser mußten ins Exil gehen und wurden zerstreut. Ihnen zustehende Rechte wurden ihnen vorenthalten, und sie wurden davon abgehalten, einen eigenen Staat aufzubauen. Wie auch immer die beiden Seiten die historische Legitimation der jeweils anderen Seite sehen, so müssen doch israelische Juden und palästinensische Araber im Nahen Osten leben können.

Unsere Sorge als Juden: Als Juden, die der Existenz Israels verpflichtet sind, stellen wir fest, daß Friede zwischen Israel und seinen arabischen Nachbarn für das Überleben Israels zentral ist. Der andauernde Kriegszustand und die militärische Herrschaft über ein anderes Volk verschlechtern die Aussichten für Israels Langzeit-Möglichkeiten. Wir glauben, daß Israel nicht als Besatzungsmacht über die Palästinenser herrschen kann, ohne jene jüdischen und humanen Ideale zu entwürdigen, die die Basis zur Errichtung des Staates Israel bildeten. Ein Schlüssel zur Lösung des arabisch-israelischen Konfliktes ist ein Kompromiß zwischen dem israelischen und dem palästinensischen Nationalismus. Dieser Konflikt kann nicht mit militärischen Mitteln gelöst werden.» Ebenda, S. 3, 4, 6

14 Jim Statman, The Jewish Human Rights Delegation to Nicaragua, Agenda Nr. 16, Winter 1985, S. 1

15 Ezra Goldstein, Jewish Witness for Peace, Agenda Nr. 16, Winter 1985, S. 6. Goldstein berichtete, daß die Beziehungen zwischen Nicaragua und Israel gespannt seien. In einer Diskussion mit Herty Lewites, Tourismusminister und Jude, bemerkte der Minister: «10'000 oder 15'000 Menschen wurden während der Revolution durch Waffen und Munition getötet, die Israel an Somoza verkauft hatte, selbst nachdem die USA ihre Unterstützung eingestellt hatten. Und wir sind sehr erschüttert, daß Israel nun Waffen an die Contras liefert.» S. 6

16 What is Oz VeShalom?, in: Oz VeShalom Bulletin 1, März 1982, S. 2

17 ebenda, S. 2

18 Yehezkel Landau (Hg.), Religious Zionism: Challenges and Choices, Jerusalem, Oz VeShalom ohne Jahr, S. 2

19 Peace Is to Be Sought and Pursued, in: Oz VeShalom English Bulletin 1, März 1982, S. 12, 13

20 The Coice is Ours, in: Oz VeShalom English Bulletin 2, November 1982, S. 24. Als Antwort auf den Aufstieg von Meir Kahane, einer Bewegung des ultrarechten Spektrums, die versucht, die Palästinenser aus der West Bank zu vertreiben, verteilte Oz weSchalom Flugblätter mit folgendem Beginn: «Kahane manipuliert euch! Er spricht vom Staat Israel. – Doch er setzt dessen

Existenz aufs Spiel. Er spricht von der Tora Israels. – Doch er verfälscht das Judentum. Er bietet leichte Lösungen für unsere Probleme an, doch er verschleiert die Fakten. Vgl. KAHANE MANIPULATES YOU!, in: Oz VeShalom English Bulletin 6, Sommer 1985, S. 40. Zu ihrer Opposition gegen den Libanonkrieg vgl. Prayer and Protest in Jerusalem, in: Oz VeShalom English Bulletin 2, November 1982, S. 1-7

21 Phyllis Taylor, The August Desert Witness, in: New Menorah, zweite Serie 4, ohne Jahr, S. 5

22 Alan Mandell, Prison Witness, in: New Menorah, zweite Serie 4, ohne Jahr, S. 3, 4, 12 und Todd Kaplan, Pershings into Plowshares, in: Menorah V, September/Oktober 1984, S. 13

23 ebenda, S. 4, 12

24 Michael Robinson, On Being Myself – Fully, in: Menorah V, September/Oktober 1984, S. 12

25 ebenda, S. 12

26 Lucy Steinitz, To End Apartheid, in: New Menorah, zweite Serie 4, ohne Jahr, S. 5

27 Eine Übersicht über den jüdischen Feminismus findet sich bei Susannah Heschel (hg.), On Being a Jewish Feminist: A Reader, New York, Schocken 1983. Aus orthodoxer Sicht vgl. Blu Greenberg, On Women and Judaism: A View From Tradition, Philadelphia, The Jewish Publication Society of America 1981

28 Susan Weidman Schneider, Jewish and Female: Choices and Changes in Our Lives Today, New York, Simon and Schuster 1985, S. 5, 6

29 ebenda, S. 426-432

30 ebenda, S. 95

31 ebenda, S. 123

32 Evaluating a Decade of Jewish Feminism: An Interview with Paula Hyman and Arlene Agus, in: Lilith, Herbst/Winter 1983, S. 24. Im gleichen Sinn schreibt Susannah Heschel: «Die wirklichen Wurzeln des Judentums werden herausgefordert, von der Halakha über das Gebetbuch bis zur Weise, wie wir uns Gott vorstellen. Die Herausforderung von heute verlangt eine kopernikanische Revolution: eine neue Theologie des Judentums braucht ein neues Verständnis Gottes, der Offenbarung, der Halakha und des jüdischen Volkes, damit Veränderung unterstützt und gefördert werden kann.» Vgl. Heschel, Jewish Feminist, S. XXIII

4. Befreiungskämpfe und das Judentum

1 Michael Walzer, Exodus und Revolution, Berlin 1988, S.15

2 James H. Cone, Black Theology and Black Power, New York, Seabury 1969, S, 6, 43, 44

3 ebenda, S. 44

4 Zitiert bei James H. Cone, The Spirituals and the Blues, New York, Seabury 1972, S. 44

5   Cone, Black Theology, S. 39, 40. Für Cones spätere Arbeiten vgl.: Gott der
     Befreier. Eine Kritik der weißen Theologie, Stuttgart 1982, und: Für mein
     Volk. Schwarze Theologie und schwarze Kirche, Freiburg/Schweiz 1987

6   Die Kirche Lateinamerikas. Dokumente der II. und III. Generalversammlung
     des Lateinamerikanischen Episkopates in Medellín und Puebla, in: Stimmen
     der Weltkirche Bd. 8, Bonn 1979, S. 20f

7   Gustavo Gutiérrez, Theologie der Befreiung. Mit einem Vorwort von Johann
     Baptist Metz, München 1986 (9.Aufl.), S. 141

8   ebenda, S. 144

9   ebenda, S. 148

10   ebenda, S. 219

11   ebenda, S. 223. Vgl. auch Gustavo Gutiérrez, Die historische Macht der
     Armen, München/Mainz 1984. Der Gebrauch des Exodus und der Propheten
     beschränkt sich nicht auf amerikanische Schwarze und Lateinamerikaner.
     Auch der afrikanische Kontinent wurde von den Befreiungstheologien be-
     rührt, vor allem Südafrika. Der Beginn war im Juni 1985, als sich die Krise
     Südafrikas intensivierte und eine Reihe von Treffen zwischen Theologen und
     Kirchenführern im Herzen von Soweto stattfand. Zweck war eine Planung
     von Aktionen von Christen in den gefährlichen Wassern der Apartheid und
     des Notstandes. Aus dem Treffen resultierte das Kairos-Dokument, das im
     September 1985 veröffentlicht wurde. Es wird von den Autoren beschrieben
     als «ein Versuch besorgter Christen in Südafrika, über die vom Tod gezeich-
     nete Lage in unserem Land nachzudenken». Diese Reflexion führt zu einer
     Kritik der gängigen theologischen Modelle, die die Kirche zur Lösung der
     Probleme Südafrikas bereithielt. Weiter war es der Versuch, ein alternatives
     biblisches und theologisches Modell zu entwickeln, das Formen zukunfts-
     trächtiger Aktivität vermitteln würde. Nicht überraschend war es für die
     Autoren, daß ihnen die Schriften der Hebräischen Bibel viel über die zeit-
     genössische Situation zu sagen hatten (speziell durch die Erfahrung des
     Exodus). «Überdies ist die Beschreibung von Unterdrückung in der Bibel
     konkret und anschaulich. Die Bibel beschreibt Unterdrückung als Erfahrung
     des Menschen, in der zertreten, entwürdigt, gedemütigt, ausgebeutet, be-
     raubt, betrogen, irregeführt und versklavt wird. Die Unterdrücker werden als
     grausam, rücksichtslos, arrogant, habgierig, gewalttätig, tyrannisch und als
     Feind dargestellt. Derartige Beschreibungen können ursprünglich nur von
     Menschen verfaßt worden sein, die lange und schmerzhafte Unterdrückung
     erfahren haben. Und tatsächlich ist fast 90 % der in der Bibel aufgezeichneten
     Geschichte des jüdischen Volkes und später der Christen die Geschichte
     nationaler oder internationaler Unterdrückung. Die Nation Israel entstand
     auf dem Hintergrund der schmerzhaften Erfahrung von Unterdrückung und
     Repression als Sklaven in Ägypten. Doch das Entscheidende für diese
     Gruppe unterdrückter Menschen war, daß Jahwe sich ihnen offenbarte. Gott
     offenbarte sich als Jahwe, als der Eine, der sich der Leidenden erbarmt und
     der sie von ihren Unterdrückern befreit. ‹Ich habe das Elend meines Volkes
     in Ägypten gesehen und ihr Geschrei über ihre Bedränger gehört; ich habe
     ihre Leiden erkannt. Und ich bin herniedergefahren, das ich sie errette aus

der Ägypter Hand. ...Weil denn nun das Geschrei der Kinder Israels vor mich gekommen ist und ich dazu ihre Not gesehen habe, wie die Ägypter sie bedrängen, so geh nun hin...› (2. Mose 3,7-9).» Das KAIROS-Dokument, Ein theologischer Kommentar zur politischen Krise in Südafrika, in: C.F. Beyers Naudé/Al Imfeld, Widerstand in Südafrika, Freiburg/Schweiz 1986, S. 90, 112

12 Suh Kwang-Sun David, A Biographical Sketch of an Asian Theological Consultation, in: Minjung Theology: People as the Subject of History, herausgegeben von der Commission on Theological Concerns of the Christian Conference of Asia, Maryknoll N.Y., Orbis 1983

13 Moon Hee-Suk Cyris, An Old Testament Understanding of Minjung, ebenda S. 136, 137. Für eine detailliertere Diskussion vgl. Cyris, A Korean Minjung Theology: An Old Testament Perspective, Maryknoll N.Y., Orbis 1986

14 Als typische und unglücklicherweise erst noch oberflächliche Antwort auf die christliche Befreiungstheologie vgl. Leon Klenicki, The Theology of Liberation: A Latin American Jewish Exploration, in: American Jewish Archives 35, April 1983, S. 27-39

15 Das Fehlen des modernen jüdischen Volkes ist in allen oben zitierten Befreiungstheologien bemerkbar. Typisch ist Gutiérrez' Diskussion des Exodus in: Theologie der Befreiung, S. 140-160

16 Als Beispiel für die Betonung von Jesu Tod vgl.: Jon Sobrino, Christology at the Crossroads: A Latin American Approach, Übersetzung John Drury, Maryknoll N.Y., Orbis 1978. Zur Diskussion von modernen christlichen und jüdischen Perspektiven vgl.: John T. Pawlikowski, The Trial and Death of Jesus: Reflections in Light of a New Understanding of Judaism, in: Chicago Studies 25 April 1986, S. 79-94

17 Joan Casañas, The Task to Making God Exist, in: The Idols of Death and the God of Life: A Theology, Hg. Pablo Richard u.a., Übersetzung Barbara E. Campbell und Bonnie Shepard, Maryknoll N.Y., Orbis 1983, S. 113

18 ebenda, S. 114

19 ebenda, S. 115

20 ebenda, S. 115, 116. Er schreibt: «Ich glaube nicht, daß der Allmächtige, der – weil er es so will – seine Allmächtigkeit beschneidet und sich erlaubt, mit dem Volk unterdrückt und massakriert zu werden aus dem angeblichen Grunde, daß die Liebe siegen müsse, sich als jener Gott entpuppt hat, den die altruistischsten und heroischsten Aktivisten als letzte Dimension und äußersten Horizont ihres Kampfes erfahren.» S. 116

21 ebenda, S. 121

22 ebenda, S. 133, 134

23 Meine Auseinandersetzung mit dieser Frage findet sich in: Marc H. Ellis, Toward a Contemporary Understanding of Exile, in: Israel, the Church and the World Religions Face the Future, Tantur, Jerusalem, Ecumenical Institute for Theological Research Yearbook 1983-1984, S. 113-128

24 District Court of Jerusalem, Kriminalfall Nr. 40/61. Der Staatsanwalt der Regierung Israels gegen Adolph Eichmann. Prozeßaufzeichnungen der Sitzungen Nr. 30, S. L 1, M 1, M 2, N 1

25 Joyce Hollyday, The Battle of Central America, in: Sojourners 11, April 1982, S. 17

26 Ernesto Cardenal, Das Evangelium der Bauern von Solentiname, Wuppertal 1980, S. 154 f

27 Zitiert in: Reuben Ainsztein, Jewish Resistance in Nazi-Occupied Eastern Europe, London, Paul Elek 1974, S. 643, 644

28 Augenzeugenbericht, zitiert in: Eliezer Berkovits, With God in Hell: Judaism in the Ghettos and Death Camps, New York, Sanhedrin Press 1979, S. 21, 22

29 Placido Erdozain, San Romero de America. Das Volk hat dich heiliggesprochen. Die Geschichte des Bischofs Oscar A. Romero von San Salvador, Wuppertal 1981, S. 94

30 Steven T. Katz definiert die Einzigartigkeit des jüdischen Holocaust, indem er zwei Arten des Genozids unterscheidet. «Die erste Form (A) versteht Genozid als die Absicht, die nationale, religiöse oder ethnische Identität einer Gruppe zu zerstören. Die zweite Form (B) versteht ihn als die Absicht einer physischen Zerstörung all jener Personen, die sich durch eine gegebene nationale, religiöse und ethnische Identität ausweisen oder dadurch identifiziert werden können.» Katz bezieht die letztere Form auf den jüdischen Holocaust und unterscheidet ihn von allen anderen Ereignissen eines Massentodes. Er schließt daraus, daß die Erfahrungen der Indianer und Afrikaner sich qualitativ von jenen des jüdischen Holocaust unterscheiden. Welche Bedeutung aber soll eine solche Unterscheidung haben? Vergessen wir nicht das vergossene Blut Unschuldiger in solch künstlichen Kategorien? Für das strapazierte Argument von Katz vgl. seine Post-Holocaust Dialogues: Critical Studies in Modern Jewish Thought, New York University Press 1985, S. 286-317

31 Jane Hunter, Links to Guatemala: Doomed by Democracy? in: Israeli Foreign Affairs 2, Januar 1986, S. 1. Die Informationen, die Jane Hunter, selbst eine Jüdin, für ihren Bericht brauchte, stammen zum großen Teil aus jüdischen Quellen in Israel und wurden in israelischen Zeitungen und Zeitschriften publiziert.

32 Jane Hunter, Reagan's Unseen Ally in Central America: Israel Sends Arms to the Contras but Won't Show Its Face, in: Israeli Foreign Affairs 1, Dezember 1984, S. 1, 2

33 Jane Hunter, Israel and the Contras: A Bigger Role, in: Israeli Foreign Affairs 2, Mai 1985, S. 1, 2. Vgl. auch: Hunter, South Africa, Israel, Supplying Contras, in: Israeli Foreign Affairs 2, März 1986, S. 1, 6

34 Jane Hunter, The Relationship Between Israel and South Africa: How Close?, in: Israeli Foreign Affairs 1, Februar 1985, S. 1. Für eine detailliertere Analyse dieser Beziehung vgl. Hunter, Undercutting Sanctions – Israel, the U.S. and South Africa, Washington D.C., Washington Middle East Associates 1986. Vgl. auch: James Adams, The Unnatural Alliance, London, Quartet Books 1984

35 ebenda, S. 8

36 Jane Hunter, Tutu Abhors Holocaust Monopoly, in: Israeli Foreign Affairs 1, September 1985, S. 1, 6. Für jene Israeli, die diese Verbindung zu Faschismus

und Leiden sehen, vgl. Hunter, Israel and South Africa: In the Present Tense, in: Israeli Foreign Affairs 2, April 1986, S. 5, 6

37 Einer der Gründe für die Unterstützung einer solchen Politik ist die Aufrechterhaltung eines blühenden militärisch-industriellen Komplexes in Israel. Aaron Klieman, der am *Political Science Department* der Universität von Tel Aviv lehrt, dokumentiert die israelische Waffenindustrie in seinem Buch: Israels Global Reach: Arms Sales as Diplomacy, Washington, Pergamon-Brassey's 1985

38 Pablo Richard, Unser Kampf richtet sich gegen die Götzen. Biblische Theologie, in: Hugo Assmann u.a.(hg.), Die Götzen der Unterdrückung und der befreiende Gott, Münster 1984, 11-38, Zit. S. 17. 19

39 ebenda, S. 26

40 ebenda, S. 31

41 Das moderne jüdische Verständnis von Götzendienst leitet sich aus dem Holocaust ab. Fackenheim faßt es folgendermaßen zusammen: «In alten Zeiten war Götzendienst die unvorstellbare jüdische Sünde. Heute ist dies die Unterstützung von Hitlers Werk.» Wird dieses Verständnis übertragen auf die Weigerung, für das Überleben des jüdischen Volkes zu arbeiten, so kann das in eine neue Form des Götzendienstes münden: Überleben um des Überlebens willen. Greenberg verleiht Fackenheim noch eine zusätzliche dialektische Spitze, wenn er von «verbrennenden Kindern» und anderen Versuchen des Genozids spricht. Wir haben jedoch gesehen, wie schwierig es für Greenberg ist, konsequent zu bleiben. Fackenheim und Greenberg überschreiten die meisten der modernen jüdischen Sichtweisen von Götzendienst, die während des Kalten Krieges entstanden sind und die im Gegensatz zu den totalitären Dimensionen des Staatskommunismus die Tugenden der Demokratie unterstreichen. Ich sehe den Beitrag der christlichen Sichtweisen des Götzendienstes für die jüdische Gemeinschaft darin, daß sie sich für eine politische Analyse und ein Engagement stark machen, und auf diese Weise eine Diskussion über jene Thematik auslösen, wie scheinbar kritische Ansichten in Wirklichkeit Ungerechtigkeit unterstützen und zu Götzendienst verkommen können. Vgl. Fackenheim, God's Presence in History: Jewish Affirmations and Philosophical Reflections, New York, New York University 1970, S. 81. Vgl. auch Will Herberg, Judaism and Modern Man: An Interpretation of Jewish Religion, Philadelphia, Jewish Publication Society of America 1951 und: Lawrence Troster, No Other Gods Before Me, in: Viewpoints 13, 4. März 1985, S. 5, 8

5. Unterwegs zu einem Wiederaufbau jüdischen Lebens

1 Hannah Arendt, Elemente und Ursprünge totaler Herrschaft, München/ Zürich 1986 (Englisch 1951 erschienen). Marc H. Ellis, Faithfulness in an Age of Holocaust, Amity New York, Amity House 1986

2 Ellis, Faithfulness, S. 59-61

3 ebenda

4   Walter Benjamin, Geschichtsphilosophische Thesen, in: ders., Zur Kritik der
    Gewalt und andere Aufsätze. Mit einem Nachwort von Herbert Marcuse,
    Frankfurt am Main 1978 (3. Aufl.), S. 82f
5   ebenda, S. 79
6   ebenda, S. 82
7   ebenda, S. 83
8   ebenda, S. 94
9   Ellis, Faithfulness, S. 54-56
10 Etty Hillesum, Das denkende Herz der Baracke. Die Tagebücher von Etty
    Hillesum, hg. J. G. Gaarlandt, Freiburg/Heidelberg 1983, S. 8f
11 ebenda, S. 9
12 ebenda, S. 168
13 ebenda, S. 232
14 ebenda, S. 159f
15 ebenda, S. 158f
16 Hillesum war nicht die einzige, die sich das Gebet als Instrument des Wider-
    stands zu eigen machte. Vgl. Eliezer Berkovits, With God in Hell: Judaism in
    the Ghettos and Death Camps, New York, Sanhedrin Press 1979. Zur Rolle
    des jüdischen Rechts während des Holocaust vgl. Robert Kirschner, Rabbinic
    Response of the Holocaust Era, New York, Schocken 1985 und Irving J.
    Rosenbaum, The Holocaust and Halakhah, New York, KTAV 1976
17 Hillesum, S. 99-101
18 Maurice Friedman, Martin Buber's Life and Work: The Middle Years 1923-
    1945, New York, E. P. Dutton 1983
19 Martin Buber, Ein Land und zwei Völker. Zur jüdisch-arabischen Frage, hg.
    Paul R. Mendes-Flohr, Frankfurt am Main 1983, S. 241f
20 ebenda, S. 243f
21 ebenda, S. 183
22 ebenda, S. 183, 184
23 ebenda, S. 288
24 Natürlich geht die Kritik an Israel aus einer zionistischen Perspektive unbe-
    hindert weiter. Die neuesten Beispiele schließen mit ein: Bernard Avishai,
    The Tragedy of Zionism: Revolution and Democracy in the Land of Israel,
    New York, Farrar, Straus and Giroux 1985; Amnon Rubinstein, The Zionist
    Dream Revisited: From Herzl to Gush Emunim and Back, New York,
    Schocken 1984 und Meron Benvenisti, Conflicts and Contradictions, New
    York, Villard 1986
25 Vgl. Martin Buber, Ich und Du, Heidelberg 1958
26 Vgl. Martin Buber, Gottesfinsternis. Betrachtungen zur Beziehung zwischen
    Religion und Philosophie, Heidelberg 1962

6. Vom Holocaust zur Solidarität

1   Beinahe alle jüdischen Theologen sehen den Sechstagekrieg als einen Augen-

blick des Konsenses, in dem die nordamerikanische jüdische Gemeinschaft Israel als einzigartig wichtig anerkannte. Zwei Faktoren begünstigten diese Sicht: Da war einerseits die Angst vor einem neuen Holocaust, falls Israel den Krieg verlieren sollte. Andererseits war man stolz auf die ermächtigte jüdische Gemeinschaft, die, einst vom Schutz anderer abhängig, sich jetzt alleine behaupten und einen entscheidenden Sieg erringen konnte.Nicht vorausgesehen wurde die andere Seite des Krieges, nämlich die zunehmende Militarisierung und die Rolle Israels als Eroberer. Die Arroganz mündete später in die Notwendigkeit, die Kosten der Ermächtigung zu beziffern. Zwei Beispiele für die Macht des Krieges von 1967 auf die Theologie sind: Emil Fackenheim, God's Presence in History: Jewish Affirmation and Philosophical Reflections, New York, New York University 1970 und Irving Greenberg, Cloud of Smoke, Pillar of Fire: Judaism, Christianity and Modernity After the Holocaust, in: Auschwitz: Beginning of a New Era? Hg. Eva Fleischner, New York, KTAV 1977

2   Die Herausforderung des jüdischen Establishments geschah auf mindestens zwei Ebenen: auf jener der Synagoge und auf jener der jüdischen Institutionen, die sich nicht ausschließlich auf Israel konzentrierten. Vgl. dazu Irving Greenbergs Analyse dieser Situation in Kapitel 2. Die Ironie des neuen von den Holocaust-Theologen ersonnenen Konsenses, die den alten Konsens erfolgreich herausforderten, ist Roberta Strauss Feuerlicht nicht entgangen; sie schreibt, daß «man es Dissidenten gewöhnlich nicht erlaubt, in Synagogen oder vor jüdischen Gruppen zu sprechen.» Das daraus folgende Dilemma identifiziert sie korrekt: «Um in der Lage zu sein, Israel ohne Rücksicht kritisieren zu können, muß man von der jüdischen Gemeinschaft unabhängig sein, sodaß jüdische Glaubenssätze herausgefordert werden können.» Feuerlicht und Greenberg sind sich somit einig, wenn auch aus einer jeweils anderen Perspektive: theologische Diskussionen enthielten einst die Möglichkeit eines Richters; «heute ist Kritik an Israel ein Grund zur Exkommunikation aus der jüdischen Gemeinschaft.» Vgl. Feuerlicht, The Fate of the Jews: A People Torn Between Israeli Power and Jewish Ethics, New York, Times Books 1983, S. 281, 282

3   Wie in allen oppositionellen Bewegungen liegt der zu bezahlende Preis sowohl im Bereich der Möglichkeit (z.B. Rede- und Arbeitsmöglichkeiten) wie auch im Bereich der Psychologie (das Gefühl des Zurückgestoßenseins und Anklagen von verräterischer Aktivität, selbst Zusammenarbeit mit dem Feind). Der häufigste Anklagepunkt ist, daß man durch Opposition den Grundstein zu einem neuen Holocaust legt. Daraus resultiert oft eine Selbstzensur. Jene, die sich weiter äußern, realisieren, daß Solidarität Schmerz und Opfer nach sich zieht. Sehr oft entfernen sich gewissenhafte Leute von der jüdischen Gemeinschaft.

4   Vielleicht ist dies die Zukunft des religiösen Widerstandes: kleine Gruppen innerhalb verschiedener Gemeinschaften solidarisieren sich miteinander, während sie in ihrer Gemeinschaft verwurzelt bleiben. Vgl. Kapitel 4, The Prophetic Voice in the Twentieth Century, in: Marc H. Ellis, Faithfulness in an Age of Holocaust, Amity New York, Amity House 1986

5   All diese Fragen und Annahmen gehören zu den Erfahrungen, die der Autor
    auf seinen Reisen in Nordamerika und rund um die Welt, z.T. auch bei
    Maryknoll machte. Es ist selbst unter fortschrittlichen Christen und Humani-
    sten schwierig, dem Antisemitismus gegenüber unvoreingenommen zu sein.
    Sollten wir uns deswegen aber vom Antisemitismus versklaven lassen und in
    Furcht und Isolation leben? Oder sollten wir auf eine Zukunft hinarbeiten, in
    der Solidarität mit allen Völkern wenn nicht als Norm, so doch wenigstens als
    kraftvoller und durchdringender Weg aufscheint?

6   Die konstante Gleichsetzung Yassir Arafats mit Adolf Hitler in den jüdischen
    Medien und in öffentlichen Diskussionen ist ein Beispiel für die Übertrei-
    bung und die Erniedrigung des palästinensischen Volkes. Der größte Teil der
    Welt wie auch viele Beamte der US-Regierung betrachten Arafat als gemä-
    ßigt. Vgl. Alan Hart, Arafat: Terrorist or Peacemaker, London, Sidgwick and
    Jackson 1984. Für viele ist die Einschränkung der Palästinenser durch die
    israelische Besetzung bemerkenswert. Alexander Cockburn schreibt, daß
    «nach B. Michael in *Ha'aretz* im Juli 1982 zwischen 1967 und 1982 282 Israelis
    durch palästinensische Gewalt getötet wurden. Während dieser Zeit wurde
    das restliche Palästina besetzt, 200'000 Palästinenser vertrieben, Jerusalem
    annektiert, Tausende von palästinensischen Häusern auf der West Bank und
    im Gaza-Streifen gesprengt. Nach Meron Benevisti wurden etwa 52 Prozent
    des palästinensischen Landes in diesem Gebiet enteignet.» Vgl. Cockburn,
    More Swill from Marty, in: The Nation 242, 15. März 1986, S. 295

7   Vgl. Rosemary Radford Ruether, Nächstenliebe und Brudermord. Die theo-
    logischen Wurzeln des Antisemitismus, München 1978, und Elisabeth
    Schüssler Fiorenza, Zu ihrem Gedächtnis... Eine feministisch-theologische
    Rekonstruktion der christlichen Ursprünge, München/Mainz 1988; dies.,
    Brot statt Steine. Die Herausforderung einer feministischen Interpretation
    der Bibel, Freiburg/Schweiz, 1990 (2. Aufl.); Isabel Carter Heyward, The
    Redemption of God: A Theology of Mutual Redemption, New York, Uni-
    versity Press of America 1982

8   Versuche, den Bruch theologisch zu kitten, drehen sich oft um die Person von
    Jesus. Vgl. dazu zwei neuere Bücher jüdischer Autoren: Harvey Falk, Jesus
    the Pharisee: A New Look at the Jewishness of Jesus, New York, Paulist Press
    1985, und Pinchas Lapide, Die Bergpredigt – Utopie oder Programm? Mainz
    1990 (7.Aufl.)

9   Die *Union of American Hebrew Congregations*, die nationale Koordinatorin
    für die Reformbewegung in Nordamerika, ist ein Beispiel für die klassische
    Tradition des modernen liberalen Judentums wie auch für deren Grenzen. An
    ihrer 58. Generalversammlung, die vom 31. Oktober bis am 5. November 1985
    in Los Angeles stattfand, verabschiedete sie u.a. Resolutionen zu Südafrika,
    Zufluchtsorte, AIDS und Waffenkontrolle.Vgl. Commission on Social Acti-
    on of Reform Judaism, Februar 1986; Albert Vorspan, Great Jewish Debates
    and Dilemmas: Jewish Perspectives on Moral Issues in Conflict in the Eigh-
    ties, New York, Union of American Hebrew Congregations 1980

10 Zum Thema Reichtum vgl. Norman Podhoretz, Making It, New York, Harper

and Row 1980. Zum sozialen und politischen Engagement der nicht-religiösen Juden vgl. die Artikel der sozialistischen Zeitschrift Monthly Review.

11 Das Problem ist folgendes: Während die Holocaust-Theologen richtigerweise in ihre Definition des «praktizierenden Juden» die prägenden Ereignisse unserer Zeit miteinbezogen und sie so veränderten, nahm der Holocaust eine religiöse Dimension an, die viele der säkularen Linken nicht mehr bejahen konnten. Eine andere Entweder-Oder-Situation kündigte sich an: Entweder sind der Holocaust und Israel die Mitte eures Lebens oder ihr seid keine praktizierenden Juden. Die Juden der säkularen Linken sehen den Holocaust oft in Beziehung zum Faschismus und Israel als Ausfluß von Kolonialismus des mächtigen Westens, womit die Spaltung wieder einmal perfekt ist. Ich glaube, daß ein Dialog notwendig ist, wenn wir die heutigen Kategorien überwinden wollen, und daß jede Seite auf die andere zugehen sollte. Die jüdische Gemeinschaft kann sich nicht in Richtung Treue bewegen ohne die radikale wirtschaftliche und politische Kritik der jüdischen Linken, und die jüdische Linke kann nicht über ihre Annahmen hinausgehen ohne die religiöse Gemeinschaft. Tatsächlich könnte dieser Dialog durch das merkwürdige Paradox des Interesses der jüdischen Linken an der christlichen Befreiungstheologie beginnen. William Tabb, ein Mann der säkularen Linken, wollte etwas über das Aufkommen einer jüdischen Befreiungstheologie hören, während er Aufsätze für einen Band über die christliche Befreiungstheologie suchte. Er entschied sich, meinen ersten Artikel zu diesem Thema nochmals zu publizieren. William K. Tabb (hg.), Churches in Struggle: Liberation Theologies and Social Change in North America, New York, Monthly Review Press 1986, S. 67-84

12 Die Debatte über die Beziehungen zwischen israelischen und Diasporajuden ist oft emotional und gehässig. Für die Verunglimpfung der Diasporajuden vgl. A. B. Yehoshua, Exile as a Neurotic Condition in: Diaspora: Exile and the Jewish Condition, Hg. Etan Levine, New York, Jason Aronson 1983, S. 15-35. Für den Kampf eines Diasporajuden, der die Bedeutung der verschiedenen jüdischen Gemeinschaften darzulegen versucht, vgl. Jacob Neusner, Stranger at Home: The Holocaust, Zionism and American Judaism, Chicago, University of Chicago Press 1981; ders. The Jewish War against Jews: Reflections on Golah, Shoah and Torah, New York, KTAV 1984

13 Feuerlicht weist darauf hin, daß 75 Prozent der jüdischen Weltbevölkerung nicht in Israel leben, und daß mehr als eine halbe Million Israelis ausgewandert sind. Nach David Ben Gurion, der sagte, daß sich nur Juden, die in Israel zu leben gedächten, Zionisten nennen sollten, definiert Feuerlicht einen Nicht-Zionisten als einen Juden, der «über Zionismus spricht, jedoch in Amerika lebt.» Sie schließt: «Der Zionismus hatte immer nur einen Minoritätsstatus unter den Juden und dabei bleibt es; sonst gäbe es nicht soviele Juden, die sich nicht in Israel niederlassen möchten.» Vgl. Feuerlicht, Fate of the Jews, S. 220

14 Interessanterweise hält Emil Fackenheim daran fest, daß Christen Zionisten werden sollten, um echte Dialogpartner zu sein. Vgl. dazu To Mend the World: Foundations of Future Jewish Thought, New York, Schocken Books

172

1982, S. 303. Der Jesuit Daniel Berrigan jedoch, der sein ganzes Leben lang gegen Rassismus und Militarismus kämpfte, beging eine Kardinalsünde, als er sich kritisch zu Israel äußerte. Dadurch wurde er gemieden, wenn nicht gar verspottet von vielen der jüdischen Gemeinschaft. Allgemein wäre die christliche Linke, die viel von der jüdischen Gemeinschaft lernen, ihr aber auch ebensoviel bieten könnte, automatisch vom Dialog ausgeschlossen, wenn christlicher Zionismus dafür eine Eintrittskarte wäre: Sie tendiert dazu, die israelische Politik kritisch zu betrachten und z.T. auch bloßzustellen. Eine Hauptthese dieses Buches besteht darin, daß es genau diese Gruppen sind, die mit uns in eine lebenswerte Zukunft aufbrechen können. Halten wir aber an einem christlichen Zionismus fest, werden wir uns weiterhin in Allianzen bewegen, die Verrat bedeuten. Unterstützen uns diese mächtigen Christen wirklich, die Israel oft wegen seiner westlichen Orientierung und effektvollen Armee feiern?

Nachwort

1   Michael Lerner, The Occupation: Immoral and Stupid, in: Tikkun 3, März/ April 1988, S. 8. Lerner schreibt weiter: «Die Krise in Israel ist ein Augenblick der Wahrheit für uns alle. Man sollte mit größter Ernsthaftigkeit und mit wirklichem Verständnis darauf reagieren, denn die Wahl, die wir jetzt treffen, kann Konsequenzen haben, die in die zukünftigen Jahrhunderte ausstrahlen können.»

2   Johann Baptist Metz, 31. Dies ist *kein* Versuch, die Nazizeit mit dem israelisch-palästinensischen Konflikt zu vergleichen oder ein Szenarium von schlechten Israelis und unschuldigen Palästinensern zu schaffen. Ich behaupte auch nicht, die Palästinenser wären von den Israelis nur zu Opfern gemacht worden. Betonen möchte ich einzig, daß Israel an diesem Punkt der Geschichte stark ist. Daher ist auch die Verantwortung klar. Gerechtigkeit allein genügt nicht. Wir können nur *zusammen* mit dem palästinensischen Volk vorwärts kommen.

3   Für eine Diskussion über die Opposition und die nukleare Kapazität Israels vgl. Rudolf Peierls, The Case of Mordechai Vanunu, in: New York Review of Books 35, 16. Juni 1988, S. 56. Vgl. zudem Jane Hunter, Vanunu and Israel's Nuclear Crimes, in: Israeli Foreign Affairs 4, Februar 1988, S. 3. Zum Schicksal der Jugendlichen während des Aufstandes vgl Palestinians Killed by Israeli Occupation Forces, Settlers, and Civilians During Uprising, December 9, 1987, through April 18, 1988, Chicago, Database Project on Palestinian Human Rights 1988, und Children of the Stones, Jerusalem, Palestinian Center for the Study of Nonviolence 1988. Zur Reaktion Irving Greenbergs zum Aufstand vgl. The Ethics of Jewish Power, in: Perspectives, New York, National Jewish Center for Learning and Leadership 1988. Für die Reaktion von Elie Wiesel vgl. A Mideast Peace – Is it Impossible?, in: New York Times, 23. Juni 1988, S. 22

4   Eine Hauptaufgabe der Theologie ist es, jene Fragen zu stellen, die sich ein

Volk für seine von ihm zu gestaltende Zukunft stellen muß. Zu ihrer Zeit tat dies die Holocaust-Theologie und gab damit dem Großteil der jüdischen Theologie sowie dem säkularen Denken eine neue Richtung. Doch heute steht die Holocaust-Theologie der von ihr geschaffenen Geschichte distanziert gegenüber.Sie wendet damit Kategorien der Vergangenheit auf die Realitäten der Gegenwart an. Unser Verhalten wird durch diesen Rahmen gefiltert: Dinge, die nicht innerhalb dieses Rahmens geschehen, können per definitionem nicht geschehen. Damit erscheinen zwei Sichtweisen: Entweder verlieren wir den Bezug zur Geschichte, die wir schaffen, und produzieren Konflikte, Gefühle der Isolation, Lähmung oder sogar Zynismus; oder wir verstehen die von uns geschaffene Geschichte unkritisch. Somit gelangen unversehens die Neokonservativen in die jüdische Theologie. Wenn Theologie jene Fragen nicht mehr stellt, die sich ein Volk zu der von ihm geschaffenen Geschichte stellen muß, schwindet kritisches Denken. Im Fall des jüdischen Volkes steht indes mehr als das Denken auf dem Spiel: Wir laufen Gefahr, zu all dem zu werden, was wir bei unseren Unterdrückern verabscheuten.

5   Zum historischen Verständnis der Interaktion von Israel und Palästina vgl. Simha Flapan, Die Geburt Israels: Mythos und Wirklichkeit, München 1988. Flapan, der sein Leben lang Zionist war und von 1930 bis zu seinem Tod im Jahr 1987 in Israel/Palästina wohnte, schreibt, daß die Mythen Israels, die «während des Aufbaus des Staates erschaffen wurden, sich zu einem undurchdringlichen und gefährlichen ideologischen Schutzschild verhärtet haben» (S. 8). Um die gegenwärtige Lage zu verstehen, setzt sich Flapan nochmals mit der Entstehung Israels und mit seinen eigenen zionistischen Ursprüngen auseinander. Zum Thema der Beziehungen zwischen Israel und Südafrika, nach deren offiziellem Ende 1987, vgl. Jane Hunter, South Africa Hurls Israeli Technology Against Angola, May Build Lavi Aircraft, in: Israeli Foreign Affairs 3, Dezember 1987, S. 1, 5 und dieselbe, Israelis Help South African Air Force, in: Israeli Foreign Affairs 4, April 1988, S. 1, 8

6   Ein Versuch, das Schweigen zu brechen, findet sich bei David Grossman, Der gelbe Wind. Die israelisch-palästinensische Tragödie, München 1988. Zu Beginn der Intifada avancierte das Buch zum Bestseller in Israel und in den USA.

7   Für die erste Veröffentlichung des *Committee Confronting the Iron Fist* vgl. We Will Be Free in Our Own Homeland: A Collection of Readings for International Day of Fast and Solidarity with Palestinian Prisoners, Jerusalem 1986. Eine Reportage über *Yesh Gvûl* findet sich in: Israeli Doves Arousing Little Response, in: New York Times, 1. März 1988. Vgl. auch A Captain's Ideals Lead Him to Jail, ebenda, 20. März 1988 und Gideon Spiro, The Israeli Soldiers Who Say ‹There is A Limit›, in: Middle East International Nr. 333, 9. September 1988, S. 18-20

8   Zur Reaktion der *New Jewish Agenda* auf den Aufstand vgl. Ezra Goldstein und Deena Hurwitz, No Status Quo Ante, in: New Jewish Agenda 24, Frühling 1988, S. 1-3. Arthur Hertzberg ist wahrscheinlich der dezidierteste und am meisten gelesene jüdische Intellektuelle zur Frage der Intifada. Vgl. dazu The Uprising, in: New York Review of Books 35, 4. Februar 1988,

S. 30-32 und The Illusion of Jewish Unity, in: New York Review of Books 35, 16. Juni 1988, S. 6, 8, 10-12. Vgl. auch das Telegramm an den Staatspräsidenten Israels von Rabbi Alexander M. Schindler, Präsident der *Union of American Hebrew Congregations*. Es befindet sich in: AS Briefings: Commission on Social Action of Reform Judaism, März 1988, Anhang A. Das Telegramm beginnt mit folgenden Worten: «Ich bin sehr besorgt und bedrückt, während ich Ihnen diese Nachricht sende, doch ich kann nicht mehr schweigen. Die Gewaltanwendung gegen Araber, angekündigt und gedacht als Israels neue Politik gegen die Aufstände in Judäa, Samaria und Gaza, ist eine Verletzung jüdischen Geistes. Sie verletzt jeden Sinn von menschlichem Anstand. Und sie verrät den zionistischen Traum.» Vgl. Albert Vorspan, Soul Searching, New York Times Magazine, 8. Mai 1988, S. 40-41, 51, 54

9   Shamirs Reaktion ist ein Musterbeispiel der Holocaust-Theologie. An einer Pressekonferenz in Jerusalem sagte er: «Es ist eine absolute Frechheit und Heuchelei, daß Mitglieder dieser terroristischen Organisation von Rückkehr sprechen. Dieses Schiff, dessen Decks mit jenen Mördern und Terroristen beladen sind, die uns alle umzubringen versucht haben, jeden einzelnen von uns. Sie wünschen, sie in das Land Israel zu bringen und zeigen damit, daß sie an den gleichen Ort zurückkehren wollen, an dem sie uns abschlachten wollten. Wir betrachten dies ganz klar als einen feindlichen Akt, als einen Akt, der den Staat Israel in Gefahr bringt.» Zitiert: Israel's Furious Over a Palestinian Plan to ‹Return› to Haifa by Sail, in: New York Times, 11. Februar 1988, S. 15

10 Vgl. Rosemary Radford Ruether und Herman J. Ruether, The Wrath of Jonah: The Crisis of Religious Nationalism in the Israeli-Palestinian Conflict, San Francisco, Harper and Row 1988. Als faszinierende jüdische Reaktion auf kritische christliche Solidarität mit dem jüdischen Volk vgl. Interreligious Currents, Hg. Annette Daum, Nr. 7, Winter/Frühling 1988, S. 1-8

11 Die Belastungen durch diese höchst problematische und emotionale Beziehung sind in den letzten Jahren vermehrt zutage getreten. Als Beweis für die Auseinandersetzungen im Leben der nordamerikanischen Juden können dienen: der Libanonkrieg, die Massaker in Sabra und Shatila, der Spionagefall Pollard und nun die Intifada. Meiner Meinung nach können die Beziehungen zwischen den Juden innerhalb und außerhalb Israels nicht so bleiben, wie sie heute sind, ohne daß es in der Gemeinschaft zu einer tiefen Spaltung kommt.

12 Für das prophetische Verständnis von Hannah Arendt zu den Wahlmöglichkeiten der jüdischen Siedler in Palästina vgl. eine Sammlung ihrer Aufsätze mit dem Titel: Hannah Arendt; the Jew as Pariah: Jewish Identity and Politics in the Modern Age, Hg. Ron H. Feldman, New York, Grove Press 1978

Empfohlene Literatur

Avishai Bernard, The Tragedy of Zionism: Revolution and Democracy in the Land of Israel; New York, Farrar Straus Giroux 1985

Benvenisti Meron, Conflicts and Contradictions; New York, Villard Books 1986

Buber Martin, Ein Land und zwei Völker. Zur jüdisch arabischen Frage, hg. Paul R. Mendes-Flohr, Frankfurt am Main 1983

Fackenheim Emil, God's Presence in History: Jewish Affirmations and Philosophical Reflections; New York, New York University Press 1970

derselbe, To Mend the World: Foundations of Future Jewish Thought; New York, Schocken 1982

Feuerlicht Strauss Roberta, The Fate of the Jews: A People Torn Between Israeli Power and Jewish Ethics; New York, Times Books 1983

Findley Paul, They Dare to Speak Out: People and Institutions Confront Israel's Lobby; Westport, Connecticut, Laurence Hill 1985

Fleischner Eva (hg.), Auschwitz: Beginning of a New Era? Reflections on the Holocaust; New York, KTAV 1977

Greenberg Blu, On Women and Judaism: A View from Tradition; Philadelphia, Jewish Publication Society of America 1981

Greenberg Irving, On the Third Era on Jewish History: Power and Politics, in: Perpectives; New York, National Jewish Resource Center 1980

derselbe, The Third Great Cycle in Jewish History, in: Perspectives; New York, National Jewish Resource Center 1981

Heschel Susannah(hg.), On Being a Jewish Feminist: A Reader; New York, Schocken Books 1983

Hilberg Raul, Die Vernichtung der europäischen Juden, Berlin 1982

176

Hillesum Etty, Das denkende Herz der Baracke. Die Tagebücher von Etty Hillesum, hg. J. G. Gaarlandt, Freiburg/Heidelberg 1983

Hunter Jane, Undercutting Sanctions: Israel, the U.S. and South Africa; Washington D.C., Washington Middle East Associates 1986

Klieman Aaron S., Israel's Global Reach: Arms Sales as Diplomacy; Washington, Pergamon-Brassey's 1985

Morley John F., Vatican Diplomacy and the Jews During the Holocaust 1939-1943; New York, KTAV 1980

Oz Amos, In the Land of Israel; New York, Harcourt Brace Jovanovich 1983

Reisman Bernard, The Chavurah: A Contemporary Jewish Experience; New York, Union of American Hebrew Congregations 1977

Rubenstein Richard, After Auschwitz: Radical Theology and Contemporary Judaism; New York, Bobbs-Merrill 1966

derselbe, The Cunning of History: Mass Death and the American Future; New York, Harper and Row 1975

Schiff Ze'ev und *Enud Ya'ari*, Israel's Lebanon War; New York, Simon and Schuster 1984

Shorris Earl, Jews Without Mercy: A Lament; Garden City, New York, Doubleday 1982

Walzer Michael, Exodus und Revolution; Berlin 1988

Waskow Arthur, Godwrestling; New York, Schocken Books 1978

derselbe, These Holy Sparks: The Rebirth of the Jewish People; New York, Harper and Row 1983

Weidman Susan, Jewish and Female: Choices and Changes in Our Lives Today; New York, Simon and Schuster 1985

Wiesel Elie, Die Nacht, Gütersloh 1980

derselbe, Jude heute; Wien 1987

Wyman David S., Das unerwünschte Volk. Amerika und die Vernichtung der europäischen Juden, München 1986

James H. Cone

Für mein Volk

Schwarze Theologie und schwarze Kirche

Edition Exodus 1987; 271 Seiten, DM 38.80/Sfr 34.80

«Cones Buch ist ein Muß für jedermann, der vor allem über die spezielle Geschichte und Situation der Schwarzen mehr wissen will − über Bürgerrechtsbewegung und Black Power und deren Führer, über die National Conference und den Terminus ‹Black Theology›, die Spannungen schwarzer Katholiken in ihrem Verhältnis zur römischen Kirche und, vor allem, die schwarze Theologie als eine Theologie der Befreiung.»

Börsenblatt für den Deutschen Buchhandel

James H. Cone

Zeugnis und Rechenschaft

Christlicher Glaube in schwarzer Kirche

Edition Exodus 1988; 187 Seiten, DM 27.80/Sfr 24.80

« ‹Zeugnis und Rechenschaft› ist eine glänzende Mischung von Biografie, Geschichte und Theologie, von erlebtem Leid, durchgemachter Verachtung und deren Sinn-Deutung.

Cone ringt um die Relevanz der Theologie überhaupt, denn im nordamerikanischen Kontext war diese stets eine Nachfolge europäischer Theologen und setzte sich nie mit Sklaverei, Rassismus, Kapitalismus auseinander.»

Al Imfeld in «Neue Wege»

Naim Stifan Ateek

RECHT, NICHTS ALS RECHT!

Eine palästinensische
Theologie der Befreiung

EXODUS

Edition Exodus 1990; 259 Seiten, DM 36,80/sFr. 34,80